Minderheitenschutz bei Mehrheitsbeschlüssen im Personengesellschaftsrecht

Europäische Hochschulschriften Recht

European University Studies in Law

Publications Universitaires Européennes de Droit

Band/ Volume **6275**

Paul Querfeld

Minderheitenschutz bei Mehrheitsbeschlüssen im Personengesellschaftsrecht

PETER LANG

Bibliografische Information der Deutschen Nationalbibliothek
Die Deutsche Nationalbibliothek verzeichnet diese Publikation in der Deutschen Nationalbibliografie; detaillierte bibliografische Daten sind im Internet über http://dnb.d-nb.de abrufbar.

Zugl.: Hamburg, Bucerius Law School, Diss., 2020

Gedruckt auf alterungsbeständigem, säurefreiem Papier.

D 18
ISSN 0531-7312
ISBN 978-3-631-84744-2 (Print)
E-ISBN 978-3-631-87120-1 (E-PDF)
E-ISBN 978-3-631-87121-8 (EPUB)
DOI 10.3726/b19415

Diese Publikation wurde begutachtet.

www.peterlang.com

Für Lena

Vorwort

Die Bucerius Law School – Hochschule für Rechtswissenschaft – hat die vorliegende Arbeit im Frühjahrstrimester 2020 als Dissertation angenommen. Die mündliche Prüfung fand am 5. Mai 2020 statt. Literatur und Rechtsprechung konnten bis November 2019 berücksichtigt werden.

Es ist mir ein großes Anliegen, mich mit Fertigstellung der Dissertation bei denjenigen Personen zu bedanken, die mich bei der Entstehung dieser Arbeit in vielfältiger Weise unterstützt haben.

Aus diesem Kreise gebührt an erster Stelle besonderer Dank meinem Doktorvater Herrn Prof. Dr. Thilo Kuntz, LL.M. (University of Chicago) für die sorgsame und unkomplizierte Betreuung meines Promotionsvorhabens. Sein engagierter Einsatz durch umfangreiche Zwischenkorrekturen des Manuskriptes und diverse bereichernde Gespräche hat zu dem Gelingen dieser Arbeit erheblich beigetragen. Die viele Zeit, die er sich für die Begleitung der Promotion genommen hat, weiß ich sehr zu schätzen.

Bei Herrn Prof. Dr. Jens Prütting, LL.M. oec. bedanke ich mich für die zügige Erstellung des Zweitgutachtens.

Meiner Familie danke ich von ganzem Herzen für ihren Rückhalt, auf den ich in meinem Leben zu jeder Zeit habe vertrauen dürfen. Meinen Eltern und meiner Großmutter rechne ich es hoch an, dass sie mir stets jede erdenkliche Unterstützung haben zukommen lassen. Sie haben diese Dissertation ermöglicht, indem sie mich auf meinem gesamten Ausbildungsweg bedingungslos gefördert haben.

Meinen Freundinnen und Freunden bin ich dankbar dafür, dass sie für Zerstreuung abseits des akademischen Arbeitens gesorgt haben.

Meine Freundin Lena hat mich durch alle Höhen und Tiefen der Entstehungszeit dieser Dissertation begleitet und mir dabei stets hingebungsvoll mit Rat und Tat zur Seite gestanden. Sie hat nicht nur die mühevolle Aufgabe der kritischen Durchsicht des Manuskriptes übernommen, sondern es auch verstanden, mich zu motivieren und mir die nötige Zuversicht zu vermitteln, wenn immer es nötig war. Voller Dankbarkeit ist ihr diese Arbeit gewidmet.

Berlin, im Oktober 2021

Paul Querfeld

Inhaltsverzeichnis

Abkürzungsverzeichnis

a.M.	am Main
Am. U. L. Rev.	American University Law Review
AT	Allgemeiner Teil
Begr.	Begründer
Colum. L. Rev	Columbia Law Review
et al.	et alii
FG	Festgabe
Fordham J. Corp. & Fin. L.	Fordham Journal of Corporate and Financial Law
Fordham L. Rev.	Fordham Law Review
GmbH & Co.	Gesellschaft mit beschränkter Haftung und Compagnie
Habil.	Habilitation
J. Cor. L.	Journal of Corporation Law
J. Econ. Lit.	Journal of Economic Literature
J. L. & Econ.	The Journal of Law and Economics
J. Marketing Res.	Journal of Marketing Research
Jb.J.ZivRWiss.	Jahrbuch Junger Zivilrechtswissenschaftler
MüKo	Münchener Kommentar
NK-BGB	Nomos Kommentar Bürgerliches Gesetzbuch
Nw. U. L. Rev.	Northwestern University Law Review
Organ. Behav. Hum. Dec.	Organizational Behavior and Human Decision Processes
Organ. Behav. Hum. Perform.	Organizational Behavior and Human Performance
Q. J. Econ.	Quarterly Journal of Economics
S. Cal. L. Rev.	Southern California Law Review
SMU L. R.	Southern Methodist University Law Review
Stan. L. Rev.	Stanford Law Review
StBW	Steuerberater Woche
U. Pa. L. Rev.	University of Pennsylvania Law Review
Urt. v.	Urteil vom
v.	von
Va. L. Rev.	Virginia Law Review
Wake Forest L. Rev.	Wake Forest Law Review

Wash. U. L. Q	Washington University Law Review
Wash. U. L. Q.	Washington University Law Quarterly
Yale L.J.	Yale Law Journal
zit.	zitiert

Im Übrigen wird auf das Abkürzungsverzeichnis der Rechtssprache von *Kirchner/Butz*, 8. Auflage 2015, verwiesen.

1. Teil: Grundlagen

A. Einleitung

I. Problemstellung

Gegenstand dieser Arbeit ist die interne Willensbildung in Personengesellschaften. Aufgrund der für Regelungen der inneren Angelegenheit der Gesellschaft in weitem Umfang geltenden Vertragsfreiheit steht es den Gesellschaftern frei, eine für ihre Bedürfnisse passende Verfahrensregel hinsichtlich der Beschlussfassung zu wählen. Das dispositive Gesetzesrecht sieht gem. §§ 709 Abs. 1 BGB, 119 Abs. 1 HGB (i.V.m. § 161 Abs. 2 HGB) grundsätzlich die Geltung des Einstimmigkeitsprinzips vor. Dieses hat den Vorteil, dass kein Mitglied des Verbands im Rahmen der Willensbildung übergangen werden kann. Gleichzeitig kann das Erfordernis der Konsensfindung jedoch mühevoll sein und den Prozess der Entscheidungsfindung lähmen.

Um die Handlungs- und Funktionsfähigkeit des Verbands zu erhöhen, wird in der Praxis häufig eine allgemeine Mehrheitsklausel in den Gesellschaftsvertrag aufgenommen, die es den Gesellschaftern ermöglicht, sämtliche Beschlüsse mit der Mehrheit der Stimmen zu fällen. Regelmäßig bestimmt sich dabei das Stimmgewicht nach der Kapitalbeteiligung der Mitglieder. Eine Mehrheitsklausel kann beispielsweise so formuliert sein:

> Beschlüsse der Gesellschaft werden mit der einfachen Mehrheit ihrer Stimmen gefasst. Beschlüsse über Änderungen des Gesellschaftsvertrages sowie sonstige Grundlagengeschäfte bedürfen einer Mehrheit, die mindestens drei Viertel der Stimmen umfasst. Die Stimmenverteilung richtet sich nach der Beteiligung der Gesellschafter am Kapital der Gesellschaft.

Sofern allerdings bereits ein Gesellschafter alleine oder eine Gesellschaftergruppe, die sich beispielsweise durch Stimmbindungsverträge koordiniert, über die Mehrheit der Stimmen verfügt, hat eine solche Regelung zur Folge, dass dieser bzw. diese Entscheidungen diktieren kann. Dieser Umstand ist solange ungefährlich, wie die Interessen der Beteiligten gleichgerichtet sind. Es kann jedoch Situationen geben, in denen die Mehrheit geneigt ist, ihre Machtposition auf Kosten der restlichen Gesellschafter zu opportunistischen Zwecken zu gebrauchen. So kann diese beispielsweise nachträglich den im Gesellschaftsvertrag festgelegten Gewinnverteilungsschlüssel zu ihren Gunsten verändern.

Angesichts der Tatsache, dass es an gesetzlichen Vorschriften zur Begrenzung von Mehrheits-Opportunismus fehlt, ist die Minderheit in der Verantwortung, im Rahmen der Vertragsverhandlungen hinreichende Schutzmechanismen durchzusetzen. Aus verschiedenen Gründen, auf die im Rahmen dieser Arbeit einzugehen ist, ist es den Gesellschafter jedoch nicht möglich, für einen adäquaten Schutz ihrer eigenen Interessen zu sorgen.

Damit ist die Frage aufgeworfen, inwiefern ein staatliches Eingreifen aus Gründen des Minderheitenschutzes erforderlich ist und wo die Grenze der Vertragsfreiheit hinsichtlich der Einführung von Mehrheitsbeschlüssen zu ziehen ist.

II. Ziel dieser Untersuchung

Anlass dieser Arbeit ist die Entscheidung BGHZ 203, 77 vom 21. Oktober 2014, in welcher der BGH allem Anschein nach einen Paradigmenwechsel in Sachen Minderheitenschutz vollzogen hat. Während die Rechtsprechung bisher in erster Linie auf die Regelungsinstrumente Bestimmtheitsgrundsatz und Kernbereichslehre zurückgegriffen hat, scheint sie künftig alleine auf die Treuepflicht abstellen zu wollen. Mit dieser Erwägung hat die Entscheidung eine der aktuell wichtigsten Diskussionen im Personengesellschaftsrecht angestoßen.[1]

In diesem Zusammenhang soll die vorliegende Arbeit einen Beitrag leisten, indem der Rechtsfortbildung zum Minderheitenschutz nachgegangen wird. Ergebnis dieser Untersuchung soll es sein, ein Regelungsinstrument zu benennen, welches auf der einen Seite einen hinreichenden Schutz vor Mehrheits-Opportunismus bietet und auf der anderen Seite dem Bedürfnis an einer effektiven und flexiblen Willensbildung Rechnung trägt. Zu diesem Zweck sind die einzelnen Schranken der Vertragsfreiheit unter Einbeziehung von interdisziplinären Gesichtspunkten auf ihren Funktionsmechanismus und ihre Zweckdienlichkeit hin zu vergleichen.

Obwohl mittlerweile mehrere Veröffentlichungen zu dem Thema erschienen sind, hat sich bisher keine der Abhandlungen umfassend mit der Treuepflicht als Regulierungsinstrument in diesem Kontext auseinandergesetzt.[2] Diese Arbeit legt daher einen verstärkten Fokus auf die Treuepflicht.

---

1 *Klöhn*, AcP 216 (2016), 282, 284.

2 Ansätze finden sich bei *Heinrichs*, Mehrheitsbeschlüsse, S. 220 ff.; *Göbel*, Mehrheitsentscheidungen in Personengesellschaften, S. 96 ff.

III. Zu einigen Begriffen

Sofern in dieser Arbeit von einem „Mehrheitsgesellschafter" oder der „Mehrheit" gesprochen wird, so ist hiermit ein Verbandsmitglied gemeint, welches alleine über die für die Beschlussfassung erforderlichen Stimmen verfügt. Zugleich soll mit den Begriffen die oben bereits angesprochene Konstellation abgedeckt werden, dass eine Gruppe von Gesellschaftern, die sich beispielsweise durch Stimmbindungsverträge koordiniert, über die Mehrheit der Stimmen verfügt. In Gesellschaften mit einem Mehrheitsgesellschafter werden die restlichen Verbandsmitglieder als „Minderheitsgesellschafter" oder die „Minderheit" bezeichnet.

Zudem sei angemerkt, dass das Recht der Personengesellschaften keine Vorschriften hinsichtlich eines Beschlussorgans, wie der Gesellschafterversammlung oder der Hauptversammlung im Kapitalgesellschaftsrecht, enthält. Aus Praktikabilitätserwägungen wird hier dennoch der Begriff „Gesellschafterversammlung" als Ausdruck aller zur Mitwirkung bei der Beschlussfassung berufenen Gesellschafter verwendet.

Schließlich sei darauf verwiesen, dass diese Abhandlung trotz der allgemeinen Bezugnahme auf Personengesellschaften das Recht der Partnerschaftsgesellschaft ausklammert.

IV. Gang der Untersuchung

Die Untersuchung ist in zwei Teile unterteilt, einen Grundlagenteil und einen Hauptteil.

Im ersten Teil wird das Regelungsproblem dieser Arbeit dargestellt. Zunächst wird auf die Gründe eingegangen, aus denen sich viele Gründer einer Personengesellschaft für die Aufnahme einer allgemeinen Mehrheitsklausel in den Gesellschaftsvertrag entscheiden (1. Teil: B. IV). Sodann wird auf die im Zusammenhang mit Mehrheitsklauseln bestehende Gefahr von Mehrheits-Opportunismus einzugehen sein (1. Teil: B. V). Hieran anschließend wird die grundsätzliche Bedeutung der Vertragsfreiheit dargelegt (1. Teil: C. I). Der Grundlagenteil endet mit Erwägungen, welche einen Eingriff in die Vertragsfreiheit vor dem Hintergrund des bestehenden Regelungsproblems rechtfertigen (1. Teil: C. III).

Im zweiten Teil findet eine ausführliche Auseinandersetzung mit den einzelnen potentiellen Regulierungsinstrumenten statt. Zu Beginn wird die Zulässigkeit von allgemeinen Mehrheitsklauseln erörtert (2. Teil: A.). Der nachfolgende Abschnitt widmet sich der formellen Ausübungskontrolle durch den Bestimmtheitsgrundsatz (2. Teil: B. I. 1). Im weiteren Fortgang werden die als

Kernbereichslehre zusammengefassten unverzichtbaren und unentziehbaren Rechte untersucht (2. Teil: B. II. 1). Darauffolgend wird das Regulierungsinstrument der Treuepflicht beleuchtet (2. Teil: B. II. 2). Die Abhandlung endet mit Ausführungen zur Bedeutung des Gleichbehandlungsgrundsatzes auf das vorliegende Regelungsproblem (2. Teil: B. II. 3).

B. Grundlagen der Beschlussfassung im Personengesellschaftsrecht

I. Verfahren der Beschlussfassung

Die interne Willensbildung bei Gesellschaften vollzieht sich durch Beschlussfassung der Gesellschafter. Der Gesellschafterbeschluss erfüllt dabei zwei zu unterscheidende Funktionen. Zum einen dient die Beschlussfassung der Findung eines einheitlichen Willens aus den unterschiedlichen Interessen der zur Stimmabgabe berechtigten Individuen.[3] Zum anderen erklärt der Beschluss das Ergebnis des Willensbildungsprozesses als rechtsverbindlich für alle Mitglieder des Verbands.[4]

Im Gegensatz zu den Kapitalgesellschaften ist der Regelungsgegenstand der Beschlussfassung für Personengesellschaften nur äußerst rudimentär gesetzlich geregelt.[5] Das Fehlen von Vorschriften hinsichtlich eines Beschlussorgans sowie der Vorbereitung und Durchführung der Willensbildung lässt sich mit der Vorstellung des historischen Gesetzgebers von der Personengesellschaft als Arbeits- und Haftungsgemeinschaft[6] begründen.[7] In der durch enge Zusammenarbeit geprägten Atmosphäre sei es möglich, Sachfragen unmittelbar zu erörtern und zu entscheiden, weswegen förmliche Verfahrensvorschriften nicht erforderlich seien.[8] Daher besteht hinsichtlich der Art und Weise der Stimmabgabe Formfreiheit.[9] Aufgrund dessen ist selbst eine konkludente Beschlussfassung möglich.

---

3 *Baltzer*, Der Beschluß, S. 42; *Renkl*, Gesellschafterbeschluß, S. 17; *Wiedemann*, Gesellschaftsrecht I, § 3 III. 1. a), S. 176 f.

4 *Winnefeld*, DB 1972, 1053; *Wiedemann*, Gesellschaftsrecht I, § 3 III. 1. a), S. 176 f.; *Zöllner*, FS Lutter, S. 821.

5 *Schäfer*, in: Staub, § 119 Rn. 5; *H. Schneider/U. Schneider*, FS Möhring 1975, S. 271, 273.

6 Siehe hierzu auch 1. Teil: B. III. 2.

7 *Freitag*, in: Ebenroth/Boujong/Joost/Strohn, § 119 Rn. 45.

8 So geht aus *Lutz*, Protokolle zum ADHGB von 1861, S. 197 f. hervor, dass die HGB-Kommission der Meinung war, dass sich in der Regel „die Gesellschafter über zweifelhafte Fragen ohne förmliche Beschlussfassung vertragen".

9 *Enzinger*, in: MüKo HGB, § 119 Rn. 40 ff.; *Haas*, in: Röhricht/Graf von Westphalen/Haas, § 119 Rn. 2; *Habermeier*, in: Staudinger, § 709 Rn. 16.

Allerdings ist nach Ansicht der Rechtsprechung vom Grundsatz der Formlosigkeit der Beschlussfassung gem. § 242 BGB dann eine Ausnahme zu machen, wenn es um „überraschende Beschlüsse oder schwerwiegende Dinge geht".[10] Insofern empfiehlt es sich, im Gesellschaftsvertrag Regelungen bezüglich der Durchführung einer Gesellschafterversammlung aufzunehmen. Dies ist insbesondere bei der Vereinbarung von Mehrheitsbeschlüssen im Hinblick auf die Wahrung von Minderheitsrechten und Rechtssicherheit geboten, um Gesellschafterstreitigkeiten vorzubeugen.[11]

II. Beschlussgegenstände

Als Gegenstände der Beschlussfassung kommen alle Angelegenheiten in Betracht, die im Zusammenhang mit der Gesellschaft stehen. Nach allgemeiner Auffassung werden Beschlussgegenstände in Maßnahmen der Geschäftsführung und Grundlagengeschäfte[12] unterteilt.[13] Letztere umfassen sowohl Änderungen des Gesellschaftsvertrages als auch sonstige Maßnahmen, welche das Innenverhältnis der Gesellschaft betreffen. Mit der Kategorie Grundlagengeschäft wird die Kompetenz der Gesellschafter gegenüber der Geschäftsführung abgegrenzt.[14]

---

10 BGH, NJW 1995, 1353, 1356; OLG Düsseldorf, NZG 2000, 588, 589.

11 *Martens*, in: Schlegelberger, § 119 Rn. 5a; *Schäfer*, in: Staub, § 119 Rn. 16; *ders.*, in: MüKo BGB, § 709 Rn. 50.

12 Begrifflichkeit nach BGHZ 170, 283, 289. Die Terminologie der Rechtsprechung ist diesbezüglich allerdings uneinheitlich. So ist teilweise von Maßnahmen, welche die „Grundlagen der Gesellschaft" berühren die Rede, siehe BGHZ 8, 35, 39; BGH, WM 1961, 303, 304. Zwischenzeitlich sprach der BGH vom „früher sogenannte[n] ‚Grundlagengeschäft'", siehe BGHZ 191, 293, 299; BGH, NZG 2013, 57, 60. Zuletzt wurde in BGH, NZG 2014, 1296, 1298 die Formulierung „sogenannte[s] ‚Grundlagengeschäft'" benutzt. Es leuchtet auch nicht ein auf eine Unterscheidung zwischen Maßnahmen der Geschäftsführung und solchen der Gesellschafterversammlung zu verzichten. Ebenso *W. Goette/M. Goette*, DStR 2016, 74, 78; *Haar*, NZG 2007, 601.

13 *Drescher*, in: Ebenroth/Boujong/Joost/Strohn, § 114 Rn. 4 ff.; *Köhler*, JA 1983, 168, 169; *Martens*, in: Schlegelberger, § 114 Rn. 6 ff.; *Rawert*, in: MüKo HGB, § 114 Rn. 9 ff.; *Schulze-Osterloh*, FS Hadding, S. 637, 645.

14 *Drescher*, in: Ebenroth/Boujong/Joost/Strohn, § 114 Rn. 6.

1. *Maßnahmen der Geschäftsführung*

Die Geschäftsführung umfasst alle rechtsgeschäftlichen und tatsächlichen Handlungen der Gesellschafter, die der Förderung des Gesellschaftszwecks dienen und nicht die Grundlagen der Gesellschaft betreffen.[15]

Zum einen erstreckt sie sich auf Maßnahmen interner Natur, welche die Leitung des Unternehmens betreffen.[16] Hierunter fallen beispielsweise Planung und Leitung der Produktion, die Leitung der Arbeitnehmer oder das Führen der Geschäftsbücher. Zum anderen gehören zum Bereich der Geschäftsführung Handlungen mit Außenwirkung, wie die Abgabe von Willenserklärungen im Namen der Gesellschaft und die Erfüllung von Rechtsgeschäften.[17] Die Prozessführung im Interesse der Gesellschaft zählt ebenfalls zu den Aufgaben der Geschäftsführung.[18]

Für die GbR gilt gem. § 709 Abs. 1 BGB grundsätzlich die Gesamtgeschäftsführung, sodass ein Beschluss für jede Maßnahme der Geschäftsführung erforderlich ist. In der OHG und KG sind hingegen nach §§ 114 Abs. 1, 115 Abs. 1, 164 HGB alle unbeschränkt haftenden Gesellschafter zur Einzelgeschäftsführung berechtigt und verpflichtet. Der Umfang der Geschäftsführungsbefugnis beschränkt sich dabei jedoch gem. § 116 Abs. 1 HGB nur auf gewöhnliche Geschäfte. Für Handlungen die darüber hinausgehen, ist gem. § 116 Abs. 2 HGB (i.V.m. § 164 HGB) ein Beschluss sämtlicher Gesellschafter erforderlich. Eine solche ungewöhnliche Maßnahme liegt vor, wenn sie wegen ihres Inhalts und Zwecks oder ihrer Bedeutung und der mit ihr verbundenen Gefahr für die Gesellschafter Ausnahmecharakter besitzt.[19]

Beschlüsse betreffend die Geschäftsführung sind daher vor allem in der GbR, aber auch in der OHG und KG bezüglich ungewöhnlicher Handlungen relevant. Den Gesellschaftern steht es jedoch frei, im Gesellschaftsvertrag von diesen gesetzlichen Regelungen abzuweichen. So kann in der GbR gem. § 710 BGB nur einem Gesellschafter die Geschäftsführung übertragen werden und für die OHG und KG kann § 116 Abs. 2 HGB abbedungen werden.[20]

---

15 *Drescher*, in: Ebenroth/Boujong/Joost/Strohn, § 114 Rn. 4; *Habermeier*, in: Staudinger, § 709 Rn. 1; *Martens*, in: Schlegelberger, § 114 Rn. 4; *Schäfer*, in: MüKo BGB, § 709 Rn. 7; *Rawert*, in: MüKo HGB, § 114 Rn. 6; *Lieder*, in: Oetker, § 114 Rn. 4.

16 *Rawert*, in: MüKo HGB, § 114 Rn. 7; *Schäfer*, in: Staub, § 114 Rn. 11.

17 *Rawert*, in: MüKo HGB, § 114 Rn. 7; *Schäfer*, in: Staub, § 114 Rn. 11.

18 *Hadding/Kießling*, in: Soergel, § 709 Rn. 9; *Rawert*, in: MüKo HGB, § 114 Rn. 8.

19 BGH, BB 1954, 143; BGHZ 76, 160, 162 f.

20 Vgl. für Letzteres BGH, ZIP 2013, 366, 367.

2. *Grundlagengeschäfte*

a) *Änderungen des Gesellschaftsvertrages*

Der Gesellschaftsvertrag als Schuldvertrag und Organisationsvertrag kann von den Gesellschaftern nachträglich geändert werden.[21] Um eine Änderung des Gesellschaftsvertrages handelt es sich bei einer nachträglichen Einfügung, Aufhebung oder Abänderung eines Bestandteils des Gesellschaftsvertrages. Um eine Vertragsänderung handelt es sich allerdings nur, wenn unmittelbar der Inhalt der Verbandsverfassung verändert wird. Sofern eine Maßnahme, wie beispielsweise die Zustimmung zu einer Anteilsabtretung, lediglich zur Folge hat, dass der Gesellschaftsvertrag korrigiert werden muss, liegt keine unmittelbare Vertragsänderung vor.[22]

b) *Sonstige Grundlagengeschäfte*

Zu den Grundlagengeschäften zählen neben den Änderungen des Gesellschaftsvertrages solche Maßnahmen, die unmittelbar das Rechtsverhältnis zwischen den Gesellschaftern betreffen.[23] Hierzu gehören insbesondere solche Regelungsgegenstände, welche die Organisation und Zusammensetzung der Gesellschaft berühren.[24] Unter sonstige Grundlagengeschäfte fallen beispielsweise die Auflösung der Gesellschaft, der Abschluss von Unternehmensverträgen, die Entlastung der Geschäftsführer, die Feststellung des Jahresabschlusses sowie Entscheidungen über die Ergebnisverwendung.[25]

III. Der dispositive Grundsatz der einstimmigen Beschlussfassung im Personengesellschaftsrecht

1. *Einstimmigkeitsprinzip als gesetzliche Ausgangslage*

Im Rahmen der Beschlussfassung gilt für Personengesellschaften nach den gesetzlichen Regelungen – anders als bei den Kapitalgesellschafen – das Einstimmigkeitsprinzip. Dies ergibt sich für die OHG und KG aus § 119 Abs. 1 HGB (i.V.m. § 161 Abs. 2 HGB).

---

21 *Schäfer*, in: Staub, § 119 Rn. 12.

22 Siehe hierzu BGHZ 203, 77, 94.

23 *Martens*, in: Schlegelberger, § 114 Rn. 6; *Schulze-Osterloh*, FS Hadding, S. 637, 645.

24 *Drescher*, in: Ebenroth/Boujong/Joost/Strohn, § 114 Rn. 6.

25 *Drescher*, in: Ebenroth/Boujong/Joost/Strohn, § 114 Rn. 7; *Haas*, in: Röhricht/Graf von Westphalen/Haas, § 114 Rn. 5; *Schulze-Osterloh*, FS Hadding, S. 637, 645.

Für die GbR ist es hingegen nur für einzelne Beschlussgegenstände in den §§ 709 Abs. 1, 712 Abs. 1 und 715 Abs. 1 BGB gesetzlich normiert. Nach einer Ansicht in der Literatur ergibt sich die grundsätzliche Geltung des Einstimmigkeitsprinzips über die genannten Normen hinaus aus § 311 Abs. 1 BGB.[26] Allerdings lässt sich aus dieser Vorschrift das Erfordernis der Zustimmung sämtlicher Gesellschafter nur für Änderungen des Gesellschaftsvertrages und nicht für sonstige Grundlagengeschäfte, die gerade keine Vertragsänderungen darstellen, herleiten. Daher ist § 709 BGB über seinen konkreten Anwendungsbereich hinaus als Ausgangsnorm für das gesamte Beschlussrecht der GbR entsprechend anzuwenden.[27] Hierfür spricht das *argumentum a fortiori*. Denn wenn bereits für Fragen der Geschäftsführung ein Konsenserfordernis besteht, so müsse dies erst recht für Beschlüsse von grundlegender Bedeutung gelten.[28] Eine solche Sichtweise deckt sich mit der Auffassung der Verfasser des BGB, welche von der Annahme ausgingen, dass aufgrund der „Allgemeinheit der Regel" keine Notwendigkeit bestehe, das Prinzip der Einstimmigkeit besonders hervorzuheben.[29]

2. *(Mögliche) Beweggründe für die Wahl des Einstimmigkeitsprinzips als gesetzliche Ausgangslage*

Das Erfordernis der Konsensfindung rührt von dem Leitbild des historischen Gesetzgebers von der Personengesellschaft als Arbeits- und Haftungsgemeinschaft her. Mit Arbeits- und Haftungsgemeinschaften sind kleinere Personengruppen gemeint, deren Mitglieder ihre Arbeitskraft und einen Teil ihres Vermögens einem gemeinsamen Unternehmen widmen.[30] In diesen steht, anders als bei den Kapitalgesellschaften, die Persönlichkeit der Gesellschafter im Mittelpunkt.[31] Letzteres wird daran deutlich, dass gesetzliche Vorschriften zur Übertragbarkeit der Mitgliedschaft fehlen und das Fortbestehen der

---

26 *Freitag*, in: Ebenroth/Boujong/Joost/Strohn, § 119 Rn. 1; *Heinrichs*, Mehrheitsbeschlüsse, S. 33; *Nitschke*, Körperschaftliche Personengesellschaft, S. 71.

27 *Heidel/Hanke*, in: NK-BGB, § 709 Rn. 38; *Servatius*, in: Henssler/Strohn, § 709 BGB Rn. 1; *Schäfer*, in: MüKo BGB, § 709 Rn. 50; *Schöne*, in: Bamberger/Roth/Hau/Poseck, § 709 Rn. 28.

28 *Haar*, Die Personengesellschaft im Konzern, S. 96; *Spengler*, FS Möhring 1965, S. 165, 167.

29 *Mugdan*, Materialien zum Bürgerlichen Gesetzbuch, Band II, S. 337.

30 BGH, NJW 1963, 646, 648.

31 *Lutz*, Protokolle zum ADHGB von 1861, S. 198; *Plum*, FS DJT II, S. 137, 144; *Schmidt*, Gesellschaftsrecht, § 3 I. 2. a), S. 46.

Gesellschaft grundsätzlich von der unveränderten Zusammensetzung des Mitgliederbestandes abhängt, wie § 723 BGB und § 727 BGB für die Kündigung bzw. den Tod eines Gesellschafters zeigen[32]. Vor diesem Hintergrund verdeutlicht das Einstimmigkeitsprinzip die Gleichberechtigung aller Mitglieder einer Personengesellschaft.[33]

Darüber hinaus soll es im Hinblick auf die solidarische Haftung die Gesellschafter schützen. Das Konsenserfordernis sei nämlich Ausdruck des Zusammenspiels von unbeschränkter Haftung und Mitentscheidungsbefugnis.[34] Die Festlegung des Mehrheitsprinzips als gesetzliche Ausgangslage sei hingegen nur möglich, wenn von vornherein die Haftung der Gesellschafter auf ein bestimmtes Maß beschränkt sei.[35]

Ferner soll das Verfahren der einstimmigen Beschlussfassung den Zusammenhalt der Gesellschafter untereinander stärken. Eine Gesellschaft, in der die Mitglieder persönlich zusammenwirken und teilweise ihre volle Arbeitskraft einbringen, sei auf ein intaktes Vertrauensverhältnis zwischen den Gesellschaftern angewiesen.[36] Sofern dabei jedoch Maßnahmen über den Kopf von Mitgliedern hinweg entschieden werden, führe dies – so die Hypothese des historischen Gesetzgebers – zu Zerwürfnissen und damit in letzter Konsequenz zur Auflösung einer Gesellschaft.[37] Angesichts dieser Tatsachen stehe das Einstimmigkeitsprinzip daher im Einklang mit dem Wesen der Personengesellschaften.[38]

3. Abdingbarkeit des Einstimmigkeitsprinzips

Das Einstimmigkeitsprinzip gewährt jedem Gesellschafter ein Vetorecht, um einen möglichen Beschluss zu blockieren.[39] Dem historischen Gesetzgeber war die dem Erfordernis der Konsensfindung inhärente Schwerfälligkeit bewusst.[40] Daher hat er – wie aus der Auslegungsregel des § 119 Abs. 2 HGB hervorgeht – die Einführung des Majoritätsprinzips für Personenhandelsgesellschaften als

32 Dies galt bis zur Änderung von § 131 HGB durch das HRefG vom 22.6.1998 (BGBl. I, S. 1474 ff.) auch für die OHG.

33 *Heckschen/D. Bachmann*, NZG 2015, 531; *Martens*, in: Schlegelberger, § 119 Rn. 1.

34 *Freitag*, in: Ebenroth/Boujong/Joost/Strohn, § 119 Rn. 1.

35 *Lutz*, Protokolle zum ADHGB von 1861, S. 198.

36 *Menger*, Lückenausfüllung im Innenrecht, S. 80; *Wiedemann*, FS Hopt, S. 1491, 1492.

37 *Lutz*, Protokolle zum ADHGB von 1861, S. 198 f.

38 *Schubert/Schmiedel/Krampe*, Quellen zum HGB von 1897, S. 1021.

39 *Wicke*, MittBayNot 2017, 125.

40 *Lutz*, Protokolle zum ADHGB, S. 198.

ausdrücklich zulässig erachtet. Für die GbR ergibt sich dies nur für einzelne Beschlussgegenstände unmittelbar aus dem Gesetz gem. §§ 709 Abs. 2, 712 Abs. 1 und 715 BGB.

Unabhängig von den genannten Normen besteht bereits als Ausdruck der Vertragsfreiheit die Möglichkeit, von den gesetzlichen Regelungen abzuweichen.[41] Während beispielsweise im Aktienrecht der Grundsatz der Satzungsstrenge gem. § 23 Abs. 5 AktG den Gestaltungsspielraum der Vertragsparteien stark einschränkt, ist das Recht der Personengesellschaften weitgehend dispositiv ausgestaltet.[42] Für das Innenrecht von Personenhandelsgesellschaften legt § 109 HGB auch ausdrücklich den Primat des Gesellschaftsvertrages fest.[43] Die Vorschrift hat jedoch im Hinblick auf die Vertragsfreiheit nur eine klarstellende Funktion.

Den Gesellschaftern einer Personengesellschaft steht es somit frei, durch eine Mehrheitsklausel im Gesellschaftsvertrag vom Einstimmigkeitsprinzip abzuweichen. Damit ist jedoch noch keine Aussage getroffen, in welchem Umfang vom Einstimmigkeitsprinzip abgewichen werden kann.[44]

IV. Gründe für die Einführung von Mehrheitsbeschlüssen

Die weite Verbreitung von Personengesellschaften mit Mehrheitsklauseln zeigt, dass sich solche Gesellschaften offenbar besser am Markt behaupten können.[45] Der wesentliche Vorteil von Mehrheitsbeschlüssen liegt in der erhöhten Handlungs- und Funktionsfähigkeit der Gesellschaft. Denn durch die Einführung des Mehrheitsprinzips sinkt das für die Beschlussfassung erforderliche Quorum. Hierdurch fallen Gegenstimmen weniger ins Gewicht, womit die Fassung von Beschlüssen grundsätzlich erleichtert wird. Die erhöhte Handlungsfähigkeit ist unter verschiedenen Sachgesichtspunkten von Vorteil.

---

41 BGHZ 8, 35, 39; *Enzinger*, in: MüKo HGB, § 109 Rn. 1; *Schäfer*, in: Habersack/Schäfer, Vorb. § 105 Rn. 17; *ders*, in: MüKo BGB, § 705 Rn. 132 f. Vgl. zur Vertragsfreiheit im Personengesellschaftsrecht auch 1. Teil: C.

42 *Ulmer*, ZIP 2015, 657.

43 *Enzinger*, in: MüKo HGB, § 109 Rn. 1.

44 Siehe zu dieser Fragestellung 2. Teil: A.

45 *Leenen*, FS Larenz, S. 371, 380; *Wicke*, MittBayNot 2017, 125.

1. Gesellschafterzahl

Die Realstruktur der heutigen Personengesellschaften entspricht häufig nicht mehr dem gesetzlichen Leitbild von der Arbeits- und Haftungsgemeinschaft.[46] In der Praxis sind zum einen Publikumsgesellschaften und zum anderen große Personengesellschaften mit körperschaftlicher Struktur weitverbreitet.

Allgemein lässt sich eine Publikumsgesellschaft als eine Gesellschaft charakterisieren, deren Zweckbestimmung darin besteht, zur Kapitalsammlung eine unbestimmte Vielzahl rein kapitalistisch beteiligter Anlagegesellschafter aufzunehmen.[47] Aufgrund dessen sind die Anteile breit gestreut und die einzelnen Gesellschafter nicht besonders miteinander verbunden. Ihrer Funktion nach entspricht die Publikumsgesellschaft daher eher einer AG. Aufgrund der größeren Gestaltungsfreiheit und aus steuerlichen Gründen wird jedoch in der Regel die Rechtsform der KG bzw. der GmbH & Co. KG gewählt.[48]

Neben dem Extremfall der Publikumsgesellschaft gibt es in der Praxis eine Vielzahl weiterer Gesellschaften, die von der gesetzestypischen Idealstruktur abweichen und körperschaftliche Regelungen übernommen haben. Diese Gesellschaften bestehen regelmäßig aus einer großen Anzahl an Mitgliedern. Dies kann zum einen daran liegen, dass die wirtschaftliche Bedeutung der Unternehmen mit der Zeit gewachsen ist, was zur Aufnahme neuer Gesellschafter geführt hat. Zum anderen kann der Mitgliederbestand im Zuge von Erbfällen aufgrund von einfachen Nachfolgeklauseln zugenommen haben.[49] Die Gründe, warum die Rechtsform einer Personengesellschaft gewählt beziehungsweise beibehalten wurde, sind vielseitig. In der Regel möchte man die Nachteile der Kapitalgesellschaften wie beispielsweise Publizitätsvorschriften, doppelte Besteuerung und die Aufbringung eines Mindestkapitals vermeiden.[50]

Die Größe des Mitgliederbestandes bei den soeben genannten Erscheinungsformen bringt es mit sich, dass sich die einzelnen Gesellschafter weitgehend anonym gegenüberstehen.[51] Mit der Inexistenz von persönlichen Bindungen geht das Fehlen von wechselseitigen Vertrauensbeziehungen einher, was tendenziell

---

46 *Fischer*, Weiterbildung des Rechts, S. 15 ff.; *Menger*, Lückenausfüllung im Innenrecht, S. 83 ff.

47 BGH, NJW 1975, 1318, 1319; BGH, NJW 1982, 2495; BGH, NJW 1982, 2303.

48 *Casper, in:* Staub, § 161 Rn. 125; *Enzinger*, Mehrheitsbeschlüsse, S. 12; *Servatius*, in: Henssler/Strohn, Anh. HGB Rn. 1.

49 *Barbasch*, Familien KG, S. 17 ff.

50 *Nitschke*, Körperschaftliche Personengesellschaft S. 19 ff.; *Plum*, FS DJT II, S. 137, 146 f.

51 BGH, NJW 1975, 1318, 1319.

zu einer verminderten Kompromissbereitschaft führt.[52] Hinzu kommt, dass mit der Mitgliederzahl gleichzeitig auch die Anzahl an unterschiedlichen Interessen steigt, was die Konsensfindung im Rahmen der Beschlussfassung weiter erschwert. Um die Handlungs- und Funktionsfähigkeit der Gesellschaft zu bewahren, wird daher in den genannten Fällen in der Regel das Mehrheitsprinzip vereinbart.[53]

2. *Dringliche Beschlüsse*

Auch unabhängig von der Anzahl an Gesellschaftern ist es häufig sinnvoll, vom dispositiven Gesetzesrecht abzuweichen. Das Einstimmigkeitsprinzip kann gerade im Hinblick auf dringliche Beschlussfassungen, welche insbesondere im Rahmen der Geschäftsführung vorkommen, ein Hemmnis darstellen. Zunächst kann das Einstimmigkeitsprinzip insoweit eine rasche Willensbildung behindern, als bereits das Fehlen eines einzigen Mitglieds bei der Beschlussfassung aufgrund von Krankheit oder sonstiger Verhinderung schädlich ist.[54] Insoweit erweist sich die mehrheitliche Beschlussfassung bereits aus formalen Erwägungen als vorteilhaft. Darüber hinaus kann sich das Finden eines gemeinsamen Konsenses oftmals schwerfällig und zeitaufwendig gestalten. Unter Umständen steht die für den Einigungsprozess benötigte Zeit jedoch nicht zur Verfügung, um Marktchancen wahrzunehmen.

Aus diesen Gründen ist das Prinzip der Einstimmigkeit bei eilbedürftigen Beschlussgegenständen, unzweckmäßig. Für Gesellschaften in der Rechtsform einer GbR ist es daher insbesondere im Hinblick auf Maßnahmen der Geschäftsführung ratsam eine von § 709 BGB abweichende Regelung zu vereinbaren.[55]

3. *Anpassung der Grundlagen der Gesellschaft*

a) *Die Unvollständigkeit von Gesellschaftsverträgen*

Besonders sinnvoll ist das Einführen von Mehrheitsentscheidungen im Hinblick auf Grundlagengeschäfte. Dies hängt damit zusammen, dass Gesellschaftsverträge Dauerschuldverhältnisse sind, welche mit der Zeit der Anpassung

---

52 BGH, NJW 1983, 1056, 1058.

53 *Flume*, Die Personengesellschaft, § 14 I., S. 208.

54 *Haas*, in: Röhricht/Graf von Westphalen/Haas, § 119 Rn. 13; *Martens*, in: Schlegelberger, § 119 Rn. 14.

55 Die OHG betrifft dies nur hinsichtlich ungewöhnlicher Geschäftsführungsmaßnahmen nach § 116 Abs. 2 HGB, siehe 1. Teil: B. II. 1.

bedürfen. Die Neue Institutionenökonomik spricht insofern von relationalen Verträgen. Gesellschaftsverträge gelten als Musterbeispiel eines relationalen Vertrages.[56] Diese zeichnen sich dadurch aus, dass sie sich nicht auf einen einmaligen oder identisch wiederholten Leistungsaustausch beschränken, sondern eine Vielzahl von ungleichartigen und im Zeitpunkt des Vertragsabschlusses nicht absehbare Transaktionen umfassen.[57] Charakteristisch für relationale Verträge ist deren Unvollständigkeit.[58] Dies bedeutet, dass der Vertrag nicht für sämtliche zukünftige Entwicklungen und Eventualitäten eine ausdrücklich vereinbarte Lösungsmöglichkeit enthält.[59]

b) Ursachen für die Unvollständigkeit von Gesellschaftsverträgen

Die Gründe für die Unvollständigkeit sind vielfältig. So kann es aufgrund der langfristigen Laufzeit des Vertrages schlichtweg unmöglich sein, spätere Entwicklungen vorherzusehen.[60] Dies trifft sowohl auf die Beziehungen zwischen den Gesellschaftern als auch auf Entwicklungen des Wirtschaftslebens zu.[61] Ein wesentlicher Faktor in diesem Zusammenhang ist das Phänomen der begrenzten Rationalität der Vertragsparteien.[62]

Ferner können prohibitiv hohe Transaktionskosten[63] dazu führen, dass die Parteien auf Regelungen hinsichtlich vorhersehbarer Risiken

56 *Bechtold*, Die Grenzen zwingenden Vertragsrechts, S. 40; *Schmolke*, Grenzen der Selbstbindung, S. 605; *Wiedemann*, Gesellschaftsrecht II, § 2 I. 1. c), S. 95. Weitere Beispiele für relationale Verträge sind Arbeitsverträge und Franchiseverträge.

57 *Bechtold*, Die Grenzen zwingenden Vertragsrechts, S. 40; *Schäfer/Ott*, Ökonomische Analyse des Zivilrechts, 24.1.1, S. 688; grundlegend *MacNeil*, S. Cal. L. Rev. 47 (1974), 691 ff.; siehe hierzu auch *Richter/Furubotn*, Neue Institutionenökonomik, IV.3.1, S. 167 ff.

58 *Schäfer/Ott*, Ökonomische Analyse des Zivilrechts, 24.1.1, S. 688.

59 *Lettl*, AcP 212 (2002), 3, 4 f.; *Zöllner*, Die Anpassung von Personengesellschaftsverträgen, S. 11 ff.

60 *Bechtold*, Die Grenzen zwingenden Vertragsrechts, S. 40; *Fleischer*, ZGR 2001, 1, 4 f.; *Lettl*, AcP 212 (2002), 3, 4; *Wiedemann*, Gesellschaftsrecht II, § 2 I. 1. c), S. 95; *Williamson*, J. L. & Econ. 22 (1979), 233, 237.

61 *U. Schneider*, ZGR 1972, 357, 358.

62 *Bechtold*, Die Grenzen zwingenden Vertragsrechts, S. 39; *Hermalin/Katz/Craswell*, in: Polinsky/Shavell, Handbook of law and economics, 4.2.1, S. 3, 75. Siehe hierzu ausführlich 1. Teil: C. III. 1. b) aa).

63 Unter Transaktionskosten versteht man die Kosten, die mit dem Handeln in einer Marktwirtschaft verbunden sind, siehe hierzu *Richter/Furubotn*, Neue Institutionenökonomik, II., S. 53 ff.

verzichten.[64] Denn umso detaillierter ein Vertrag Regelungen hinsichtlich möglicher Entwicklung enthält, desto höher sind die damit einhergehenden Informationskosten, Verhandlungskosten und Entscheidungskosten beim Vertragsschluss.[65]

Teilweise werden auch bewusst strittige Regelungsgegenstände zunächst offengelassen, um den Vertragsabschluss nicht zu gefährden.[66] So kann das Ansprechen von heiklen Punkten zu Misstrauen beim Vertragspartner führen.[67]

c) Mechanismus der nachträglichen Anpassung

Aufgrund der Unvollständigkeit von relationalen Verträgen ist es erforderlich, dass Gesellschaftsverträge im Hinblick auf zukünftige Ereignisse nachträglich angepasst werden können.[68] Daher müssen die Vertragsparteien einen Mechanismus vereinbaren, mittels dessen sich im Nachhinein Vertragslücken schließen lassen.[69] Die Festlegung eines solchen Mechanismus bedeutet zugleich, dass die Gesellschafter mit Beitritt zum Verband, dass Ergebnis einer nachträglichen Anpassung anzuerkennen haben.[70] Bei Gesellschaftsverträgen erfolgt die nachträgliche Anpassung durch die Beschlussfassung.

Das Einstimmigkeitsprinzip ist in diesem Zusammenhang schwerfällig, da es jedem Gesellschafter ein Vetorecht einräumt, mit welchem bereits ein einzelner Gesellschafter den Wunsch der übrigen Gesellschafter nach Vertragsänderungen torpedieren kann. Ähnlich wie beim ursprünglichen Vertragsschluss wird erneut der Prozess des Aushandelns in Gang gesetzt, mit dem Unterschied, dass ein Scheitern der Verhandlungen zur Aufrechterhaltung des Status quo führt.

---

64 *Hermalin/Katz/Craswell*, in: Polinsky/Shavell, Handbook of law and economics, 4.2.2, S. 3, 77; *Fleischer*, ZHR 168 (2004), 673, 683; *Ruffner*, Grundlagen eines Rechts der Publikumsgesellschaft, S. 163; *Wiedemann*, Gesellschaftsrecht II, § 2 I. 1. c), S. 95; *Williamson*, J. L. & Econ. 22 (1979), 233, 237.

65 *Wedemann*, Gesellschafterkonflikte, S. 75 f.; *Oetker*, Das Dauerschuldverhältnis, S. 40 f.

66 *Fleischer*, in: MüKo GmbHG, Einl. Rn. 290; *Wiedemann*, Gesellschaftsrecht II, § 2 I. 1. c), S. 94 f.

67 *Wedemann*, Gesellschafterkonflikte, S. 76 f.

68 *Kalss*, in: Riesenhuber, Das Prinzip der Selbstverantwortung, S. 359, 366; *Schäfer/Ott*, Ökonomische Analyse des Zivilrechts, 24.1.1, S. 688.

69 *Bechtold*, Die Grenzen zwingenden Vertragsrechts, S. 40; *Janke*, Gesellschaftsrechtliche Treuepflicht, S. 154 ff.; *Means*, Fordham L. Rev. 79 (2011), 1161, 1187; *Ruffner*, Grundlagen eines Rechts der Publikumsgesellschaft, S. 163 f.; *Schäfer/Ott*, Ökonomische Analyse des Zivilrechts, 24.1.1, S. 688.

70 *Janke*, Gesellschaftsrechtliche Treuepflicht, S. 154 f.

Aufgrund dessen wird durch das Einstimmigkeitsprinzip tendenziell das Beharrungsinteresse begünstigt.[71] Zudem können je nach Ausmaß des Verhandlungsprozesses erneut hohe Entscheidungskosten entstehen.[72]

Des Weiteren birgt das Einstimmigkeitsprinzip eine enorme Gefahr für Minderheits-Opportunismus[73].[74] Denn Gesellschafter können ihre Zustimmung von der Gewährung von Sondervorteilen, wie etwa einer für sie günstigen Gewinnverteilung, abhängig machen.[75]

Begünstigt wird ein solch opportunistisches Verhalten dadurch, dass durch das Einstimmigkeitsprinzip die Beteiligungsquoten und damit das jeweils getätigte Investment außer Acht gelassen werden. Ein Minderheitsgesellschafter mit einem geringeren Investment muss ein Scheitern der Gesellschaft grundsätzlich weniger fürchten als ein etwaiger Mehrheitsgesellschafter. Dieser Umstand kann im Rahmen einer Obstruktionspolitik bewusst ausgenutzt werden.[76] Angesichts dieses Erpressungspotentials kommt dem Einzelnen ein größeres Gewicht zu, als es seiner Beteiligungsquote an der Gesellschaft entspricht.[77]

Das Einstimmigkeitsprinzip erweist sich somit im Hinblick auf die Unvollständigkeit von Gesellschaftsverträgen als unzweckmäßig, da ein erhöhtes Risiko besteht, dass notwendige Anpassungen des Vertrages nicht vorgenommen werden, was mitunter existenzbedrohende Auswirkungen auf ein Unternehmen haben kann.[78] Mit der Einführung des Mehrheitsprinzips als Verfahrensregel lässt sich hingegen das Entstehen von Blockadesituationen vermeiden, indem es

---

71 *W. Goette*, FS Sigle, S. 145, 146; *Haar*, Die Personengesellschaft im Konzern, S. 105; *Leenen*, FS Larenz, S. 371, 382 f.

72 *Janke*, Gesellschaftsrechtliche Treuepflicht, S. 182; *Oetker*, Das Dauerschuldverhältnis, S. 42 f.

73 Unter Opportunismus wird aus ökonomischer Sicht die Verfolgung des Eigeninteresses einer Vertragspartei unter Zuhilfenahme von List oder Täuschung verstanden. Der Begriff geht zurück auf *Williamson*, J. Econ. Lit. 19 (1981), 1537, 1545. Siehe hierzu auch *Richter/Furubotn*, Neue Institutionenökonomik, IV.2, S. 153 ff.

74 *Janke*, Gesellschaftsrechtliche Treuepflicht, S. 163 f.; *Klöhn*, AcP 216 (2016), 282, 299; *Zöllner*, Die Anpassung von Personengesellschaftsverträgen, S. 13.

75 *Janke*, Gesellschaftsrechtliche Treuepflicht, S. 183; *Klöhn*, AcP 216 (2016), 282, 299; *Leenen*, FS Larenz, S. 371, 385 f.; *Wandrey*, Materielle Beschlusskontrolle im Aktienrecht, S. 196.

76 *Klöhn*, AcP 216 (2016), 282, 399.

77 *Hofmann*, Minderheitsschutz, S. 9.

78 *Enzinger*, in: MüKo HGB, § 119 Rn. 3; *Janke*, Gesellschaftsrechtliche Treuepflicht, S. 178. Zur Möglichkeit eine Zustimmung gerichtlich durchzusetzen siehe 2. Teil: B. II. 1. c) dd) (3).

die Entscheidungsfindung aufgrund des niedrigeren Zustimmungserfordernisses erleichtert. Die Gesellschaft kann somit flexibler und schneller auf personelle oder wirtschaftliche Entwicklungen reagieren und sich den veränderten Marktgegebenheiten anpassen.[79]

Schließlich sei noch darauf hingewiesen, dass durch das Mehrheitsprinzip Transaktionskosten im Zeitpunkt des Vertragsschlusses eingespart werden können. Denn aufgrund der schnellen und situationsangemessenen nachträglichen Anpassungsmöglichkeit kann auf einen hohen Detailliertheitsgrad des Vertrages verzichtet werden.[80] Insofern wird vermieden, dass Transaktionskosten für Regelungen bezüglich Eventualitäten, welche möglicherweise nie eintreten, entstehen.

V. Gefahr des Mehrheitsprinzips: Opportunismus durch den Mehrheitsgesellschafter

Das Kardinalproblem von Langzeitverträgen ist opportunistisches Verhalten der Vertragsparteien.[81] Die Ersetzung des Einstimmigkeitsprinzips durch das Mehrheitsprinzip eliminiert zwar das Risiko für Minderheits-Opportunismus und führt zugleich zu einer erhöhten Flexibilität im Hinblick auf Vertragsanpassungen. Die Kehrseite der Medaille ist jedoch, dass hierdurch die Gefahr für Mehrheits-Opportunismus virulent werden kann.[82]

1. Faktoren die Mehrheits-Opportunismus begünstigen

a) Mehrheitsbeschlüsse

In Vertragsbeziehungen gibt es verschiedene Faktoren, die opportunistisches Verhalten begünstigen.[83] In Bezug auf Gesellschaftsverträge ist in diesem Zusammenhang zunächst die Unvollständigkeit des Vertrages in Kombination mit dem Mehrheitsprinzip als primäre Ursache für Mehrheits-Opportunismus zu nennen.[84] Denn hierdurch wird der Mehrheitsgesellschafter in die Lage versetzt, die gesellschaftsvertraglichen Leistungsbeziehungen einseitig zu seinen Gunsten zu

79 *Leenen*, FS Larenz, S. 371, 385; *Marburger*, NJW 1984, 2252, 2253.

80 *Buriánek*, Vertragsgestaltung bei hybriden Leistungsangeboten, S. 95.

81 *Oetker*, Das Dauerschuldverhältnis, S. 45; *Schmolke*, Grenzen der Selbstbindung, S. 608.

82 *Janke*, Gesellschaftsrechtliche Treuepflicht, S. 164 f.; *Wandrey*, Materielle Beschlusskontrolle im Aktienrecht, S. 196.

83 Siehe vertiefend hierzu *Schäfer/Ott*, Ökonomische Analyse des Zivilrechts, 11.3, S. 426.

84 *Schmolke*, Grenzen der Selbstbindung, S. 610; *Wedemann*, Gesellschafterkonflikte, S. 77.

verändern.[85] Durch diese Gestaltungsbefugnis entsteht ein großer Spielraum für opportunistisches Verhalten.[86] Dies gilt insbesondere vor dem Hintergrund der weitestgehenden Inexistenz von zwingenden minderheitsschützenden Vorschriften im Recht der Personengesellschaften.[87]

b) Spezifische Investitionen

Einen Faktor, der Mehrheits-Opportunismus potenziert, stellen sogenannte spezifische Investitionen der Minderheit dar.[88] Hierunter sind getätigte Investitionen zu verstehen, welche in einer bestimmten, konkreten Beziehung einen höheren Ertrag erzielen als in jeder anderen Beziehung.[89] Dies kann entweder damit zusammenhängen, dass die Investitionen in anderen Beziehungen gar nicht nutzbar sind oder dass eine Nutzung in einer anderen Beziehung aufgrund von Wechselbarrieren mit Kosten verbunden ist.[90]

Bei Gesellschaften können die Beitragsleistungen nach § 705 BGB spezifische Investitionen darstellen.[91] Dies gilt etwa für die Zurverfügungstellung von Sachen, wie beispielsweise einer eigens für die Zwecke der Gesellschaft gefertigten Produktionsmaschine.[92] Aber auch reine zur Übernahme der Gesellschaftsanteile getätigte Geldleistungen können bei Personengesellschaften eine Form von beziehungsspezifischen Investitionen darstellen.[93] Zwar bietet das ordentliche Kündigungsrecht gem. § 723 Abs. 1 S. 1 BGB grundsätzlich eine Möglichkeit für einen Abzug der getätigten Investitionen. Allerdings führen ungünstige Abfindungsklauseln, wie beispielsweise Buchwertklauseln, dazu, dass die potentielle Abfindung häufig nicht dem tatsächlichen Wert des Gesellschaftsanteils entspricht.[94] Hinzu kommt, dass ein etwaiger Verkauf der Gesellschaftsanteile

---

85 *Behrens*, Die ökonomischen Grundlagen des Rechts, S. 493; *Means*, Fordham L. Rev. 79 (2011), 1161, 1164.

86 *G. Bachmann/Eidenmüller/Engert/Fleischer/Schön*, Rechtsregeln für die geschlossene Kapitalgesellschaft, S. 28.

87 BGHZ 71, 53, 57; siehe zu den wenigen zwingenden Vorschriften 1. Teil: C. II. 1.

88 *Janke*, Gesellschaftsrechtliche Treuepflicht, S. 163 f.; *Klein/Crawford/Alchian*, J. L. & Econ. 21 (1978), 297, 298; *Oetker*, Das Dauerschuldverhältnis, S. 45 f.

89 *Richter/Furubotn*, Neue Institutionenökonomik, IV.2, S. 154 ff.

90 *Richter/Furubotn*, Neue Institutionenökonomik, IV.2, S. 154 ff.

91 Bezüglich der Geschäftsführertätigkeit als spezifische Investition, siehe *Janke*, Gesellschaftsrechtliche Treuepflicht, S. 163 f.

92 Vgl. hierzu das anschauliche Beispiel von *Klöhn*, AcP 216 (2016), 282, 293 ff.

93 *Sanders*, Statischer Vertrag, S. 119 f.

94 *Fleischer*, ZGR 2001, 1, 6; *Janke*, Gesellschaftsrechtliche Treuepflicht, S. 225; *Wiedemann*, Gesellschaftsrecht I, § 8 I. 1., S. 407.

mangels einer gesetzlichen Übertragungsmöglichkeit häufig keine Alternative darstellt. Sofern jedoch im Einzelfall der Gesellschaftsvertrag eine solche Übertragungsmöglichkeit vorsieht, scheitert die Generierung eines angemessenen Verkaufserlöses oftmals am Fehlen eines ausgebildeten Sekundärmarktes.[95]

Da die Vertragsparteien aufgrund der soeben aufgezeigten ökonomischen Erwägungen das Ausscheiden aus der Gesellschaft scheuen, spricht man auch vom *Locking-in*-Effekt.[96] Sofern Minderheitsgesellschafter aufgrund von getätigten spezifischen Investitionen diesem Effekt unterliegen, sind sie in besonderem Maße der Gefahr für Mehrheits-Opportunismus ausgesetzt.

2. *Wann verhält sich ein Mehrheitsgesellschafter opportunistisch?*

Wurden soeben die Faktoren beschrieben, welche Mehrheits-Opportunismus begünstigen, stellt sich anschließend die Frage, wann sich ein Mehrheitsgesellschafter tatsächlich opportunistisch verhält. Denn dieser steht bei der Beschlussfassung vor der grundsätzlichen Entscheidung, ob er entweder eine Maßnahme verfolgt, welche der Vermögensmaximierung aller Gesellschafter zugutekommt, oder ob er einen Beschluss befürwortet, der lediglich seinen eigenen Interessen entspricht und für die anderen Gesellschafter möglicherweise nachteilig ist. Ein rational handelnder Gesellschafter wird dabei sein Stimmrecht im Einzelfall so ausüben, dass der eigene Nutzen maximiert wird.[97]

Die Besonderheit von Gesellschaftsverträgen im Vergleich zu anderen relationalen Verträgen ist die Tatsache, dass sämtliche Vertragsparteien dasselbe Ziel – nämlich die Erreichung des Gesellschaftszwecks i.S.v. § 705 BGB – verfolgen.[98] Stimmen aus dem Schrifttum sprechen daher bildlich davon, dass alle Gesellschafter im gleichen Boot sitzen.[99] Gemeint ist hiermit, dass ein Beschluss,

---

95 *G. Bachmann/Eidenmüller/Engert/Fleischer/Schön*, Rechtsregeln für die geschlossene Kapitalgesellschaft, S. 29 ff.; *Enzinger*, Mehrheitsbeschlüsse, S. 278; *Haar*, Die Personengesellschaft im Konzern, S. 103; *Janke*, Gesellschaftsrechtliche Treuepflicht, S. 225; *Wiedemann*, Gesellschaftsrecht I, § 8 I. 1., S. 407.

96 *G. Bachmann/Eidenmüller/Engert/Fleischer/Schön*, Rechtsregeln für die geschlossene Kapitalgesellschaft, S. 30; *Oetker*, Das Dauerschuldverhältnis, S. 45 f.; *Schmolke*, Grenzen der Selbstbindung, S. 607.

97 *Schmolke*, Grenzen der Selbstbindung, S. 608 f.

98 *G. Roth*, JBl 2005, 80, 82.

99 *Fastrich*, Funktionales Rechtsdenken, S. 20; zustimmend *Verse*, Gleichbehandlungsgrundsatz, S. 56; *Wandrey*, Materielle Beschlusskontrolle im Aktienrecht, S. 19. In diese Richtung auch *Hüffer/Schäfer*, in: MüKo AktG, § 243 Rn. 48; *Schubert*, in: MüKo BGB, § 242 Rn. 544.

welcher mit der gemeinsamen Zweckverfolgung übereinstimmt, der Wohlfahrtsmaximierung aller Gesellschafter dient. Vor dem Hintergrund ihres Gewinnanspruchs werden die Gesellschafter aus eigenem Interesse so abstimmen, dass die Gewinne der Gesellschaft möglichst maximiert werden. Umgekehrt lässt sich sagen, dass ein Abstimmungsverhalten, welches im Widerspruch zum Gesellschaftszweck steht, grundsätzlich zu einer Eigenschädigung führt.

Allerdings kann es Situationen geben, bei denen der gemeinsame Interessengleichlauf durch externe Interessen gestört wird. Ein Mehrheitsgesellschafter kann geneigt sein, sich über die gemeinsame Zweckverfolgung hinwegzusetzen und seine Machtstellung zu missbrauchen, um Sondervorteile außerhalb der Gesellschaft auf Kosten der Minderheit zu erlangen.[100] Eine solche Motivationslage besteht vor allem dann, wenn der mögliche externe Vermögensvorteil größer ist als der nur anteilig zu tragende finanzielle Verlust, den man aufgrund der Schädigung der eigenen Gesellschaft erfährt.[101]

Darüber hinaus besteht ein Potential für opportunistisches Verhalten bei Beschlüssen, welche sich nicht unmittelbar am Gesellschaftszweck messen lassen. Hier kann nicht von einem zwangsläufigen Interessengleichlauf zwischen den Gesellschaftern gesprochen werden. Dies gilt teilweise für die besonders weittragenden Gundlagenbeschlüsse, welche die interne Verschiebung von Rechten und Pflichten sowie Strukturänderungen betreffen.[102] Aufgrund dessen sind Grundlagenbeschlüsse verbreitet Gegenstand von Mehrheits-Opportunismus.[103] So können potentielle nachteilige Grundlagenbeschlüsse als Druckmittel eingesetzt werden, um Sondervorteile zu erlangen. Zudem kann es im finanziellen Interesse eines Mehrheitsgesellschafters liegen, ein anderes Verbandsmitglied aus der Gesellschaft hinauszudrängen. Schließlich können auch bloße Animositäten zwischen den Gesellschaftern die Ursache für Mehrheits-Opportunismus sein.[104]

100 *Fastrich*, Funktionales Rechtsdenken, S. 21; *ders.*, FS Kreutz, S. 585, 593 ff.; *Haar*, Die Personengesellschaft im Konzern, S. 102; *G. Roth*, JBl 2005, 80, 82; *Wandrey*, Materielle Beschlusskontrolle im Aktienrecht, S. 25 f.

101 *Fastrich*, FS Kreutz, S. 585, 594; *Wiedemann*, Gesellschaftsrecht I, § 8 II. 2. b), S. 430.

102 *Fastrich*, Funktionales Rechtsdenken, S. 21; *Verse*, Gleichbehandlungsgrundsatz, S. 57.

103 *Wiedemann*, Gesellschaftsrecht II, § 2 I. 1. c), S. 95.

104 *Schmolke*, Grenzen der Selbstbindung, S. 610 f.

3. *Typische Missbrauchsfälle von Mehrheitsmacht*

Für Mehrheitsgesellschafter gibt es eine Vielzahl an verschiedenen Ausbeutungsstrategien um ihre Machtposition zum Nachteil der Minderheitsgesellschafter einzusetzen. Dabei werden häufig Maßnahmen nur angedroht, um Verhaltenskonformitäten zu erzwingen. Zur Veranschaulichung soll in der nötigen Kürze auf fünf Beispiele eingegangen werden.

a) Thesaurierung von Gewinnen

Weit verbreitet ist eine übermäßige Gewinnthesaurierung und das damit verbundene sogenannte „Aushungern" von Gesellschaftern.[105] Nach den §§ 721 f. BGB, 120 ff. und 167 ff. HGB steht den Mitgliedern einer Personengesellschaft eine Beteiligung am erwirtschafteten Gewinn zu. Jedoch kann ein Mehrheitsgesellschafter kraft seines Stimmgewichts im Rahmen der Beschlussfassung zur Gewinnverwendung die Bildung von offenen Rücklagen durchsetzen und somit die Ausschüttung des Gewinns komplett oder zum Teil verhindern. Ein wiederholtes Ausbleiben der Ausschüttung erweist sich insbesondere dann als Druckmittel, wenn der Mehrheitsgesellschafter in geringerem Maße als die Minderheitsgesellschafter auf die Rendite angewiesen ist, weil er beispielsweise eine Geschäftsführervergütung erhält.[106] Ein solches Vorgehen ist insbesondere im Personengesellschaftsrecht wirkungsvoll, da die Gesellschafter die Gewinne trotz ausbleibender Ausschüttung als Einkünfte aus Gewerbebetrieb versteuern müssen.[107] Dies kann sogar so weit gehen, dass sich Minderheitsgesellschafter aufgrund ihrer finanziellen Notlage gezwungen sehen, gegen eine – gegebenenfalls unter Wert liegende – Abfindung aus der Gesellschaft auszuscheiden.[108]

b) Entzug der Geschäftsführungsbefugnis

Ein Druckmittel kann außerdem in der Ankündigung des Entzugs der Befugnis zur Geschäftsführung zu sehen sein.[109] Die Geschäftsführervergütung als geregeltes Einkommen kann einen entscheidenden Grund für die Beteiligung an

---

105 *Enzinger*, Mehrheitsbeschlüsse, S. 288 f.; *Priester*, FS U. Schneider, S. 985 ff.; *Wiedemann*, Gesellschaftsrecht II, § 3 III. 3. b) aa), S. 226 ff.

106 *G. Bachmann/Eidenmüller/Engert/Fleischer/Schön*, Rechtsregeln für die geschlossene Kapitalgesellschaft, S. 33; *Wiedemann*, Gesellschaftsrecht I, § 8 III. 3. c), S. 450.

107 *Enzinger*, Mehrheitsbeschlüsse, S. 289; *Wiedemann*, Gesellschaftsrecht I, § 8 III. 3. c), S. 450.

108 *Hofmann*, Minderheitsschutz, S. 679.

109 *Wiedemann*, Gesellschaftsrecht II, § 2 I. 1. c), S. 95.

einer Personengesellschaft darstellen. Das Versiegen dieser Einkommensquelle kann somit für den betroffenen Minderheitsgesellschafter gravierende Auswirkungen haben, die bis in seinen persönlichen Lebensbereich reichen können.[110] Zwar ist nach §§ 712 BGB, 117 HGB der Entzug an bestimmte Voraussetzungen – wie das Vorliegen eines wichtigen Grundes – geknüpft, allerdings können die Gesellschafter hiervon abweichende Regelungen vereinbaren.[111] Aufgrund dessen kann einem Mehrheitsgesellschafter eine große Einflussmöglichkeit im Hinblick auf den Entzug der Geschäftsführungsbefugnis zukommen.

c) Unausgewogene Drittgeschäfte

Zu einem Missbrauch von Mehrheitsmacht kann es des Weiteren durch den Abschluss von unausgewogenen Drittgeschäften mit dem Mehrheitsgesellschafter kommen.[112] Hierbei kauft die Gesellschaft ein Wirtschaftsgut zu überhöhten Preisen. Aufgrund des Fehlens einer adäquaten Gegenleistung erhält der Gesellschafter auf Kosten der Gesellschaft einen Vermögensvorteil.[113] Um einen solchen Vorgang möglichst unauffällig zu gestalten, werden solche Geschäfte häufig mit einer dem Mehrheitsgesellschafter nahestehenden Person abgeschlossen.[114] Grundsätzlich handelt es sich bei dem Abschluss eines Drittgeschäftes um eine Geschäftsführungsmaßnahme.[115] Sofern es sich jedoch um ein ungewöhnliches Rechtsgeschäft gem. § 116 Abs. 2 HGB handelt, ist ein Beschluss erforderlich. Des Weiteren kann auch in sonstigen Fällen ein Beschluss der Gesellschafter zur Legitimierung des Geschäfts eingeholt werden.[116]

d) Eingriffe in Mitgliedschaftsrechte

Eine weitere Strategie gegenüber Minderheitsgesellschaftern kann darin bestehen, die Attraktivität ihrer Beteiligung durch Eingriffe in ihre mitgliedschaftliche Rechtsposition zu senken. Durch Änderungen des Gesellschaftsvertrages

---

110 BGHZ 71, 53, 57; *Fischer*, FS Barz, S. 33, 40.

111 *Drescher*, in: Ebenroth/Boujong/Joost/Strohn, § 117 Rn. 34 ff.; *Schäfer, in:* MüKo BGB, § 712 Rn. 22 f.; *U. Schneider*, ZGR 1972, 357, 374.

112 *G. Bachmann/Eidenmüller/Engert/Fleischer/Schön*, Rechtsregeln für die geschlossene Kapitalgesellschaft, S. 32; *Enzinger*, Mehrheitsbeschlüsse, S. 284 f.

113 *G. Bachmann/Eidenmüller/Engert/Fleischer/Schön*, Rechtsregeln für die geschlossene Kapitalgesellschaft, S. 32; *Enzinger*, Mehrheitsbeschlüsse, S. 284 f.

114 *G. Bachmann/Eidenmüller/Engert/Fleischer/Schön*, Rechtsregeln für die geschlossene Kapitalgesellschaft, S. 32.

115 *Enzinger*, Mehrheitsbeschlüsse, S. 284.

116 *Enzinger*, Mehrheitsbeschlüsse, S. 285.

hat der Mehrheitsgesellschafter die Möglichkeit, Mitgliedschaftsrechte der Minderheitsgesellschafter aufzuheben oder einzuschränken. So können sämtliche im Gesellschaftsvertrag festgelegten oder nach dispositivem Gesetzesrecht bestehenden Mitgliedschaftsrechte nachträglich durch einen Mehrheitsbeschluss aufgehoben werden.[117] Mitglieder einer Personengesellschaft sind häufig nicht nur vermögensmäßig, sondern auch persönlich beteiligt, indem sie ihre Arbeitskraft einbringen. Vertragsänderungen können Gesellschafter einer Personengesellschaft daher viel unmittelbarer tangieren als einen reinen Kapitalgeber.[118] Sofern der abgeänderte Gesellschaftsvertrag erheblich von den ursprünglich ausgehandelten Bedingungen abweicht, kann sich ein Gesellschafter in letzter Konsequenz dazu gezwungen sehen, aus der Gesellschaft auszuscheiden.[119]

e) Erhöhung des Geschäftsführergehalts

Schließlich kann ein Mehrheitsgesellschafter die Minderheit durch die Festlegung eines überhöhten Geschäftsführergehaltes schädigen.[120] Der Anspruch auf eine solche Vergütung kann sich dabei unmittelbar aus dem Gesellschaftsvertrag oder aus einem gesonderten Dienstvertrag ergeben.[121] Wegen dessen grundsätzlicher Bedeutung für die Gesellschaft, liegt auch der Abschluss oder die Änderung eines Dienstvertrages (wie die Änderung des Gesellschaftsvertrages) in der Kompetenz aller Gesellschafter.[122] In beiden Fällen hat es der Mehrheitsgesellschafter daher in der Hand, sich im Rahmen der Beschlussfassung zum Nachteil der übrigen Gesellschafter ein überhöhtes Geschäftsführergehalt zu verschaffen.[123]

C. Vertragsfreiheit und ihre Grenzen

Im vorherigen Kapitel wurde dargestellt, dass für Minderheitsgesellschafter aufgrund der beschriebenen Gefährdungsszenarien durch opportunistisches Verhalten des Mehrheitsgesellschafters ein grundsätzliches Bedürfnis für

---

117 Vgl. zum Eingriff in Informationsrechte BGH, NJW 1995, 194 ff.

118 *U. Schneider*, ZGR 1972, 357, 368 f.

119 *U. Schneider*, ZGR 1972, 357, 368 f.

120 *G. Bachmann/Eidenmüller/Engert/Fleischer/Schön*, Rechtsregeln für die geschlossene Kapitalgesellschaft, S. 32 f.

121 *Drescher*, in: Ebenroth/Boujong/Joost/Strohn, § 114 Rn. 48 f.

122 *Martens*, in: Schlegelberger, § 114 Rn. 24; *Priester*, FS Korn, S. 377, 383 f.; *Lieder*, in: Oetker, § 114 Rn. 58.

123 *Priester*, in: MüKo HGB, § 121 Rn. 41.

Schutzvorkehrungen besteht. Nachfolgend soll näher untersucht werden, inwiefern in diesem Zusammenhang die Rechtsordnung aufgerufen ist, in die zwischen den Vertragsparteien getroffene Vereinbarung korrigierend einzugreifen. Damit ist die grundsätzliche Frage nach der Reichweite von Privatautonomie angesprochen. Hierzu soll zunächst auf die Bedeutung der Vertragsfreiheit eingegangen werden. Sodann sind allgemein die Voraussetzungen eines Eingriffs in die privatautonome Vereinbarung zu beleuchten. Hierauf aufbauend wird konkret im Hinblick auf Mehrheitsbeschlüsse die Möglichkeit eines Eingriffs untersucht.

I. Grundlagen der Vertragsfreiheit

Im Gegensatz zu den Rechtsordnungen anderer Länder ist die Vertragsfreiheit im BGB nicht explizit erwähnt.[124] Der Sache nach wird durch § 311 Abs. 1 BGB die Geltung des Grundsatzes der Vertragsfreiheit jedoch stillschweigend vorausgesetzt.[125] Ausweislich der Motive zum BGB ging auch der historische Gesetzgeber vom Bestehen der Vertragsfreiheit aus.[126] Dem Grunde nach besteht daher hinsichtlich der Existenz der Vertragsfreiheit im deutschen Privatrecht kein Zweifel.[127]

Der Vertragsfreiheit kommen im Wesentlichen zwei Funktionen zu, auf die im Folgenden eingegangen werden soll.[128]

---

124 Vgl. beispielsweise für die Schweiz Art. 19 Abs. 1 OR. In Deutschland wird die Vertragsfreiheit jedoch in einzelnen Landesverfassungen erwähnt, vgl. beispielsweise Art. 151 Abs. 2 BayVerf sowie Art. 44 SLVerf.

125 *Barnert*, Die formelle Vertragsethik des BGB, S. 10; *Hey*, Freie Gestaltung in Gesellschaftsverträgen, S. 44.

126 *Mugdan*, Materialien zum Bürgerlichen Gesetzbuch, Band II, S. 1: „Vermöge des Prinzips der Vertragsfreiheit, von welchem das Recht der Schuldverhältnisse beherrscht wird, können die Parteien ihre Rechts- und Verkehrsbeziehungen nach ihrem Ermessen mit obligatorischer Wirkung unter sich bestimmen, soweit nicht allgemeine oder bestimmte einzelne absolute Gesetzesvorschriften entgegenstehen."

127 *Busche*, in: MüKo BGB, Vor § 145 BGB Rn. 2; *Heinrich*, Formale Freiheit und materiale Gerechtigkeit, S. 46; *Hey*, Freie Gestaltung in Gesellschaftsverträgen, S. 44 f.

128 So auch *Busche*, Privatautonomie und Kontrahierungszwang, S. 49; *Ott/Schäfer*, JZ 1988, 213, 220 f.; *Zöllner*, Die Privatrechtsgesellschaft, S. 20 ff.

1. Vertragsfreiheit zur Verwirklichung des Prinzips der Selbstbestimmung

Die Vertragsfreiheit gilt als die wichtigste Ausprägung der Privatautonomie. Dies spiegelt sich auch in der häufigen synonymen Verwendung der beiden Begriffe wider.[129] Unter Privatautonomie versteht man im Allgemeinen das Recht des Einzelnen zur Selbstgestaltung der ihn betreffenden Rechtsverhältnisse durch Willensäußerung.[130] Damit wird jedem Individuum die Freiheit gewährt, seine privaten Angelegenheiten frei von staatlicher Intervention oder einseitiger Fremdbestimmung durch Dritte in eigener Verantwortung wahrnehmen zu können.[131] Diese Befugnis zur rechtlichen Selbstgestaltung ist Ausdruck des durch Art. 2 Abs. 1 GG geschützten allgemeinen Prinzips der Selbstbestimmung des Menschen.[132] Denn zur Selbstbestimmung des Einzelnen zählt auch die Freiheit, sich im Rechtsleben frei und nach persönlichen Interessen entscheiden zu können, ohne hierfür Gründe darlegen zu müssen.[133] Insoweit gilt die von *Flume* geprägte Parömie *stat pro ratione voluntas*[134] – die Entscheidung eines jeden Menschen hat Geltung alleine aus dem Grund, dass sie gewollt ist und nicht, weil sie gerecht oder vernünftig ist. Daher haben auch unvernünftige und unbillige Vereinbarungen ihre Berechtigung.[135]

Das wesentliche Medium zur rechtlichen Selbstgestaltung ist der Vertrag. Der Vertrag ermöglicht es jedem Einzelnen die aus seinem Selbstverwirklichungsbedürfnis hervorgehenden Interessen gegenüber anderen Individuen rechtsverbindlich festzuhalten.[136] Privatautonomie bedeutet daher in erster Linie Vertragsfreiheit. Zu dieser zählt zum einen die Vertragseingehungsfreiheit

---

129 *Busche*, Privatautonomie und Kontrahierungszwang, S. 13.

130 *Flume*, FS DJT I, S. 135, 136; *ders.*, Das Rechtsgeschäft, § 1 1., S. 1; *Westermann, Vertragsfreiheit*, S. 24.

131 *Man. Wolf*, Rechtsgeschäftliche Entscheidungsfreiheit S. 20; *Zöllner*, Die Privatrechtsgesellschaft, S. 24 f.

132 BVerfG, NJW 1994, 36, 38; *Bydlinski*, Privatautonomie, S. 126 ff.; *Flume*, FS DJT I, S. 135, 136; *ders.*, Das Rechtsgeschäft, § 1 1., S. 1; *Singer*, Selbstbestimmung und Verkehrsschutz, S. 6.

133 *Schäfer/Ott*, Ökonomische Analyse des Zivilrechts, 13.1, S. 449; *Zöllner*, AcP 188 (1988), 85, 95.

134 *Flume*, FS DJT I, S. 135, 141; *ders.*, Das Rechtsgeschäft, § 1 1., S. 6.

135 *Hey*, Freie Gestaltung in Gesellschaftsverträgen, S. 47; *Kuntz*, Gestaltung von Kapitalgesellschaften, S. 466; *Müller-Graf*, in: Riesenhuber, Das Prinzip der Selbstverantwortung, S. 139, 145; *Singer*, Selbstbestimmung und Verkehrsschutz, S. 41.

136 *Busche*, Privatautonomie und Kontrahierungszwang, S. 63.

(Abschluss- und Partnerfreiheit) und zum anderen die Vertragsgestaltungsfreiheit (Inhalts-, Änderungs-, Aufhebungs-, und Formfreiheit).[137] Ohne auf die einzelnen Ausprägungen im Detail einzugehen, lässt sich verallgemeinernd festhalten, dass die Vertragsfreiheit jeder Person das Recht gewährt, zu entscheiden, ob, mit wem und worüber sie einen Vertrag schließen möchte.[138]

2. Wirtschaftliche Bedeutung der Vertragsfreiheit

Der Vertragsfreiheit kommt neben der Ermöglichung der rechtlichen Selbstbestimmung noch eine erhebliche wirtschaftliche Funktion zu.[139] Diese steht in engem Zusammenhang mit der Entwicklung des Vertragsrechts und der Entstehung des Bürgerlichen Gesetzbuches in Deutschland. Das BGB aus dem Jahre 1896 ist geprägt von dem Aufstieg des Bürgertums in der zweiten Hälfte des 19. Jahrhunderts und dessen liberaler Gesellschaftsauffassung, der Staat solle sich aus der Lenkung der Wirtschaft zurückziehen.[140] Stattdessen sollten Wirtschaftsprozesse dem freien Wettbewerb, welcher durch die Vertragsfreiheit ermöglicht wird, überlassen werden.[141] Diese Forderung war mit der Vorstellung verbunden, das eigennützige Streben des einzelnen Individuums und das unbeschränkte Wirken der wirtschaftlichen Kräfte kämen dem Wohl der Allgemeinheit zugute.[142] Von diesem Liberalismus ist auch das Leitbild der Schöpfer des BGB in Bezug auf den Menschen geprägt, welches vom freien, mündigen und urteilsfähigen Bürger ausgeht, der vernünftig und selbstverantwortlich handelt.[143]

Diese Annahmen des historischen Gesetzgebers stehen im Einklang mit den Erkenntnissen des jüngeren wirtschaftswissenschaftlichen Schrifttums, wonach der Vertragsfreiheit eine essentielle Bedeutung im Hinblick auf die Allokation von Gütern und Leistungen zukommt.[144] Denn Vertragsfreiheit ist die

---

137 *Kötz*, Vertragsrecht, § 1 C. I., Rn. 22.

138 *Man. Wolf*, in: Soergel, Einl. zum BGB Rn. 28.

139 *Richter/Furubotn*, Neue Institutionenökonomik, IV.1., S. 148 f.

140 *Busche*, in: MüKo BGB, Vor § 145 BGB Rn. 5; *Esser/Schmidt*, Schuldrecht I/1, § 1 I., S. 2 ff.; *Zöllner*, Die Privatrechtsgesellschaft, S. 21 ff.

141 *Köhler*, BGB AT, § 5 I. 1., Rn. 1.

142 *Barnert*, Die formelle Vertragsethik des BGB, S. 15; *Brox/Walker*, BGB AT, § 2 Rn. 5.

143 *Heinrich*, Formale Freiheit und materiale Gerechtigkeit, S. 40; *Schünemann*, FS Brandner, S. 279, 282; *Wieacker*, Privatrechtsgeschichte, § 25 IV. 2. c), S. 482.

144 *Richter/Furubotn*, Neue Institutionenökonomik, IV.1., S. 148 f.

Grundlage für freien Handel, durch welchen Ressourcen an denjenigen gelangen, für den sie die relativ wertvollste Verwendung haben.[145]

Bedeutung erlangte in diesem Zusammenhang das sog. *Coase*-Theorem, welches besagt, dass sich die an Transaktionen Beteiligten bei vollständiger Information und Rationalität im Zuge von Verhandlungen auf eine effiziente Allokation von Rechtspositionen unabhängig von der originären Verteilung der Rechtspositionen einigen würden, sofern keine Transaktionskosten bestehen.[146] Die sich auf Grundlage der Voraussetzungen des *Coase*-Theorems ergebenden Tauschgeschäfte erhöhen den Nutzen der Beteiligten und sind damit insgesamt wohlfahrtsmaximierend.[147]

Ferner hat eine Wirtschaftsordnung, die auf dem Prinzip der Vertragsfreiheit fußt, eine innovationsfördernde Wirkung, welche dem Wohlstand der gesamten Gesellschaft zugutekommt. Denn Nachfrager werden Ressourcen von den günstigsten und zugleich besten Anbietern beziehen, wodurch für Letztere ein Anreiz zur Entwicklung neuer Produktionsmethoden sowie zur Ausschöpfung von Produktivitätssteigerungsmöglichkeiten besteht.[148]

Bei diesen ökonomischen Erwägungen wird das theoretische Modell des *homo oeconomicus* zur Beschreibung menschlichen Verhaltens zugrunde gelegt. Dieses besagt, dass Menschen ihren Nutzen zu maximieren versuchen und hierbei rational handeln.[149]

II. Grenzen der Vertragsfreiheit im Allgemeinen

Allgemein anerkannt ist, dass Vertragsfreiheit nicht schrankenlos gewährleistet werden kann.[150] Die Frage, wo die Grenzen der Vertragsfreiheit im Gesellschaftsrecht zu ziehen sind, steht seit geraumer Zeit im Fokus der wissenschaftlichen Diskussion. Kern der Auseinandersetzung ist dabei, inwieweit die

---

145 *Kötz*, Vertragsrecht, § 1 C. I., Rn. 24.

146 Das Theorem wurde von *Coase* so nicht selbst entwickelt. Die Grundlagen hierzu finden sich jedoch in *Coase*, J. L. & Econ. 3 (1960), 1, 15. Vgl. hierzu auch *Schmolke*, Grenzen der Selbstbindung, S. 122 f.

147 *Möslein*, Dispositives Recht, S. 279 f.

148 *Schäfer/Ott*, Ökonomische Analyse des Zivilrechts, 11.1, S. 423.

149 Siehe im Einzelnen hierzu *Eidenmüller*, Effizienz als Rechtsprinzip, § 1 B., S. 28 ff.; *ders.*, JZ 2011, 814, 816; *Schäfer/Ott*, Ökonomische Analyse des Zivilrechts, 4.1, S. 95 ff.; *Schmolke*, Grenzen der Selbstbindung, S. 106 ff.

150 *Busche*, Privatautonomie und Kontrahierungszwang, S. 2; *Sanders*, Statischer Vertrag, S. 96.

Rechtsordnung berechtigt oder verpflichtet ist, in den privatautonomen Gestaltungsspielraum einzugreifen.[151]

1. Aus rechtlicher Perspektive

Wie bereits erwähnt, genießt die Vertragsfreiheit (zumindest) durch Art. 2 Abs. 1 GG verfassungsrechtlichen Schutz.[152] Durch die Schrankentrias, insbesondere die verfassungsmäßige Ordnung, werden jedoch staatliche Eingriffe ermöglicht, sofern diese den Grundentscheidungen des Grundgesetzes, insbesondere dem Rechtsstaatsprinzip, entsprechen.[153] Demnach bedürfen sämtliche Abweichungen vom Grundsatz der privatautonomen Gestaltungsfreiheit der sachlichen Rechtfertigung, die sich am Verhältnismäßigkeitsprinzip messen lassen muss.[154] Allgemeine materielle Kriterien, die eine Einschränkung der gesellschaftsrechtlichen Gestaltungsfreiheit durch staatliches Handeln rechtfertigen können sind etwa der Schutz der Mitglieder, der Schutz der Gläubiger, der Schutz von Interessen der Allgemeinheit und der Institutionenschutz.[155]

Staatliche Eingriffe in die Vertragsfreiheit können zum einen durch zwingendes Gesetzesrecht und zum anderen durch Richterrecht erfolgen.[156] Zu den geschriebenen Schranken zählen zunächst die allgemein-privatrechtlichen Vorschriften wie §§ 134, 138, 242 BGB, welche durch ihre Funktion als Generalklauseln zum Einfallstor für die im vorherigen Absatz genannten Wertungskriterien werden.[157]

Die Vorschriften des Personengesellschaftsrechts sind nur in geringem Umfang zwingend ausgestaltet und gewähren den Gesellschaftern – vor allem im Vergleich zum Aktienrecht – einen weiten Gestaltungsspielraum. Hiervon

---

151 *Armbrüster*, ZGR 2014, 333, 335.

152 Die Vertragsfreiheit kann in bestimmten Fällen vom Schutzbereich speziellerer Grundrechte umfasst sein. Insoweit gilt der Grundsatz der Subsidiarität. Vgl. hierzu *Busche*, Privatautonomie und Kontrahierungszwang, S. 55 ff.

153 BVerfGE 65, 196, 210.

154 *Armbrüster*, ZGR 2014, 333, 357; *Di Fabio, in:* Maunz/Düring, Art. 2 Rn. 104; *Krause*, JZ 1984, 711, 716 ff.; *Kuntz*, Gestaltung von Kapitalgesellschaften, S. 23; *Zöllner*, Die Privatrechtsgesellschaft, S. 45 ff.

155 *Armbrüster*, ZGR 2014, 333, 338 ff.; *Hey*, Freie Gestaltung in Gesellschaftsverträgen, S. 92 ff.; *Teichmann*, Gestaltungsfreiheit in Gesellschaftsverträgen, S. 96 ff.; *Wiedemann*, Gesellschaftsrecht II, § 2 IV. 2., S. 136 ff.

156 BVerfGE 65, 196, 210.

157 *Armbrüster*, ZGR 2014, 333, 337; *Enzinger*, in: MüKo HGB, § 109 Rn. 8; *Schmidt*, Gesellschaftsrecht, § 5 III. 1. a), S. 109 ff.

ausgenommen sind aus Gründen des Gläubigerschutzes vor allem Regelungen, die das Außenverhältnis betreffen.[158] Zu den wenigen zwingenden Vorschriften des Innenverhältnisses zählen Regelungen bezüglich des Informationsrechts (§§ 716 Abs. 2 BGB, 118 Abs. 2, 166, 233 HGB) und des Kündigungsrechts (§§ 723 Abs. 3 BGB, 133 Abs. 3 HGB) sowie das Belastungsverbot (§ 707 BGB) und das Abspaltungsverbot (§ 717 S. 1 BGB).

Schließlich beschränken die ungeschriebenen Grundsätze der Selbstorganschaft[159] und der Verbandssouveränität die Gestaltungsfreiheit der Gesellschafter.[160] Auf weitere ungeschriebene Schranken ist im Verlauf dieser Arbeit zu sprechen zu kommen.

2. Aus ökonomischer Perspektive

Das *Coase*-Theorem geht von modellhaften Bedingungen aus, die in der realen Marktwirtschaft nicht vorzufinden sind.[161] Es ist daher als Referenzsystem zu verstehen, welches der Analyse dient, inwiefern die Voraussetzungen der Funktionsfähigkeit des Marktmechanismus in der Realität tatsächlich gegeben sind.[162] Die verschiedenen Ursachen, die dazu führen können, dass eine optimale Allokation von Ressourcen gerade nicht stattfindet, werden dabei als Marktversagen beschrieben. Zu den anerkannten Fallgruppen für das Verfehlen effizienter Vertragsergebnisse werden die Faktoren Marktmacht, öffentliche Güter, Informationsasymmetrien, Rationalitätsdefizite und externe Effekte gezählt.[163] Aus ökonomischer Sicht rechtfertigen diese Marktversagungsgründe staatliche Eingriffe in die Vertragsfreiheit, um eine effizientere Ressourcenallokation zu

---

158 Vgl. beispielsweise § 126 Abs. 2 HGB und § 128 S. 2 HGB. *Enzinger*, in: MüKo HGB, § 109 Rn. 1; *Möslein*, Dispositives Recht, S. 22; *Schäfer*, in: Staub, § 109 Rn. 1; *Wiedemann*, WM Sonderbeilage Nr. 8/1990, 2, 18.

159 Der Grundsatz der Selbstorganschaft ist nicht unumstritten, siehe hierzu die Darstellung bei *Hey*, Freie Gestaltung in Gesellschaftsverträgen, S. 85; *C. Weber, Privatautonomie* und Außeneinfluss, S. 74 ff.

160 *Schäfer*, Beilage zu ZIP 22/2016, 63; *Wiedemann*, WM Sonderbeilage Nr. 8/1990, 2, 20 f.

161 *Schäfer/Ott*, Ökonomische Analyse des Zivilrechts, 3.6.5, S. 78.

162 *Behrens*, Die ökonomischen Grundlagen des Rechts, S. 130.

163 *Bechtold*, Die Grenzen zwingenden Vertragsrechts, S. 29; *Hermalin/Katz/Craswell*, in: Polinsky/Shavell, Handbook of law and economics, 2.3, S. 3, 30 ff.; *Schäfer/Ott*, Ökonomische Analyse des Zivilrechts, 3.6.5, S. 78 ff.; *Schmolke*, Grenzen der Selbstbindung, S. 124 ff.

ermöglichen.[164] Dies steht jedoch unter dem Vorbehalt, dass die Kosten des Eingriffs den erhofften Effizienzgewinn nicht übersteigen.[165]

III. Grenzen der Vertragsfreiheit im Hinblick auf Mehrheitsklauseln

Nachdem allgemein auf die Schranken der Privatautonomie eingegangen wurde, soll nun die Möglichkeit der Beschränkung der Vertragsfreiheit in Bezug auf das dieser Arbeit zugrunde liegende Regelungsproblem beleuchtet werden. Als potentielle Rechtfertigungsgründe kommen die Regelungsziele des Minderheitenschutzes (Mitgliederschutz) sowie des Institutionenschutzes in Betracht. Im Folgenden soll näher untersucht werden, inwiefern ein staatlicher Eingriff in die Vertragsfreiheit unter diesen beiden Gesichtspunkten gerechtfertigt sein kann.

1. Minderheitenschutz

Zunächst kommen Erwägungen des Minderheitenschutzes in Betracht, um Minderheitsgesellschafter vor der Gefahr von Mehrheits-Opportunismus zu schützen. Allerdings obliegt es zuvorderst den Minderheitsgesellschaftern selbst, für hinreichende Vorkehrungen gegen Opportunismus zu sorgen, da insoweit der Vorrang der Privatautonomie gilt.[166] Nur wenn es den Gesellschaftern nicht möglich ist, für einen hinreichenden Selbstschutz zu sorgen, kann ein Eingriff in die Privatautonomie mit dem Ordnungsziel des Minderheitenschutzes begründet werden.

a) Selbstschutz als Ausfluss des Prinzips der Selbstverantwortung

Unter dem Prinzip der Selbstverantwortung ist das Einstehenmüssen für die Konsequenzen des eigenen Verhaltens zu verstehen.[167] Die mit der Vertragsfreiheit

164 *Behrens*, Die ökonomischen Grundlagen des Rechts, S. 130; *Hermalin/Katz/Craswell*, in: Polinsky/Shavell, Handbook of law and economics, 2.3, S. 3, 30; *Schmolke*, Grenzen der Selbstbindung, S. 124.

165 *Hermalin/Katz/Craswell*, in: Polinsky/Shavell, Handbook of law and economics, 2.2.2, S. 3, 28; *Schmolke*, Grenzen der Selbstbindung, S. 124; *Schweizer*, Vertragstheorien, S. 2.

166 *G. Bachmann/Eidenmüller/Engert/Fleischer/Schön*, Rechtsregeln für die geschlossene Kapitalgesellschaft, S. 35 f.; *Hey*, Freie Gestaltung in Gesellschaftsverträgen, S. 99; *Kuntz*, Gestaltung von Kapitalgesellschaften, S. 455 ff.

167 *Auer*, Materialisierung, Flexibilisierung, Richterfreiheit, S. 14; *Mayer-Maly*, in: Lampe, Jahrbuch für Rechtssoziologie und Rechtstheorie 14 (1989), S. 268, 277; *Müller-Graf*, in: Riesenhuber, Das Prinzip der Selbstverantwortung, S. 139, 141 f.

eingeräumte Möglichkeit zur eigenmächtigen rechtlichen Gestaltung schließt als Kehrseite der Medaille die Verantwortlichkeit für das eigene Tun mit ein.[168] Denn beide Aspekte gehören zum Grundbestand individualistischen Denkens.[169] Insoweit lässt sich sagen, dass das Prinzip der Selbstverantwortung das notwendige Pendant zur Selbstbestimmung darstellt.[170]

Hierfür streiten auch ökonomische Erwägungen. Denn ein System in dem die gänzliche Entkoppelung von Entscheidungsrecht und Folgetragung in der Form möglich wäre, dass der Nutzen eines Vertrages dem Betroffenen zugute kommt, etwaige finanzielle Verluste jedoch von unbeteiligten Dritten zu tragen sind (sog. Externalisierung von Kosten), steht grundsätzlich im Widerspruch zu den Ordnungsgrundsätzen unserer Wirtschaft.[171] Grundgedanke ist vielmehr, dass Nutzen und Kosten einer Handlung untrennbar zugerechnet werden, da andernfalls ein Anreiz zur Verantwortungslosigkeit geschaffen wird.[172] Die Verknüpfung von Entscheidungsrecht und Einstehenmüssen für eigenes Verhalten soll hingegen dazu führen, dass Investitionen sorgfältig getätigt werden.[173]

Nach dem Prinzip der Selbstverantwortung muss jeder Gesellschafter die durch den Gesellschaftsbeitritt eingegangenen Risiken und die damit gegebenenfalls verbundenen Vermögenseinbußen grundsätzlich selbst tragen. Denn die Gründergesellschafter haben es selbst in der Hand, hinreichende Schutzmechanismen zum Bestandteil des Gesellschaftsvertrages zu machen und damit die eigenen Risiken zu minimieren.[174] Denkbar ist etwa, dass sich die Gesellleschafter

---

168 *Auer*, Materialisierung, Flexibilisierung, Richterfreiheit, S. 12 ff.; *Flume*, Das Rechtsgeschäft, § 4 8., S. 61; *Heinrich*, Formale Freiheit und materiale Gerechtigkeit, S. 350; *Lieb*, DNotZ 1989, 274, 275 f.; *Riesenhuber*, in: Riesenhuber, Das Prinzip der Selbstverantwortung, S. 1; *Schünemann*, FS Brandner, S. 279, 289.

169 *Auer*, Materialisierung, Flexibilisierung, Richterfreiheit, S. 14.

170 *Heinrich*, Formale Freiheit und materiale Gerechtigkeit, S. 350 f.; *Müller-Graf*, in: Riesenhuber, Das Prinzip der Selbstverantwortung, S. 139, 145; *Singer*, Selbstbestimmung und Verkehrsschutz, S. 41.

171 *Reinhardt*, FS Lehmann, S. 576, 589; *Woll*, in: Herrmann-Pillath/Schlecht/Wünsche, Grundtexte zur Sozialen Marktwirtschaft, S. 263, 264. Zur Rechtfertigung von Ausnahmen von diesem Grundsatz wie beispielsweise dem Haftungsprivileg von Kapitalgesellschaften, vgl. *Cornett*, Treubindung gegenüber dem Eigeninteresse abhängiger Gesellschaften, S. 14 ff.

172 *Adams*, Eigentum, Kontrolle und Beschränkte Haftung, S. 53.

173 *Eucken*, Grundsätze der Wirtschaftspolitik, S. 280.

174 *G. Bachmann/Eidenmüller/Engert/Fleischer/Schön*, Rechtsregeln für die geschlossene Kapitalgesellschaft, S. 35 f.; *Jickeli*, Der langfristige Vertrag, S. 294; *Wiedemann/Wank*, JZ 2013, 340, 344.

für bestimmte Beschlussgegenstände Vetorechte einräumen lassen. Eine weitere Option ist die Einführung von qualifizierten Mehrheitserfordernissen für besonders bedeutsame Beschlussgegenstände.[175] Hierdurch kann gegebenenfalls verhindert werden, dass ein Mehrheitsgesellschafter alleine über die nötige Stimmmehrheit verfügt.

Nach klassisch-liberaler Sicht stehen einem Gesellschafter daher nur die Rechte zu, die er im Rahmen der Vertragsverhandlungen durchsetzen konnte.[176] Auch der historische Gesetzgeber war der Annahme, dass zwingende Schutzvorschriften zugunsten der Minderheit redundant sind,[177] da sich an Personengesellschaften in der Regel nur Kaufleute beteiligen, die für einen gerechten Ausgleich ihrer Interessen in Form eines Minderheitenschutzes selbst zu sorgen fähig sind.[178]

Vor dem Hintergrund des Selbstverantwortungsprinzips lässt sich daher argumentieren, ein Gesellschafter müsse die Konsequenzen seines eigenen Verhandlungsgeschicks tragen. Es sei nicht ersichtlich, warum der Staat *ex post* regulierend in die privatautonome Vereinbarung eingreifen sollte, wenn die Beteiligten es *ex ante* versäumt haben, für Schutzmechanismen zu sorgen oder sogar auf dispositive Rechte verzichtet haben.[179]

b) Grenzen des Selbstschutzes

Der Verweis auf die Selbstverantwortung der Gesellschafter trägt jedoch nur soweit, wie der Einzelne tatsächlich in der Lage ist, selbstständig für seinen eigenen Schutz zu sorgen.[180] Beim Bestehen von Selbstschutzdefiziten ist ein Eingreifen in die Vertragsfreiheit aus zwei Gründen gerechtfertigt. Zum einen können Wohlfahrtsverluste auftreten, sofern potentielle Minderheitsgesellschafter abstrakt die Gefahr von Mehrheits-Opportunismus antizipieren und deswegen von

---

175 *G. Bachmann/Eidenmüller/Engert/Fleischer/Schön*, Rechtsregeln für die geschlossene Kapitalgesellschaft, S. 37 ff.

176 *Kuntz*, Gestaltung von Kapitalgesellschaften, S. 455 ff.

177 Zu den wenigen Ausnahmen siehe 1. Teil: C. II. 1.

178 Siehe *Mugdan*, Materialien zum Bürgerlichen Gesetzbuch, Band II, S. 337 bezüglich der Erwägung des Gesetzgebers, dass in der Regel im Gesellschaftsvertrag ein Anhörungsrecht der Minderheit im Rahmen der Beschlussfassung vereinbart werde; *Dumser*, Beschränkung der Mehrheitsmacht, S. 55; *Fischer*, FS Barz, S. 33, 34; *Wiedemann*, Gesellschaftsrecht I, § 8 I. 2. a), S. 410.

179 *Kuntz*, Gestaltung von Kapitalgesellschaften, S. 455 ff.

180 *Jickeli*, Der langfristige Vertrag, S. 294 ff.

einem Vertragsschluss Abstand nehmen.[181] Zum anderen lässt sich ein Eingreifen mit rechtsethischen Erwägungen zum Ausgleich von etwaigen Gerechtigkeitslücken begründen.[182]

Die jahrzehntelange Rechtsprechung des BGH zu Mehrheitsbeschlüssen im Recht der Personengesellschaften hat gezeigt, dass es tendenziell an einem ausreichenden vertraglichen Schutz mangelt. Im Folgenden soll daher den möglichen Ursachen für fehlende vertragliche Schutzmechanismen nachgegangen werden.

aa) Rationalitätsdefizite

Ein möglicher Grund für den fehlenden Selbstschutz von Minderheitsgesellschaftern ist in Kognitionsproblemen bei der Urteilsbildung von Menschen zu sehen. Durch umfangreiche interdisziplinäre Forschungsarbeiten der Kognitionspsychologie und der Verhaltensökonomik wurde eine Vielzahl an systematisch auftretenden Rationalitätsdefiziten festgestellt. Diese können in Entscheidungssituationen dazu führen, dass sich Menschen eingeschränkt rational verhalten („*bounded rationality*").[183] Hierdurch wurde das Verhaltensmodell des *homo oeconomicus* ernsthaft infrage gestellt.[184] Die Erkenntnis, dass Menschen systematisch vom rationalen Entscheidungsverhalten abweichen, hat unter dem Begriff „*behavioral law and economics*" auch Eingang in die rechtswissenschaftliche Forschung gefunden. Festgestellt wurde dabei, dass Menschen im Zusammenhang mit komplexen Vorgängen Schwierigkeiten haben, sinnvolle Lösungen für die Zukunft zu entwickeln.[185] Eine der Ursachen für das Abweichen von rationalen Verhaltensmustern ist Überoptimismus („*over-optimism bias*") in Entscheidungssituationen. Menschen tendieren dazu, sie selbst betreffende negative Ereignisse mit einer zu geringen Wahrscheinlichkeit zu bewerten. Gleichzeitig werden wahrgenommene Risiken nicht auf sich selbst bezogen.[186]

---

181 *Bechtold*, Die Grenzen zwingenden Vertragsrechts, S. 39; *Klöhn*, AcP 216 (2016), 282, 300 spricht in diesem Kontext von einem „Kontrahierungsproblem". Siehe zu diesem Aspekt auch 1. Teil: C. III. 2.

182 *Perakis*, in: Perakis, Rights of Minority Shareholders, S. 9, 26; *Wiedemann*, ZGR 1980, 147, 155 ff.; skeptisch jedoch *Schmidt*, Gesellschaftsrecht, § 16 III. 1. a), S. 467.

183 *Simon*, Q. J. Econ. 69 (1955), 99 ff.

184 *Eidenmüller*, JZ 2005, 216, 218; *ders.*, JZ 2011, 814, 816; *Jolls/Sunstein/Thaler*, Stan. L. Rev. 50 (1998), 1471, 1476 f. Zum Verhaltensmodell des *homo oeconomicus*, siehe S. 23 f.

185 *Carney*, Wash. U. L. Q. 1 (1987), 1, 59 f.; *Jolls/Sunstein/Thaler*, Stan. L. Rev. 50 (1998), 1471, 1477; *Schmolke*, Grenzen der Selbstbindung, S. 180 f.

186 *Jolls/Sunstein/Thaler*, Stan. L. Rev. 50 (1998), 1471, 1477.

Für Minderheitsgesellschafter hat dies zur Folge, dass sie dazu neigen, im Lichte der eigenen Geschäftsbeziehungen die Gefahr von Opportunismus durch den Mehrheitsgesellschafter zu unterschätzen.[187] Verstärkt wird dieser Effekt durch den Umstand, dass Menschen übermäßige Zuversicht in die eigenen Kompetenzen haben („*over-confidence bias*").[188] Dies kann dazu führen, dass Minderheitsgesellschafter im Vertrauen auf ihre Streitbeilegungsfähigkeiten auf Schutzmaßnahmen gegen Opportunismus im Gesellschaftsvertrag verzichten.[189] Des Weiteren tendieren Menschen dazu, gegenwärtige Vorteile zu überschätzen und künftige Lasten zu unterschätzen.[190] Für Minderheitsgesellschafter wirkt sich dies insofern aus, als diese im Rahmen der Gesellschaftsgründung geneigt sein können, aufgrund von kurzfristigen Kostenersparnissen und entgegen ihrer eigenen langfristigen Interessen auf die Ausarbeitung von Schutzvorkehrungen zu verzichten, weil sie potentielle künftige Vermögenseinbußen infolge von Opportunismus unterbewerten.[191]

Hinzu kommt eine Reihe von weiteren Rationalitätsdefiziten, auf die an dieser Stelle jedoch nicht im Detail eingegangen werden soll.[192] Festzuhalten ist vielmehr, dass Menschen systematisch vom rationaltheoretischen Verhaltensmodell des *homo oeconomicus* abweichen und regelmäßig Schwierigkeiten haben, Auswirkungen von langfristigen Entscheidungen abzusehen.[193] Durch die Erkenntnisse der verhaltensökonomischen Forschung lässt sich somit das tendenzielle Fehlen von hinreichenden Selbstschutzvorkehrungen erklären. Aus der Insuffizienz, eigenständig für Selbstschutz zu sorgen, ergibt sich eine

---

187 *Eisenberg*, Stan. L. Rev. 47 (1995), 211, 251 f.; *Schön*, FS Canaris, S. 1191, 1210; *Wedemann*, Gesellschafterkonflikte, S. 70.

188 *Griffin/Varey*, Organ. Behav. Hum. Dec. 65 (1996), 227 ff.

189 *Wedemann*, Gesellschafterkonflikte, S. 70.

190 *Eisenberg*, Stan. L. Rev. 47 (1995), 211, 222; *Means*, Fordham L. Rev. 79 (2011), 1161, 1175; *Schön*, FS Canaris, S. 1191, 1210.

191 *Schmolke*, Grenzen der Selbstbindung, S. 627 f.

192 Vgl. aus deutscher Sicht *van Aaken*, in: Anderheiden/Heinig/Bürkli, Paternalismus und Recht, S. 109, 112 ff.; *Eidenmüller*, JZ 2005, 216, 218; *ders.*, JZ 2011, 814, 816; *Kuntz*, Gestaltung von Kapitalgesellschaften, S. 459 ff.; *Schäfer/Ott*, Ökonomische Analyse des Zivilrechts, 4.2, S. 103 ff.; *Schmolke*, Grenzen der Selbstbindung, S. 174 ff.; *Wedemann*, Gesellschafterkonflikte, S. 63 ff.

193 *Fleischer*, ZGR 2001, 1, 6 f.; *Kuntz*, Gestaltung von Kapitalgesellschaften, S. 467.

Schutzbedürftigkeit der Minderheitsgesellschafter, welche einen Eingriff in die Vertragsfreiheit rechtfertigen kann.[194]

Ein solcher Standpunkt lässt sich auch aufgrund von ökonomischen Erwägungen rechtfertigen. Nach dem *Coase*-Theorem hängt die wohlstandsmaximierende Wirkung von Tauschgeschäften unter anderem davon ab, dass die beteiligten Akteure rational handeln.[195] Denn systematische Entscheidungsfehler führen dazu, dass eine optimale Allokation von Ressourcen unterbleibt. Aufgrund dieses Umstands stellen Rationalitätsdefizite eine Form von Marktversagen dar.[196] Unter ökonomischen Gesichtspunkten kann daher ein staatlicher Eingriff in die Vertragsfreiheit gerechtfertigt sein, um die Voraussetzungen für eine effizientere Allokation von Ressourcen zu schaffen.[197]

Das Phänomen der begrenzten Rationalität im Kontext von relationalen Verträgen wird vermehrt auch von der deutschen Rechtsprechung berücksichtigt. So geht der BGH davon aus, dass die Risiken im Zusammenhang mit einer Gesellschaftsgründung aufgrund der Unvorhersehbarkeit späterer Entwicklungen für die Beteiligten häufig nicht überschau- und eingrenzbar seien.[198] Konkret auf allgemeine Mehrheitsklauseln bezogen geht der BGH zudem davon aus, dass die Minderheitsgesellschafter sich vor dem Hintergrund der unübersehbaren Vielzahl von potentiellen Beschlussinhalten der Tragweite einer globalen Einführung des Mehrheitsprinzips im Zeitpunkt des Vertragsschlusses regelmäßig nicht bewusst sind.[199]

bb) Angst vor Verhandlungsabbruch

Ein weiterer Grund für das Fehlen von hinreichenden minderheitsschützenden Vorschriften in Gesellschaftsverträgen kann in der Befürchtung zu sehen sein, den Vertragsschluss durch das Ansprechen von kritischen Regelungspunkten

---

194 *G. Bachmann/Eidenmüller/Engert/Fleischer/Schön*, Rechtsregeln für die geschlossene Kapitalgesellschaft, S. 42; *Schmolke*, Grenzen der Selbstbindung, S. 633; explizit in Bezug auf Mehrheitsklauseln *G. Roth*, JBl 2005, 80, 81 f.

195 Siehe hierzu 1. Teil: C. I. 2.

196 *Bechtold*, Die Grenzen zwingenden Vertragsrechts, S. 29 f.; *Schmolke*, Grenzen der Selbstbindung, S. 124; siehe hierzu auch 1. Teil: C. II. 2.

197 *Eisenberg*, Stan. L. Rev. 47 (1995), 211 ff.; *Hellgardt*, FS Hopt, S. 765, 770 f.; *Hofmann*, Minderheitsschutz, S. 14; *Schäfer/Ott*, Ökonomische Analyse des Zivilrechts, 4.4.1, S. 116; *Schmolke*, Grenzen der Selbstbindung, S. 131 ff.

198 BGH, NJW 1994, 2536.

199 BGHZ 48, 251, 253.

zu gefährden.[200] Denn wer zu viele Punkte im Gesellschaftsvertrag festhalten will, der scheitert nicht selten bereits am Vertragsschluss.[201] So kann das Verlangen von Schutzvorkehrungen gegen Mehrheits-Opportunismus als Misstrauen gegenüber dem Mehrheitsgesellschafter aufgefasst werden. Denn unterschwellig wird hierdurch der Vorwurf unterbreitet, der Mehrheitsgesellschafter werde die ihm eingeräumte Mehrheitsmacht nicht sachgerecht wahrnehmen.[202] Daher können Minderheitsgesellschafter geneigt sein, auf die Erörterung von Regelungen bezüglich des Schutzes der Minderheiten zu verzichten, um nicht den Abbruch der Vertragsverhandlungen zu riskieren.

cc) Einbettung in soziale Beziehungen

Die Rechtsform einer Personengesellschaft wird häufig gewählt, wenn zwischen den Gesellschaftsgründern bereits vor Vertragsschluss familiäre oder freundschaftliche Beziehungen bestanden.[203] Diese persönlichen Bindungen können zu einem gesteigerten Gefühl von Zuversicht in die gemeinsame Unternehmung verleiten, welches dazu führt, dass potentielle Risiken bei der Vertragsgestaltung ausgeblendet werden.[204] Stattdessen haben die Parteien häufig ein überzogenes Vertrauen in ihre Fähigkeit, Meinungsverschiedenheiten informell beilegen zu können.[205] Des Weiteren können familiäre oder freundschaftliche Bindungen davon abhalten harte Vertragsverhandlungen zu führen, da man seine freundschaftlichen Beziehungen nicht belasten möchte.[206]

Zudem sei hervorgehoben, dass häufig gerade die emotionale Bindung zwischen den Gesellschaftern zu Konfliktfällen führen kann. Denn nachträglich

---

200 *G. Bachmann/Eidenmüller/Engert/Fleischer/Schön*, Rechtsregeln für die geschlossene Kapitalgesellschaft, S. 36 f.; *Cheffins*, Company Law, S. 273 f.; *Schmolke*, Grenzen der Selbstbindung, S. 607, 628; *Wedemann*, Gesellschafterkonflikte, S. 76 f.

201 *Zöllner*, Die Anpassung von Personengesellschaftsverträgen, S. 11.

202 *Hetherington/Dooley*, Va. L. Rev. 63 (1977), 1, 36; *Wedemann*, Gesellschafterkonflikte, S. 76 f.

203 *Schmolke*, Grenzen der Selbstbindung, S. 629.

204 *Blair/Stout*, U. Pa. L. Rev. 149 (2001), 1735, 1805; *Cheffins*, Company Law, S. 273; *Moll*, Wake Forest L. Rev. 40 (2005), 883, 912; *Schmolke*, Grenzen der Selbstbindung, S. 629.

205 *G. Bachmann/Eidenmüller/Engert/Fleischer/Schön*, Rechtsregeln für die geschlossene Kapitalgesellschaft, S. 42; *Schmolke*, Grenzen der Selbstbindung, S. 629.

206 *G. Bachmann/Eidenmüller/Engert/Fleischer/Schön*, Rechtsregeln für die geschlossene Kapitalgesellschaft, S. 36 f.; *Moll*, Wake Forest L. Rev. 40 (2005), 883, 914; *Schmolke*, Grenzen der Selbstbindung, S. 629.

entstehende persönliche Animositäten belasten zugleich das geschäftliche Miteinander.[207]

dd) Mangelnde finanzielle Ressourcen für Rechtsberatung

Ein weiterer häufiger Faktor für das Fehlen von ausreichendem Selbstschutz der Minderheitsgesellschafter ist der Mangel von finanziellen Ressourcen für eine angemessene Rechtsberatung im Rahmen der Gesellschaftsgründung.[208] Insbesondere bei kleineren Personengesellschaften mit wenigen Gesellschaftern bestehen nicht die notwendigen Mittel um die oben genannten Rationalitätsdefizite durch externen Rechtsrat auszugleichen.[209]

Zudem kann sich die Konstellation ergeben, dass sich für einen Mehrheitsgesellschafter mit großem Investment rechtliche Beratungskosten als verhältnismäßig erweisen, während die gleichen Kosten für Minderheitsgesellschafter mit geringer Beteiligungsquote unökonomisch sein können. Der sich hieraus ergebende Wissensvorsprung spiegelt sich alsdann in den Konditionen des ausgehandelten Gesellschaftsvertrages wider.[210]

Unter Umständen können jedoch Minderheitsgesellschafter von den aus Kosten-Nutzen-Sicht angemessenen Rechtsberatungskosten eines anderen Minderheitsgesellschafters mit größerer Beteiligungsquote als Trittbrettfahrer profitieren.[211] Sofern die aufgrund der Rechtsberatung gewonnenen Erkenntnisse hinsichtlich eines möglichen Minderheitenschutzes Eingang in den Gesellschaftsvertrag gefunden haben, kann dies zum Vorteil sämtlicher anderen Minderheitsgesellschafter gereichen. Allerdings deuten Erkenntnisse der US-amerikanischen Forschung darauf hin, dass auch größere Minderheitsgesellschafter auf hinreichende minderheitsschützende Vorschriften im

---

207 *G. Bachmann/Eidenmüller/Engert/Fleischer/Schön*, Rechtsregeln für die geschlossene Kapitalgesellschaft, S. 26; *Kuntz*, Gestaltung von Kapitalgesellschaften, S. 503.

208 *G. Bachmann/Eidenmüller/Engert/Fleischer/Schön*, Rechtsregeln für die geschlossene Kapitalgesellschaft, S. 41 f.; *Schmolke*, Grenzen der Selbstbindung, S. 607, 630.

209 *Cheffins*, Company Law, S. 273; *Klöhn*, AcP 216 (2016), 282, 306; *Ragazzo*, Wash. U. L. Q. 77 (1999), 1099, 1130.

210 *Hofmann*, Minderheitsschutz, S. 14; *Wiedemann*, Gesellschaftsrecht I, § 8 I. 2. a), S. 410.

211 *Walz*, in: Ott/Schäfer, Ökonomische Analyse des Unternehmensrechts, S. 50, 65.

Gesellschaftsvertrag verzichten.[212] Die bereits zuvor aufgezählten Ursachen können hierfür der Grund sein. Insofern wird das Trittbrettfahrerargument relativiert.

c) Zwischenergebnis

Im letzten Abschnitt wurde untersucht, inwiefern Erwägungen des Minderheitenschutzes Eingriffe in die Vertragsfreiheit rechtfertigen können. In diesem Zusammenhang wurde klargestellt, dass aufgrund des Vorrangs der Privatautonomie Eingriffe in Parteivereinbarungen zum Schutze von Gesellschaftern nur erwogen werden können, sofern Letztere nicht selbst in der Lage sind für hinreichende Schutzmechanismen zu sorgen. Hierbei wurden verschiedene rationale Erwägungen sowie Rationalitätsdefizite aufgeführt, welche den Gesellschaftern Grenzen im Hinblick auf die Ausarbeitung eines hinreichenden Selbstschutzes setzen. Insofern lassen sich Eingriffe in die Vertragsfreiheit mit dem Schutz von Minderheitsgesellschaftern rechtfertigen.

2. Institutionenschutz

Neben dem Mitgliederschutz kann auch der Institutionenschutz eine Legitimationsgrundlage für Eingriffe in die Privatautonomie darstellen. Unter dem Gesichtspunkt des Institutionenschutzes wird erörtert, inwiefern die Rechtsordnung angehalten ist, zum Schutze der Funktionsfähigkeit des Subsystems Personengesellschaft in die Privatautonomie einzugreifen.[213] Mit den verschiedenen Gesellschaftsformen stellt der Staat Mechanismen zur Selbstorganisation zur Verfügung.[214] Institutionenschutz bedeutet in diesem Zusammenhang, die Funktionsfähigkeit von Personengesellschaften zu gewährleisten, indem eine dauerhafte Selbstregulierung des Subsystems ermöglicht wird.[215]

---

212 Vgl. die Studie von *Manesh*, J. Cor. L. 37 (2012), 555 zu *Limited Liability Companies* und *Limited Partnerships*. Siehe hierzu auch *Kuntz*, Gestaltung von Kapitalgesellschaften, S. 390 ff., 472.

213 Siehe zur Kategorie des Institutionenschutzes *Armbrüster*, ZGR 2014, 333, 338 ff.; *Fastrich*, Funktionales Rechtsdenken, S. 9 ff., 35 ff.; *Hey*, Freie Gestaltung in Gesellschaftsverträgen, S. 99 f.; *Kuntz*, Gestaltung von Kapitalgesellschaften, S. 489 ff.; *Wiedemann*, Gesellschaftsrecht II, § 2 IV. 2. a), S. 136 ff.; *Zöllner*, FS 100 Jahre GmbHG, S. 85, 117.

214 *Fastrich*, Funktionales Rechtsdenken, S. 35 bezeichnet Gesellschaften daher als Selbstregulierungsmechanismen; *Kuntz*, Gestaltung von Kapitalgesellschaften, S. 491.

215 *Armbrüster*, ZGR 2014, 333, 338.

Vor dem Hintergrund dieser Ausgangslage sind Eingriffe in die Privatautonomie dann erforderlich, wenn systematische Defizite bei Nutzung der Mechanismen zur Selbstregulierung auftreten.[216] Insbesondere muss die Institution zur Selbstregulierung vor der Selbstauflösung durch die Beteiligten geschützt werden.[217] Dabei ist festzuhalten, dass mit der Bezugnahme auf die Funktionsfähigkeit anders als bei dem in den 70er-Jahren von der Literatur entwickelten Wesensargument ein materielles Kriterium mit hinreichenden Konturen besteht.[218]

Funktionenschutz ist aus volkswirtschaftlicher Warte von essentieller Bedeutung, denn ineffektive Gesellschaftsformen können aufgrund von unterbliebenen Transaktionen die optimale Allokation von Gütern und Ressourcen behindern und damit zu Wohlfahrtsverlusten führen.[219] Volkswirtschaften mit funktionsfähigen Gesellschaftsformen hingegen fördern das Investitionsklima.[220] Im Mittelpunkt steht damit – im Gegensatz zum Mitgliederschutz – ein überindividuelles Ordnungsziel.[221] Einschränkungen der Privatautonomie aufgrund des Institutionenschutzes ergeben sich beispielsweise bei der Selbstorganschaft und der Verbandssouveränität von Personengesellschaften.[222]

Allerdings haben Institutionenschutz und Mitgliederschutz in dem Sinne Überschneidungen, als eine privatautonome Vereinbarung verschiedene Schutzinteressen tangieren kann.[223] Dies gilt namentlich für Hinauskündigungsklauseln.[224]

---

216 *Kuntz*, Gestaltung von Kapitalgesellschaften, S. 497; *Zöllner*, FS 100 Jahre GmbHG, S. 85, 117.

217 *Fastrich*, Funktionales Rechtsdenken, S. 44; *Kuntz*, Gestaltung von Kapitalgesellschaften, S. 496; *Möslein*, Dispositives Recht, S. 172; *Wiedemann*, WM Sonderbeilage Nr. 8/1990, 2, 17.

218 *Armbrüster*, ZGR 2014, 333, 338 f.; *Hey*, Freie Gestaltung in Gesellschaftsverträgen, S. 99 f.; *Fastrich*, Funktionales Rechtsdenken, S. 34; siehe *Westermann, Vertragsfreiheit*, S. 57 ff. zum Wesensargument.

219 *Hofmann*, Minderheitsschutz, S. 13; *Schäfer/Ott*, Ökonomische Analyse des Zivilrechts, 25.3, S. 700 f.; ähnlich *Kuntz*, Gestaltung von Kapitalgesellschaften, S. 503.

220 *Hofmann*, Minderheitsschutz, S. 12; *Perakis*, in: Perakis, Rights of Minority Shareholders, S. 9, 26 f.

221 *Kuntz*, Gestaltung von Kapitalgesellschaften, S. 492 f.

222 *Armbrüster*, ZGR 2014, 333, 337; *Joos*, Organschaft und Vertretung, S. 50 ff.; *Wiedemann*, WM Sonderbeilage Nr. 8/1990, 2, 17; *ders.*, Gesellschaftsrecht II, § 2 IV. 2., S. 140.

223 *Fastrich*, Funktionales Rechtsdenken, S. 10; *Kuntz*, Gestaltung von Kapitalgesellschaften, S. 493.

224 *Armbrüster*, ZGR 2014, 333, 340; *Fastrich*, Funktionales Rechtsdenken, S. 8 f.

Aber auch der Schutz vor Missbrauch von Mehrheitsbeschlüssen fällt sowohl unter den Gesichtspunkt des Institutionenschutzes als auch des Mitgliederschutzes.[225] Im Hinblick auf die Funktionsfähigkeit von Personengesellschaften bedarf es Regeln, die verhindern, dass die Mehrheitsmacht zur Verfolgung von externen Interessen genutzt wird.[226] Insbesondere sind Vorkehrungen notwendig, die eine einseitige Umverteilung des Kooperationsgewinns entgegen dem ursprünglichen Verteilungsmodell durch opportunistisches Verhalten unterbinden.[227]

Allerdings obliegt es zuvorderst den Gesellschaftern selbst, hinreichende Regeln im Gesellschaftsvertrag festzuhalten, welche die Funktionsfähigkeit der Gesellschaft gewährleisten.[228] Korrigierende Eingriffe durch die Rechtsordnung sind jedoch dann erforderlich, wenn die Mechanismen zur Selbstregulierung zu systematischem Fehlgebrauch führen.

Wie bereits oben erläutert, sind verschiedene Gründe wie Rationalitätsdefizite sowie prohibitiv hohe Transaktionskosten dafür ursächlich, dass Gesellschafter regelmäßig ihrer Verantwortung für hinreichenden Selbstschutz nicht nachkommen.[229] Daher kann hier nicht mehr von der Unzulänglichkeit des Einzelnen die Rede sein, vielmehr ist von einem Systemversagen auszugehen.[230] Bei einem solchen Systemversagen kann die Rechtsordnung angehalten sein, Regeln bereitzustellen, welche der Gefahr einer Majorisierung entgegenwirken und somit die Funktionsfähigkeit von Personengesellschaften erhalten.[231]

3. *Ergebnis*

Im vorangegangenen Abschnitt wurde erörtert, inwiefern die Rechtsordnung im Zusammenhang mit Mehrheitsbeschlüssen berechtigt oder verpflichtet ist, in privatautonome Vereinbarungen einzugreifen. Dabei wurde herausgearbeitet, dass Selbstschutzdefizite Eingriffe in die privatautonome Vereinbarung sowohl aus Erwägungen des Minderheitenschutzes als auch des Institutionenschutzes

225 *Fastrich*, Funktionales Rechtsdenken, S. 15 ff.; *Kuntz*, Gestaltung von Kapitalgesellschaften, S. 489 ff.

226 *Fastrich*, Funktionales Rechtsdenken, S. 21 ff.; *Kuntz*, Gestaltung von Kapitalgesellschaften, S. 490.

227 *Kuntz*, Gestaltung von Kapitalgesellschaften, S. 491 f.

228 *Fastrich*, Funktionales Rechtsdenken, S. 35 f.; *Kuntz*, Gestaltung von Kapitalgesellschaften, S. 495.

229 Siehe hierzu 1. Teil: C. III. 1. b).

230 Zum Begriff des Systemversagens siehe *Fastrich*, Funktionales Rechtsdenken, S. 39 ff.

231 *Möslein*, Dispositives Recht, S. 174.

legitimieren können. Auch aus ökonomischer Sicht kann ein korrigierender staatlicher Eingriff gerechtfertigt sein, da Rationalitätsdefizite und ineffiziente Gesellschaftsformen eine optimale Allokation von Gütern und Ressourcen behindern und damit zu Wohlfahrtsverlusten führen.[232]

Es sei darauf hingewiesen, dass an dieser Stelle zunächst nur abstrakt festgestellt wurde, dass korrigierende Eingriffe in die Vertragsfreiheit begründet sein können. Eine Untersuchung im Hinblick auf die Rechtfertigung der einzelnen Schranken von Mehrheitsbeschlüssen erfolgt vielmehr im nächsten Kapitel.

IV. Mögliche Schranken der Vertragsfreiheit vor dem Hintergrund von Selbstschutzdefiziten der Gesellschafter

Auf die bestehenden Selbstschutzdefizite von Gesellschaftern kann auf verschiedenste Weise reagiert werden. In diesem Abschnitt soll ein Überblick über die unterschiedlichen Instrumentarien in diesem Zusammenhang gegeben werden.

1. Selbstregulierung des Marktes

Zunächst lässt sich erwägen, dass es eines korrigierenden Eingriffs durch die Rechtsordnung nicht bedarf, da die Disziplinierungswirkung eines Reputationsverlustes für eine hinreichende Selbstregulierung des Marktes sorgt.[233] Mit diesem Argument wird insbesondere im Kapitalgesellschaftsrecht gegen Einschränkungen der Vertragsfreiheit plädiert.[234] Dahinter steht die Ratio, dass der gute Ruf einen zählbaren Vermögenswert hat und dieser daher disziplinierend auf die Gesellschafter wirkt.[235] Denn bei publik werden von opportunistischem Verhalten eines Beteiligten kann die Reputation des Unternehmens sinken, was sich wiederum in der Bewertung der Gesellschaftsbeteiligung am Markt niederschlägt.[236] Zudem kann eine negative Reputation eines einzelnen Gesellschafters

---

232 *Hofmann*, Minderheitsschutz, S. 14 f. geht von einem Marktversagen aufgrund eines strukturellen Ungleichgewichts zwischen den Vertragsparteien aus.

233 *Klöhn*, AcP 216 (2016), 282, 299, 318.

234 Vgl. hierzu *G. Bachmann*, Private Ordnung, S. 214; *Klöhn/Schmolke*, NZG 2015, 689 ff.; *Kuntz*, Informationsweitergabe durch die Geschäftsleiter beim Buyout, S. 20 f.; *Ruffner*, Grundlagen eines Rechts der Publikumsgesellschaft, S. 164 f.

235 *Klöhn/Schmolke*, NZG 2015, 689, 691; *Kumpan*, in: Brauer/Schuster, Nachhaltigkeit im Bankensektor, S. 323, 331.

236 *G. Bachmann*, Private Ordnung, S. 214 in Fußnote 322.

dazu führen, dass andere Marktteilnehmer von zukünftigen Kooperationen mit dem Gesellschafter absehen.[237]

Dem ist jedoch zu entgegnen, dass typische Personengesellschaften geschlossene Verbände sind, bei denen die Gesellschaftsbeteiligung nicht übertragbar ist. Mangels eines ausgebildeten Sekundärmarktes hat ein Reputationsverlust keine Konsequenzen für den Wert der Unternehmensbeteiligung. Zudem ist die Verantwortlichkeit für einen Binnenstreit für Außenstehende nur schwer feststellbar, sodass das Argument des Reputationsverlustes des einzelnen Gesellschafters nicht überzeugen kann.[238]

2. *Wahlhilfen und Wahlbeschränkungen durch die Rechtsordnung*

Die der Rechtsordnung zur Verfügung stehenden Instrumentarien zur Behebung von Selbstschutzdefiziten lassen sich in Wahlhilfen und Wahlbeschränkungen unterscheiden.[239]

Wahlhilfen sind prozedurale Regeln, welche im Rahmen des Vertragsschlusses die Entscheidungsfindung der Vertragsparteien verbessern sollen.[240] Charakteristisch für solche Verfahrensvorgaben ist, dass zwar der privatautonome Aushandlungsprozess beeinflusst wird, die Letztentscheidungskompetenz über den Vertragsinhalt jedoch bei den Vertragsparteien verbleibt. Gewissermaßen lassen sich Wahlhilfen somit als Hilfe zur Selbsthilfe verstehen. Das Ziel von Wahlhilfe ist eine individuelle Wohlergehenssteigerung.[241] Eine klassische Wahlhilfe stellt beispielsweise die zwingende rechtliche Beratung durch Notare bei der Gründung von Kapitalgesellschaften dar.[242]

Von Wahlhilfen abzugrenzen sind Wahlbeschränkungen, welche sich auf den von den Vertragsparteien getroffenen Vertragsinhalt beziehen und diesem (zumindest teilweise) die Wirksamkeit absprechen.[243] Diese lassen sich wiederum unterteilen in abstrakt-generelle Vertragsinhaltsbeschränkungen (starre

237 *Klöhn*, AcP 216 (2016), 282, 299.
238 *Klöhn*, AcP 216 (2016), 282, 299.
239 *Schmolke*, Grenzen der Selbstbindung, S. 256 ff.
240 *van Aaken*, in: Anderheiden/Heinig/Bürkli, Paternalismus und Recht, S. 109, 125 ff.; *Schmolke*, Grenzen der Selbstbindung, S. 256 f.
241 *van Aaken*, in: Anderheiden/Heinig/Bürkli, Paternalismus und Recht, S. 109, 125.
242 *G. Bachmann/Eidenmüller/Engert/Fleischer/Schön*, Rechtsregeln für die geschlossene Kapitalgesellschaft, S. 36; *Schmolke*, Grenzen der Selbstbindung, S. 645 ff.
243 *van Aaken*, in: Anderheiden/Heinig/Bürkli, Paternalismus und Recht, S. 109, 124 f.; *Schmolke*, Grenzen der Selbstbindung, S. 256 ff.

Schranken) und postventive Vertragsinhaltskontrollen (bewegliche Schranken).[244] Zu ersterem Regelungsinstrument zählt zwingendes Gesetzesrecht wie beispielsweise § 723 Abs. 3 BGB. Zu den postventiven Vertragsinhaltskontrollen zählen die Inhaltskontrolle gem. § 138 BGB, die Ausübungskontrolle anhand der Treuepflicht und der Gleichbehandlungsgrundsatz.

D. Zusammenfassende Darstellung des Regelungsproblems

Viele Gesellschaftsgründer haben insbesondere aufgrund der Unvollständigkeit von Gesellschaftsverträgen ein Interesse daran, Mehrheitsklauseln in ihren Gesellschaftsvertrag aufzunehmen. Denn Mehrheitsbeschlüsse erhöhen die Handlungs- und Funktionsfähigkeit einer Gesellschaft im Hinblick auf die Willensbildung. Allerdings eröffnet die Einführung des Mehrheitsprinzips einem Mehrheitsgesellschafter die Möglichkeit, seine Machtposition zu missbrauchen.[245] Potenzierend wirkt sich dabei aus, dass sich Minderheitsgesellschafter aufgrund des *Locking-in*-Effekts häufig nur unter der Hinnahme von finanziellen Verlusten nachteiligen Maßnahmen im Wege des Ausscheidens aus der Gesellschaft entziehen können. Vor diesem Hintergrund stellt Mehrheits-Opportunismus ein enormes Risikopotential dar. Durch die weitgehende Inexistenz von zwingenden minderheitsschützenden Vorschriften sind die Gesellschafter in der Verantwortung, durch vertragliche Regelungen das bestehende Risiko zu minimieren. Tatsächlich weisen Personengesellschaftsverträge jedoch aus verschiedenen Gründen Selbstschutzdefizite der Minderheitsgesellschafter auf.[246] Der ausschlaggebendste Umstand hierfür ist die begrenzte Rationalität der Betroffenen im Kontext von relationalen Verträgen. Im Hinblick auf allgemeine Mehrheitsklauseln bedeutet dieses Phänomen, dass sich Minderheitsgesellschafter aufgrund der unübersehbaren Vielzahl von potentiellen Beschlussinhalten der Konsequenzen einer globalen Einführung des Mehrheitsprinzips im Zeitpunkt des Vertragsschlusses regelmäßig nicht bewusst sind.[247]

Angesichts des Bestehens dieser Selbstschutzdefizite ist die Rechtsordnung aus Erwägungen des Minderheiten- und Institutionenschutzes aufgefordert, Schutzmechanismen zugunsten der Minderheitsgesellschafter bereitzustellen.

---

244 *Schmolke*, Grenzen der Selbstbindung, S. 263 ff.

245 Zur Problematik von Mehrheits-Opportunismus siehe 1. Teil: B. V.

246 Siehe hierzu 1. Teil: C. III. 1. b).

247 Vgl. auch BGHZ 48, 251, 253.

2. Teil: Die Schranken der Mehrheitsmacht

Beschränkungen der Vertragsfreiheit sind im Kontext der Thematik dieser Arbeit auf zwei verschiedenen Ebenen denkbar. Ein Eingriff kann zum einen auf Klauselebene (Inhaltskontrolle) oder auf Beschlussebene (Ausübungs- bzw. Beschlusskontrolle) erfolgen. In Abgrenzung zur Inhaltskontrolle wird im Rahmen einer Ausübungskontrolle nicht das Mutterrecht an sich, sondern die im Einzelfall erfolgte Ausübung des Mutterrechts untersucht.[248]

A. Beschränkungen auf Klauselebene

Im Rahmen der Inhaltskontrolle ist zu untersuchen, inwiefern privatautonomen Regelungen pauschal die Wirksamkeit abzusprechen ist. Maßstab einer solchen Inhaltskontrolle ist dabei grundsätzlich § 138 BGB.[249]

Im Einleitungsteil wurde die Dispositivität des Einstimmigkeitsprinzips erläutert. In diesem Zusammenhang wurde jedoch noch keine Aussage darüber getroffen, in welchem Umfang die Einführung von Mehrheitsbeschlüssen zulässig ist. Auf den ersten Blick mag diese Fragestellung redundant wirken, da der Gesetzgeber für Kapitalgesellschaften ausdrücklich von der Zulässigkeit des Mehrheitsprinzips ausgeht. Der wesentliche Unterschied besteht jedoch darin, dass die Mitglieder einer Personengesellschaft im Gegensatz zu den Mitgliedern einer Kapitalgesellschaft gem. § 128 HGB (analog) in unbeschränkter Höhe mit ihrem Privatvermögen für Verbindlichkeiten der Gesellschaft aufkommen müssen.

Nachfolgend soll daher die Zulässigkeit von allgemeinen Mehrheitsklauseln, welche generalisierend Bezug auf Geschäftsführungsmaßnahmen sowie Grundlagengeschäfte nehmen, beleuchtet werden.

---

248 *Wiedemann*, WM Sonderbeilage Nr. 8/1990, 2, 22 f.

249 *Wiedemann*, WM Sonderbeilage Nr. 8/1990, 2, 16. Bei der Kontrolle von vertraglichen Regelungen von Publikumsgesellschaften wendet die Rechtsprechung dagegen den strengeren Maßstab des § 242 BGB an, grundlegend BGHZ 64, 238.

2. Stellungnahme

Im Rahmen dieser Stellungnahme soll die Zulässigkeit von allgemeinen Mehrheitsklauseln in Anlehnung an die Rechtsprechung zu Hinauskündigungsklauseln überprüft werden.[261] Entsprechend ist zunächst auf Umstände einzugehen, welche die Sittenwidrigkeit begründen können. In dem vorliegenden Fall ist dies der Vorwurf der Selbstentmündigung. In einem zweiten Schritt sind sodann Sachgründen herauszuarbeiten, welche einem möglichen Urteil der Sittenwidrigkeit entgegenstehen.

a) Vorwurf der Selbstentmündigung

Zunächst ist festzustellen, dass jede vertragliche Bindung, indem sie i.d.R. beide Vertragsparteien zu einem Tun oder Unterlassen verpflichtet, eine Beschränkung der Betätigungsfreiheit darstellt.[262] Denn auch die partielle Preisgabe der eigenen Selbstbestimmung stellt eine Ausprägung des Rechts auf Selbstbestimmung dar.[263] Damit daher tatsächlich eine Selbstentmündigung gegeben ist, müssen die vertraglichen Verpflichtungen ein enorm hohes Maß an Freiheitsbeschränkung mit sich bringen, wobei die Grenzen im Einzelnen unscharf sind.[264]

Ausgangspunkt der Beurteilung ist dabei das Prinzip der Selbstverantwortung.[265] Für den hier relevanten Kontext bedeutet das Prinzip der Selbstverantwortung, dass der Einzelne die durch Rechtsgeschäft eingegangenen Risiken und die damit gegebenenfalls verbundenen Vermögenseinbußen grundsätzlich selbst zu tragen hat.[266] Der mündige Bürger ist an selbstbestimmte Vertragsgestaltungen gebunden, auch wenn diese unvernünftig oder leichtsinnig erscheinen mögen.[267] Auch der BGH weist im Zuge seiner Rechtsprechung zur Angehörigenbürgschaft darauf hin, dass sich der Einzelne durchaus erheblichen Wagnissen aussetzen darf, denn es sei grundsätzlich davon auszugehen, dass der

---

261 BGHZ 68, 212, 215; BGHZ 112, 103, 110; BGH, DStR 2004, 826.

262 *Hefermehl*, in: Soergel, § 138 Rn. 116.

263 *Auer*, Materialisierung, Flexibilisierung, Richterfreiheit, S. 13 f.; *C. Weber*, *Privatautonomie* und Außeneinfluss, S. 205.

264 *Mansel*, in: Jauernig, § 138 Rn. 12.

265 Vgl. 1. Teil: C. III. 1. a).

266 *Auer*, Materialisierung, Flexibilisierung, Richterfreiheit, S. 14.

267 *Kuntz*, Gestaltung von Kapitalgesellschaften, S. 466; *Müller-Graf*, in: Riesenhuber, Das Prinzip der Selbstverantwortung, S. 139, 145; *Singer*, Selbstbestimmung und Verkehrsschutz, S. 41.

Betroffene die Tragweite seines Handelns kenne und sein Risiko selbstverantwortlich einschätzen könne.[268]

Wie bereits angeklungen, gilt das Prinzip der Selbstverantwortung nicht unbegrenzt.[269] So sind Verträge nichtig, die dazu führen, dass eine Vertragspartei ihre wirtschaftliche Bewegungsfreiheit nahezu völlig einbüßt und sich damit gewissermaßen selbst entmündigt. Denn sofern eine Person wirtschaftlich zu einem willenlosen Werkzeug eines anderen wird, kann sich hierdurch eine sittlich zu missbilligende Abhängigkeit ergeben.[270]

Vor diesem Hintergrund können Mehrheitsklauseln aufgrund einer möglichen Fremdbestimmung problematisch sein, sofern die Beteiligung an der Gesellschaft nahezu die einzige wirtschaftliche Betätigung des Minderheitsgesellschafters ausmacht, etwa weil er seine vollständige Arbeitskraft in die Gesellschaft einbringt.[271] Sofern die Beteiligung jedoch nur einen Teilausschnitt des gesamten wirtschaftlichen Tätigkeitsfeldes darstellt, scheidet eine Selbstentmündigung von vornherein aus.[272]

Anhaltspunkte für die Beurteilung der vorliegenden Fragestellung bietet ein Urteil des BGH aus dem Jahre 1965, indem eine Vereinbarung nach § 138 BGB für nichtig erklärt wurde, durch welche ein OHG-Gesellschafter für Lebenszeit sämtliche ihm zustehenden Rechte ohne Widerrufsrecht auf einen nicht von ihm wählbaren Treuhänder übertragen und dabei weiterhin unbeschränkt haften sollte.[273] Das Gericht sah eine Selbstentmündigung dadurch als gegeben an, dass sich der Gesellschafter in einem weiten Bereich seiner wirtschaftlichen Betätigung der Entscheidung eines Dritten unterworfen habe.[274] Die Entscheidung ist insofern von Bedeutung, als sich im Rahmen der Beschlussfassung ein

---

268 BGHZ 125, 206, 210; BGHZ 151, 34, 37. Hierauf ebenfalls hinweisend *Kuntz*, Gestaltung von Kapitalgesellschaften, S. 473.

269 *Kuntz*, Gestaltung von Kapitalgesellschaften, S. 474; *Mayer-Maly*, in: Lampe, Jahrbuch für Rechtssoziologie und Rechtstheorie 14 (1989), S. 268, 278 f.; *Riesenhuber*, in: Riesenhuber, Das Prinzip der Selbstverantwortung, S. 1, 10 f.; *Wiedemann/Wank*, JZ 2013, 340, 344.

270 BGH, NJW 1998, 2531, 2533; BGHZ 83, 313, 316; *Armbrüster, in:* MüKo BGB, § 138 Rn. 71; *Arnold*, in: Erman, § 138 Rn. 120; *Hefermehl*, in: Soergel, § 138 Rn. 116 f.; *Sack/Fischinger*, in: Staudinger, § 138 Rn. 302.

271 *Göbel*, Mehrheitsentscheidungen in Personengesellschaften, S. 40.

272 Hierauf hinweisend *C. Weber, Privatautonomie* und Außeneinfluss, S. 214; *Wiedemann*, JZ 1966, 103, 103.

273 BGHZ 44, 158 ff.

274 BGHZ 44, 158, 161.

Minderheitsgesellschafter ebenfalls dem Willen eines Mehrheitsgesellschafters unterwirft. Beide Konstellationen haben gemein, dass es in einem erheblichen Maße zu einer Fremdbestimmung kommen kann.

Ein wesentlicher Unterschied besteht jedoch darin, dass einem Minderheitsgesellschafter aufgrund des ordentlichen Kündigungsrechts nach § 723 Abs. 1 S. 1 BGB stets die Option verbleibt, aus der Gesellschaft auszutreten.[275] Hierbei handelt es sich um ein Privileg, welches Mitgliedern einer Kapitalgesellschaft von Gesetzes wegen nicht zusteht. Damit steht einem jeden Gesellschafter einer Personengesellschaft die Möglichkeit offen, auf Änderungen im Grundlagenbereich, welche über seinen Kopf hinweg entschieden werden, zu reagieren.[276] Durch Geltendmachung des ordentlichen Kündigungsrechts ist es jedem Gesellschafter möglich, seine persönliche und wirtschaftliche Unabhängigkeit wiederzugewinnen.[277] Insoweit behält sich jeder Gesellschafter einen wichtigen Entscheidungsbereich vor, der es ihm gestattet, zur vollen Selbstbestimmung zurückzufinden.[278]

Gegen eine solche Argumentation lassen sich allerdings zwei Punkte einwenden. Zum einen, dass ungünstige Abfindungsklauseln die Attraktivität eines Gesellschaftsaustritts beschränken.[279] Wie bereits erwähnt kann es aufgrund dessen zum *Locking-in*-Effekt kommen.[280] Dieser grundsätzlich berechtigte Kritikpunkt wird jedoch zum Teil dadurch relativiert, dass die Rechtsprechung die Problematik eines groben Missverhältnisses zwischen Anteilswert und Abfindungsbetrag mittlerweile im Wege der ergänzenden Vertragsauslegung löst.[281]

Zum anderen lässt sich einwenden, dass das Kündigungsrecht für eine bestimmte Zeit ausgeschlossen oder eine – über § 132 HGB hinausgehende – Kündigungsfrist vereinbart sein kann. Die Grenze bildet dabei jedoch stets § 723 Abs. 3 BGB, dessen Zweck gerade darin besteht, Abweichungen von § 723 Abs. 1 S. 1 BGB die Wirksamkeit zu versagen, sofern die persönliche und wirtschaftliche Betätigungsfreiheit unvertretbar eingeengt wird.[282]

---

275 Dies gilt gem. § 105 Abs. 3 HGB auch für Personenhandelsgesellschaften, vgl. *Schäfer*, in: Staub, § 132 Rn. 1.

276 BGHZ 71, 53, 60 f.

277 *Wiedemann*, WM Sonderbeilage Nr. 7/1992, 1, 51.

278 BGH, NZG 2006, 425. Vgl. zu diesem Aspekt auch 2. Teil: B. II. 1. b) bb) (1) (b).

279 *Wiedemann*, WM Sonderbeilage Nr. 7/1992, 1, 51.

280 Siehe hierzu 1. Teil: B. V. 1. b).

281 BGHZ 123, 281 ff.

282 BGH, NZG 2007, 65. Auf die Wechselwirkung von § 723 Abs. 3 BGB und einer sittenwidrigen Knebelung wird in BGHZ 179, 13, 24 f. eingegangen. Demnach steht selbst

Etwaige finanzielle Verluste, die sich durch das persönliche Einstehenmüssen für Verbindlichkeiten im Zeitraum der Änderungen im Innenverhältnis und dem tatsächlichen Austreten aus der Gesellschaft oder aufgrund einer ungünstigen Abfindungsklausel ergeben, sind insofern vom Prinzip der Selbstverantwortung gedeckt, als die Vertragsfreiheit auch das Eingehen von risikoreichen Geschäften umfasst.[283] Trotz möglicher finanzieller Verluste bleibt im Kern stets die Möglichkeit eines Austritts erhalten.

Dahingegen war der OHG-Gesellschafter in der oben zitierten Entscheidung auf Lebenszeit von dem Gutdünken eines Dritten abhängig, da sämtliche Rechte – somit auch das Recht zur Kündigung – auf Letzteren übertragen wurden. Sofern einer Person jedoch mindestens die Möglichkeit verbleibt, sich von der Fremdherrschaft zu lösen und die volle Autonomie zurückzuerlangen, scheidet eine die Sittenwidrigkeit begründende Selbstentmündigung aus.[284] Alleine mögliche finanzielle Verluste rechtfertigen für sich nicht das Verdikt der Nichtigkeit eines Geschäfts.

b) Rechtfertigungsgründe

Doch selbst wenn man den Vorwurf der Selbstentmündigung für berechtigt hält, kommt man schlussendlich zu keinem anderen Ergebnis als der Zulässigkeit von allgemeinen Mehrheitsklauseln. Denn es streiten berechtigte Interessen für die Aufnahme einer solchen Klausel in den Gesellschaftsvertrag.

Wie bereits oben dargelegt, erhöht das Mehrheitsprinzip im Rahmen der Beschlussfassung die Handlungs- und Funktionsfähigkeit der Gesellschaft.[285] Eine Mehrheitsklausel trägt damit wesentlich dazu bei, dass die Grundlagen der Gesellschaft an veränderte Marktbedingungen angepasst werden können und die Gesellschaft damit langfristig wettbewerbsfähig bleibt. Dies ist insbesondere vor dem Hintergrund der Unvollständigkeit von Gesellschaftsverträgen von enormer Bedeutung.

Die Alternative zu einer allgemeinen Mehrheitsklausel wäre eine Vereinbarung, welche nur für ausgewählte Beschlussgegenstände das Mehrheitsprinzip vorsieht. Da die Gesellschafter im Zeitpunkt des Vertragsschlusses die künftige Entwicklung des Wirtschaftslebens sowie der eigenen Bedürfnisse nur schwer

---

eine ordentliche Kündigungsfrist von zwei Jahren im Einklang mit § 723 Abs. 3 BGB und vermag deswegen keine sittenwidrige Knebelung gem. § 138 BGB zu begründen.

283 BGHZ 125, 206, 210.

284 *C. Weber, Privatautonomie* und Außeneinfluss, S. 212 f.

285 Siehe 1. Teil: B. IV.

antizipieren können, besteht hierbei die Gefahr, dass relevante Beschlussgegenstände vergessen werden.[286] Solche Vereinbarungen bergen daher stets das Risiko, dass in Angelegenheiten, in denen nachträglich eine Anpassung erforderlich wird, die mit dem Erfordernis eines Konsenses verbundenen Nachteile zum Tragen kommen.

Insofern sind die möglicherweise negativen Auswirkungen von Mehrheitsklauseln durch berechtigte Interessen der Vertragsparteien gerechtfertigt.

3. *Ergebnis*

Als Ergebnis ist festzuhalten, dass der im Zusammenhang mit allgemeinen Mehrheitsklauseln vorgebrachte Vorwurf der Selbstentmündigung nicht berechtigt ist. Die Selbstbestimmung des Einzelnen bleibt dadurch gewahrt, dass jedem Gesellschafter ein ordentliches Kündigungsrecht gem. § 723 Abs. 1 S. 1 BGB zukommt, durch welches er sich einen wesentlichen Entscheidungsbereich seiner wirtschaftlichen Betätigungsfreiheit vorbehält. Selbst wenn man den Vorwurf der Selbstentmündigung für berechtigt hielte, rechtfertigt die durch die pauschale Einführung des Mehrheitsprinzips gegebene Handlungs- und Funktionsfähigkeit der Gesellschaft die Zulässigkeit von allgemeinen Mehrheitsklauseln.

B. Beschränkungen auf Beschlussebene

Wurde soeben dargestellt, dass allgemeine Mehrheitsklauseln in Personengesellschaften dem Grunde nach zulässig sind, so stellt sich im Anschluss die Frage, ob die auf Grundlage einer Mehrheitsklausel gefällten Beschlüsse im Einzelfall einer Ausübungskontrolle durch die Gerichte unterliegen können. Nachfolgend soll der Frage nachgegangen werden, inwiefern ein staatlicher Eingriff in die Vertragsfreiheit mittels einer Ausübungskontrolle unter den Gesichtspunkten von Minderheitenschutz (Mitgliederschutz) sowie Institutionenschutz gerechtfertigt sein kann. Dabei sei darauf hingewiesen, dass die Anforderungen an eine Rechtfertigung für einen Eingriff auf Beschlussebene niedriger sind als auf Klauselebene.[287] Dies liegt daran, dass Mehrheitsbeschlüsse nicht durch die

---

286 *Hofmann*, Minderheitsschutz, S. 202; vgl. zu diesem Punkt auch 2. Teil: B. I. 1. d) bb) (1).

287 *G. Bachmann/Eidenmüller/Engert/Fleischer/Schön*, Rechtsregeln für die geschlossene Kapitalgesellschaft, S. 43; *Mayer*, Materielle Beschlusskontrolle im Kapitalgesellschaftsrecht, S. 35 f.; *Schmolke*, Grenzen der Selbstbindung, S. 636; *Walz*, in: Ott/Schäfer, Ökonomische Analyse des Unternehmensrechts, S. 50, 56.

Zustimmung sämtlicher Beteiligter legitimiert sind. Insofern gilt der Grundsatz *volenti non fit iniuria* nur mittelbar.

I. Formelle Ausübungskontrolle

Im Rahmen der formellen Kompetenzkontrolle ist zu prüfen, ob ein Beschluss auf eine hinreichende formelle Legitimationsgrundlage gestützt werden kann. In diesem Zusammenhang hat die Rechtsprechung lange Zeit den sog. Bestimmtheitsgrundsatz angewandt.

1. Bestimmtheitsgrundsatz

Der Bestimmtheitsgrundsatz wurde – nachdem er 60 Jahre die Rechtsprechung des BGH im hier relevanten Kontext geprägt hatte – im Jahre 2013 vom II. Senat für Rechtsgeschichte erklärt.[288] Den Auftakt zu diesem Paradigmenwechsel machte das OTTO-Urteil[289] aus dem Jahre 2006. Nachfolgend soll in der gebotenen Kürze auf die Gründe für das Scheitern des Bestimmtheitsgrundsatzes als Schutzmechanismus vor Mehrheits-Opportunismus eingegangen werden.

a) Aussagegehalt des Bestimmtheitsgrundsatzes

Mit den Vorgaben des Bestimmtheitsgrundsatzes wurden verschärfte Vorgaben an die privatautonome Abrede der Parteien festgelegt, unter welchen die Abbedingung des Einstimmigkeitsprinzips möglich sein sollte.[290] Eine allgemein formulierte Mehrheitsklausel reichte demnach nicht aus, um eine Beschlusskompetenz für Mehrheitsabstimmungen zu begründen. Die Anforderungen an die Abbedingung unterschieden sich dabei in Bezug auf Geschäftsführungsmaßnahmen, gewöhnliche Grundlagengeschäfte und ungewöhnliche Grundlagengeschäfte. Insgesamt lässt sich der Aussagegehalt des Bestimmtheitsgrundsatzes in folgenden Steigerungstrias festhalten:

Sofern im Gesellschaftsvertrag allgemein vereinbart wird, dass Beschlüsse mehrheitlich gefasst werden, bezieht sich dies in der Regel nur auf Maßnahmen der Geschäftsführung.[291]

---

288 BGH, NZG 2013, 57, 60; BGH, NZG 2013, 63, 64; bestätigt durch BGHZ 203, 77.

289 BGHZ 170, 283. Der Aussagegehalt des OTTO-Urteils war in der Literatur sehr umstritten. Überwiegend wurde die Entscheidung als eine Modifikation des Bestimmtheitsgrundsatzes aufgefasst, vgl. *Holler*, DB 2008, 2067, 2072; *Schmidt*, ZGR 2008, 1, 8 f.; *Sigle*, FS Hüffer, S. 973 f.

290 *Schmolke*, Grenzen der Selbstbindung, S. 649 f.

291 BGH, WM 1961, 303, 304; BGH, NJW 1985, 2830, 2831; BGH, WM 1986, 1109.

Sieht der Gesellschaftsvertrag global vor, dass auch Grundlagengeschäfte dem Mehrheitsprinzip unterliegen sollen, so erfasst diese Bestimmung nur gewöhnliche Grundlagengeschäfte.[292]

Sollen auch ungewöhnliche Grundlagengeschäfte durch Mehrheitsbeschluss gefasst werden können, so müssen diese Beschlussgegenstände grundsätzlich im Gesellschaftsvertrag aufgeführt werden.[293]

Insbesondere der durch die zuletzt genannte Vorgabe aufgestellte Enumerationsgrundsatz war das prägende Merkmal des Bestimmtheitsgrundsatzes.[294] Aufgrund dessen mussten Mehrheitsklauseln um Kataloge von ungewöhnlichen Beschlussgegenständen ergänzt werden, um eine ausreichende Legitimationsgrundlage für mehrheitliche Abstimmungen zu begründen. Zwar konnte sich die Beschlusskompetenz grundsätzlich auch im Wege der Auslegung ergeben, hierfür war aber „auf jeden Fall die Angabe der Art des Beschlussgegenstandes erforderlich".[295]

b) Zweck des Bestimmtheitsgrundsatzes

Regelungsanlass für die Begründung des Bestimmtheitsgrundsatzes war die Erkenntnis, dass die betroffenen Vertragsparteien es aufgrund von Informationsdefiziten regelmäßig versäumen, hinreichende Vorkehrungen zum Schutz vor Mehrheits-Opportunismus zu vereinbaren. Als Ursache hierfür ist insbesondere das Phänomen der begrenzten Rationalität im Zusammenhang mit relationalen Verträgen zu sehen.[296]

Vor diesem Hintergrund ist die Steigerungstrias des Bestimmtheitsgrundsatzes als Wahlhilfe zu verstehen, welche die Entscheidungsfindung im Rahmen des Vertragsschlusses verbessern sollten.[297] Aufgrund der Vorgabe einer inhaltlichen Präzisierung der Mehrheitsklausel sollte den Gesellschaftern die Folgen ihres

---

292 BGHZ 8, 35, 41 f.; für sonstige Grundlagenbeschlüsse BGH, WM 1961, 303, 304; BGHZ 132, 263, 266, 268.

293 BGHZ 85, 35, 41 f.; für sonstige Grundlagenbeschlüsse BGH, WM 1961, 303, 304; BGHZ 132, 263, 266, 268.

294 BGHZ 71, 53, 58; BGHZ 85, 350, 358; ebenso *Hennerkes/Binz*, BB 1983, 713; *Klöhn*, AcP 216 (2016), 282, 286; *Martens*, DB 1973, 413, 416. Eben dieser Enumerationsgrundsatz wurde durch BGHZ 170, 283, 287 aufgegeben.

295 BGHZ 132, 263, 268.

296 Vgl. hierzu 1. Teil: C. III. 1. b) aa).

297 *Schmolke*, Grenzen der Selbstbindung, S. 649 f. In BGH, WM 1976, 661 wird beispielsweise die fehlende Warnwirkung von globalen Verweisen betont („[...] eine solche Klausel macht dem einzelnen Gesellschafter nicht deutlich, daß [...]").

Handelns ins Bewusstsein gerufen werden.[298] Durch die verbesserte Informationslage sollte den Beteiligten im Zeitpunkt des Vertragsschlusses die Möglichkeit eröffnet werden, das Für und Wider der Einführung des Mehrheitsprinzips für den fraglichen Beschlussgegenstand abzuwägen.[299] Insbesondere durch die Vorgabe der Auflistung von ungewöhnlichen Grundlagengeschäften sollte auf den Umfang des Mehrheitsprinzips hingewiesen werden. Dem Bestimmtheitsgrundsatz kam somit eine Warnfunktion zu,[300] durch welche bestehende Informationsdefizite aufgehoben werden sollten. Dahinter steht die grundsätzliche Erwägung, dass derjenige, der vorab auf die Konsequenzen seines Tuns hingewiesen wird, nach dem Prinzip der Selbstbestimmung keines weiteren Schutzes bedarf.[301] Indem die Gesellschafter über den Umfang des Mehrheitsprinzips aufgeklärt wurden, sollten sie in die Lage versetzt werden, selbst für einen hinreichenden Schutz ihrer Interessen zu sorgen. Diesen methodischen Ansatz hat der Bestimmtheitsgrundsatz mit dem sog. Informationsmodell gemein.[302] Um zu überprüfen, inwiefern Argumente im Zusammenhang mit dem Informationsmodell für diese Untersuchung übernommen werden können, sollen im Folgenden diese beiden Ansätze verglichen werden.

c) Vergleich von Informationsmodell und Bestimmtheitsgrundsatz

aa) Das Informationsmodell

Das Informationsmodell wurde vor dem Hintergrund entwickelt, dass bei Vertragsschluss Informationen zwischen den Parteien häufig ungleich verteilt sind.[303] Dies ist insofern bedenklich, als Informationsdefizite zu unausgewogenen

---

298 BGHZ 85, 350, 356 stellt klar, dass der Bestimmtheitsgrundsatz vor den „[...] Folgen einer gar nicht bedachten Änderung [...]" schützen soll.

299 BGHZ 85, 350, 356.

300 BGH, WM 1976, 661; BGH, NJW 1988, 411, 412; ebenso *Hey*, Freie Gestaltung in Gesellschaftsverträgen, S. 271; *Leenen*, FS Larenz, S. 371, 373; *Marburger*, NJW 1984, 2252, 2254; *Mecke*, BB 1988, 2258, 2262; *U. Schneider*, ZGR 1972, 357, 366; *Westermann, Vertragsfreiheit*, S. 222.

301 *Hofmann*, Minderheitsschutz, S. 201; *Wiedemann*, Gesellschaftsrecht I, § 8 I. 2. a), S. 411.

302 *Schön*, FS Canaris, S. 1191, 1197; *G. Roth*, JBl 2005, 80, 81 f.

303 Allgemein zum Informationsmodell *Bechtold*, Die Grenzen zwingenden Vertragsrechts, S. 48 ff.; *Dauner-Lieb*, Verbraucherschutz, S. 63 ff.; *Drexl*, Die wirtschaftliche Selbstbestimmung, S. 26 ff.; *Heinrich*, Formale Freiheit und materiale Gerechtigkeit, S. 180 ff.; *Ulen*, in: Grundmann/Kerber/Weatherill, Party Autonomy, S. 98 ff.

Geschäftsabschlüssen führen können.[304] Der Wirtschaftswissenschaftler *Akerlof* hat 1970 in einem vielbeachteten Aufsatz anhand des Gebrauchtwagenmarktes die Auswirkungen von Informationsasymmetrien über die Produktqualität geschildert.[305] Dabei wurde gezeigt, dass aufgrund von Informationsdefiziten, Marktchancen und Anreize nicht entsprechend wahrgenommen werden können. [306] Mit anderen Worten setzen Informationsgefälle zwischen den Vertragsparteien die Lenkungskraft der marktwirtschaftlichen Ordnung außer Kraft. Aufgrund dessen behindern Informationsasymmetrien eine optimale Allokation von Ressourcen und können daher eine Form von Marktversagen darstellen.[307]

Vertreter des Informationsmodells gehen davon aus, dass die Funktionsfähigkeit des Marktmechanismus durch die Bereitstellung von Informationen bezüglich des Vertragsgegenstandes sowie der wirtschaftlichen Konsequenzen des Vertragsabschlusses wiederhergestellt werden kann.[308] Indem hinreichende Informationen zugänglich gemacht werden, soll ein rationales Handeln der Marktteilnehmer ermöglicht und die tatsächliche Entscheidungsfreiheit der Parteien gewährleistet werden.[309] Dies soll aus volkwirtschaftlicher Sicht zu effizienten Vertragsabschlüssen führen.[310]

Aus rechtlicher Sicht soll der Abbau von Informationsasymmetrien die Funktionsvoraussetzungen der Privatautonomie wiederherstellen.[311] Hierdurch sollen die Vertragsparteien – nach dem Leitbild des mündigen Bürgers – in die Lage versetzt werden, selbstständig für einen hinreichenden Selbstschutz zu sorgen.[312]

---

304 *Schön*, FS Canaris, S. 1191, 1205.

305 *Akerlof*, Q. J. Econ. 84 (1970), 488 ff.

306 *Akerlof*, Q. J. Econ. 84 (1970), 488 ff.

307 *Aaken*, in: Anderheiden/Heinig/Bürkli, Paternalismus und Recht, S. 109, 116; *Bechtold*, Die Grenzen zwingenden Vertragsrechts, S. 33 f., 57; *Dauner-Lieb*, Verbraucherschutz, S. 64 f.; *Grundmann/Kerber/Weatherill*, in: Grundmann/Kerber/Weatherill, Party Autonomy, S. 3, 12 ff.; *Kuntz*, AcP 209 (2009), 243, 258; *ders.*, Gestaltung von Kapitalgesellschaften, S. 458. Siehe zu Marktversagen auch 1. Teil: C. II. 2.

308 *Rehberg*, in: Eger/Schäfer, Ökonomische Analyse der Zivilrechtsentwicklung, S. 284; *Schön*, FS Canaris, S. 1191, 1193 ff.

309 *Bechtold*, Die Grenzen zwingenden Vertragsrechts, S. 18 f.; *Drexl*, Die wirtschaftliche Selbstbestimmung, S. 27; *Kuntz*, Gestaltung von Kapitalgesellschaften, S. 457 ff.

310 *Bechtold*, Die Grenzen zwingenden Vertragsrechts, S. 44; *Schön*, FS Canaris, S. 1191, 1206.

311 *Hey*, Freie Gestaltung in Gesellschaftsverträgen, S. 149.

312 *Eidenmüller*, in: Eidenmüller, Ausländische Kapitalgesellschaften im deutschen Recht, § 3 Rn. 35; *Kuntz*, Gestaltung von Kapitalgesellschaften, S. 459.

bb) *Abweichungen des Bestimmtheitsgrundsatzes vom Informationsmodell*

Die Ausgangsüberlegung des Informationsmodells ist, dass zwischen den Vertragsparteien Informationsasymmetrien bestehen. So verfügt beispielsweise bei einem Kaufvertrag der Verkäufer typischerweise über mehr bewertungsrelevante Informationen als der Käufer. Demgegenüber lässt sich im Hinblick auf den Anwendungsbereich einer allgemeinen Mehrheitsklausel nicht pauschal sagen, dass Mehrheitsgesellschafter über mehr Informationen verfügen als Minderheitsgesellschafter. Zweck des Bestimmtheitsgrundsatzes ist somit weniger der Abbau von Informationsasymmetrien, vielmehr steht die Warnfunktion im Vordergrund.

Da es insofern keinen Beteiligten gibt, der über ein Mehr an Informationen hinsichtlich des Anwendungsbereiches des Mehrheitsprinzips verfügt, wurde anders als beim Informationsmodell auch keine Vertragspartei konkret in die Pflicht genommen, die entsprechenden Informationen bereitzustellen. Adressat war nach der Konzeption des Bestimmtheitsgrundsatzes vielmehr die Gesellschaft als Ganzes. Sofern es jedoch einen Gesellschafter gibt, der bereits selbst über die nötige Beschlussmehrheit oder zumindest über das größte Stimmgewicht verfügt, war dieser de facto der Reglungsadressat, da er das größte Interesse an der Einführung des Mehrheitsprinzips hat.

Beiden Ansätzen ist jedoch der Gedanke des Selbstschutzes durch Information gemein.[313] Insofern können Erwägungen zum Informationsmodell – zumindest teilweise – für die folgende Untersuchung berücksichtigt werden.

d) *Zweckmäßigkeit des Bestimmtheitsgrundsatzes im Hinblick auf das dieser Arbeit zugrunde liegende Regelungsproblem*

Nachfolgend soll überprüft werden, inwiefern der Bestimmtheitsgrundsatz geeignet ist, Abhilfe im Hinblick auf das durch Mehrklauseln verursachte Regelungsproblem zu schaffen.

aa) *Positive Aspekte*

Dem Gedanken des Minderheiten- und Institutionenschutzes wird durch den Bestimmtheitsgrundsatz insofern Rechnung getragen, als durch die Offenlegung von Informationen die Funktionsbedingungen der Privatautonomie wiederhergestellt werden sollen.[314] Entsprechend dem Gedanken des Informationsmodells

313 *G. Roth*, JBl 2005, 80, 81.

314 *Fastrich*, Funktionales Rechtsdenken, S. 45.

soll die Möglichkeit des Selbstschutzes durch die Beteiligten gestärkt werden. Der dabei verfolgte Ansatz, dass Gesellschaften möglichst ohne nachträgliche staatliche Intervention dauerhaft funktionsfähig sein sollen, ist zu begrüßen.

Hervorzuheben ist des Weiteren, dass durch die Konzeption des Bestimmtheitsgrundsatzes dem Gebot nach minimalinvasiven Eingriffen in die grundrechtlich geschützte Vertragsfreiheit nachgekommen wird.[315] Denn durch den Bestimmtheitsgrundsatz wird die umfassende Einführung des Mehrheitsprinzips lediglich an die Bereitstellung von Informationen geknüpft. Insofern wird nur in den Aushandlungsprozess vor Vertragsschluss interveniert, ohne dass der inhaltliche Gestaltungsspielraum der Vertragsparteien hierdurch beeinträchtigt wird. Aus der Tatsache, dass der einmal geschlossene Vertragskonsens unangetastet bleibt, ergibt sich zudem ein hohes Maß an Rechtssicherheit.[316]

bb) Negative Aspekte

(1) Überinklusion des Bestimmtheitsgrundsatzes

Der Abbau von Informationsdefiziten gelingt nur, wenn die bestehenden Informationspflichten auch tatsächlich eingehalten werden. Damit Informationsschuldner einen hinreichenden Anreiz haben, die von ihnen verlangten Informationen offenzulegen, muss die Verletzung von Informationspflichten entsprechend geahndet werden.[317]

Nach der Konzeption des Bestimmtheitsgrundsatzes führt das Fehlen einer wörtlichen Erwähnung von ungewöhnlichen Grundlagengeschäften dazu, dass diese nicht vom Mehrheitsprinzip umfasst werden. Die fehlende Kompetenz zur mehrheitlichen Beschlussfassung kann jedoch erhebliche Konsequenzen auf die Handlungs- und Funktionsfähigkeit der Gesellschaft haben, da die jeweiligen Beschlussgegenstände insoweit einstimmig gefasst werden müssen.[318] Je nach Bedeutung des betroffenen Beschlussgegenstandes kann eine mögliche Obstruktionspolitik einzelner Gesellschafter mitunter existenzbedrohende Auswirkungen auf eine Gesellschaft haben.[319] Die Geltung des Einstimmigkeitsprinzips bei Verletzung der Informationspflicht stellt daher eine Sanktion von drakonischem

315 Vgl. hierzu *van Aaken*, in: Anderheiden/Heinig/Bürkli, Paternalismus und Recht, S. 109, 138; siehe auch 1. Teil: C. II. 1.

316 *W. Goette/M. Goette*, DStR 2016, 74, 77; *Weitemeyer*, in: Oetker, 4. Auflage, § 119 Rn. 36

317 *G. Roth*, JBl 2005, 80, 81.

318 Siehe hierzu 1. Teil: B. IV.

319 *Schäfer*, ZGR 2013, 237, 244; vgl. zu einer möglichen Zustimmungspflicht der einzelnen Gesellschafter 2. Teil: B. II. 1. c) dd) (3).

Ausmaß dar. Dies gilt insbesondere deswegen, weil die Menge an aufzuzählenden Beschlussgegenständen nur schwer quantifizierbar ist. Daher ist das Risiko hoch, dass einzelne Beschlussgegenstände bei der Erstellung eines Beschlusskataloges vergessen werden.[320]

Vor diesem Hintergrund ist die Ausgestaltung des Bestimmtheitsgrundsatzes als eine sogenannte starre Schranke der Vertragsfreiheit folgenschwer.[321] Gemeint ist damit, dass die Sanktionierung eines Verstoßes gegen die Bestimmungen des Bestimmtheitsgrundsatzes unabhängig von den Umständen des Einzelfalls erfolgt. So kann es sein, dass eine Informationsbereitstellung im konkreten Einzelfall nicht erforderlich ist, weil sämtliche Gesellschafter trotz unterbliebener wörtlicher Nennung davon ausgegangen sind, dass der in Frage stehende Beschlussgegenstand vom Anwendungsbereich des Mehrheitsprinzips umfasst sein soll.

Aber auch bei einem bestehenden Informationsdefizit kann es zu einer überschießenden Wirkung kommen. So kann es sein, dass eine Entscheidung den Risiken einer einstimmigen Beschlussfassung ausgesetzt wird, obwohl der Beschlussinhalt grundsätzlich zum Vorteil aller Mitglieder gereichen würde.[322] Besonders widersinnig ist die pauschale Sanktionierung einer unterbliebenen Unterrichtung über einzelne Beschlussgegenstände, sofern in einer Gesellschaft aufgrund von wechselnden Mehrheitsverhältnissen typischerweise keine Gefahr einer Majorisierung besteht.

Aus regulatorischer Sicht kann es daher aufgrund des Bestimmtheitsgrundsatzes zu einer Überinklusion kommen. Dies bedeutet, dass ein Regelungsinstrument Sachverhalte erfasst, in denen tatsächlich kein Regelungsproblem besteht.[323] Eine solche Überinklusion ist negativ zu bewerten, da sie keinen direkten Nutzen hat, welcher die einhergehende Beschränkung der Vertragsfreiheit und die verursachten Transaktionskosten[324] rechtfertigt.

---

320 *Hofmann*, Minderheitsschutz, S. 202.

321 Grundlegend zu diesem Begriff *Zöllner*, Schranken mitgliedschaftlicher Stimmrechtsmacht, S. 287 f.

322 *Hey*, Freie Gestaltung in Gesellschaftsverträgen, S. 277; *Hadding*, ZGR 1979, 636, 643; *Hennerkes/Binz*, BB 1983, 713, 715; *Mecke*, BB 1988, 2258, 2262; *G. Roth*, JBl 2005, 80, 81. Die frühere Rechtsprechung ging davon aus, dass dieser Nachteil aufgrund des vom Bestimmtheitsgrundsatz gewährleisteten Schutz in Kauf zu nehmen sei, vgl. BGHZ 85, 350, 356.

323 Vgl. hierzu auch *Schmolke*, Grenzen der Selbstbindung, S. 167 f.

324 Siehe hierzu 2. Teil: B. I. 1. d) bb) (3).

(2) Defizite bei der Informationsauswertung

Die Verwirklichung der Idee des Selbstschutzes durch Informationen hängt entscheidend von drei Faktoren ab. Zunächst müssen die Vertragsparteien in der Lage sein, die zur Verfügung gestellten Informationen aufnehmen zu können. Ferner muss die verbesserte Informationslage dazu führen, dass die Entscheidungsqualität der Marktteilnehmer steigt. Schließlich dürfen die Kosten der Informationsauswertung nicht außer Verhältnis zu den Ertragschancen des jeweiligen Rechtsgeschäfts stehen.

(a) Informationsaufnahme

(aa) Dysfunktionale Ausnahmeregelung

Nach der Konzeption des Bestimmtheitsgrundsatzes muss sich die Kompetenz für ungewöhnliche Grundlagengeschäfte zweifelsfrei aus dem Gesellschaftsvertrag ergeben. Dies bedeutet grundsätzlich, dass eine explizite Erwähnung der betroffenen Beschlussgegenstände im Gesellschaftsvertrag erforderlich ist. Darüber hinaus kann sich der Anwendungsbereich jedoch auch durch Auslegung ergeben, sofern zumindest die Art des Beschlussgegenstandes angegeben ist.[325]

Durch eine solche Ausnahmeregelung wird jedoch der Sinn des Bestimmtheitsgrundsatzes konterkariert, der gerade darin liegt, durch die Bereitstellung von Informationen potentielle Informationsdefizite zu beheben. Denn sofern Beschlussgegenstände im Gesellschaftsvertrag nicht namentlich erwähnt werden müssen, reduziert sich das Informationsniveau signifikant. Den Gesellschaftern wird abverlangt, sich aus dem Kontext des Gesellschaftsvertrages zu erarbeiten, für welche Beschlussgegenstände das Mehrheitsprinzip im Einzelnen gelten könnte. Hierdurch wird die Informationsaufnahme wesentlich erschwert. Damit geht ein Sinken der Aufklärungswirkung hinsichtlich des Vertragsinhalts sowie dessen wirtschaftlicher Konsequenzen einher. Informationsdefizite lassen sich jedoch am effizientesten beheben, indem Informationen möglichst klar und verständlich vermittelt werden.

Unter dem Gesichtspunkt der Zweckmäßigkeit ist es daher zu kritisieren, dass sich die Kompetenz zur mehrheitlichen Beschlussfassung durch Auslegung ergeben kann.

---

325 BGHZ 132, 263, 268; BGH, WM 1973, 100, 102.

(bb) Information overload

Die Warnwirkung des Bestimmtheitsgrundsatzes soll sich daraus ergeben, dass die einzelnen Beschlussgegenstände, für die das Mehrheitsprinzip gelten soll, aufgezählt werden müssen. Die Kautelarjurisprudenz hat auf die Anforderungen des Bestimmtheitsgrundsatzes reagiert, indem sie Mehrheitsklauseln durch umfassende Kataloge aller erdenklichen Beschlussgegenstände erweitert hat. Diese enthielten in der Regel nicht nur ungewöhnliche Grundlagengeschäfte, sondern aus Sorgfaltserwägungen auch gewöhnliche Grundlagengeschäfte. Denn die Abgrenzung zwischen gewöhnlichen und ungewöhnlichen Beschlussgegenständen ist keineswegs eindeutig.

Teile der Literatur haben in diesem Zusammenhang moniert, dass die Länge und Komplexität solcher Beschlusskataloge zu einem Verlust der Warnwirkung führe.[326] Diese Argumentation deckt sich mit den Erkenntnissen der Verhaltensforschung. Empirische Untersuchungen haben ergeben, dass sowohl die Informationsmenge als auch die Informationskomplexität negative Auswirkungen auf die Informationsaufnahmefähigkeit haben können.[327] Dieses Phänomen wird als *information overload* bezeichnet.[328] Ab einem gewissen Punkt führt die zunehmende Informationsmenge nicht mehr zu einer Steigerung, sondern zu einer Verringerung der Entscheidungsqualität.[329] So wurde beispielsweise festgestellt, dass Menschen in der Regel nicht in der Lage sind, mehr als sieben Informationseinheiten während eines Entscheidungsprozesses zu berücksichtigen.[330] Dies trifft sowohl auf Personen ohne Vorkenntnisse als auch auf Experten auf einem Fachgebiet zu.[331]

Um sich bei einem *information overload* zu helfen, machen Menschen in einer solchen Situation Gebrauch von sogenannten Heuristiken (Faustregeln).[332] Bei einer zu großen Informationsmenge, wird ein gewisser Teil der

---

326 *Fischer*, FS Barz, S. 33, 41 f.; *Hennerkes/Binz*, BB 1983, 713, 714; *Mecke*, BB 1988, 2258, 2262; *Schäfer*, ZGR 2013, 237, 240; *Wiedemann*, ZGR 1977, 690, 694.

327 *Jacoby*, J. Marketing Res. 14 (1977), 569 ff.; *Malhotra*, Journal of Consumer Research 8 (1982), 419 ff.

328 *Bechtold*, Die Grenzen zwingenden Vertragsrechts, S. 60; *Möllers/Kernchen*, ZGR 2011, 1, 9; *Kuntz*, Gestaltung von Kapitalgesellschaften, S. 460 f.; *Schmolke*, Grenzen der Selbstbindung, S. 778.

329 *Fleischer*, Informationsasymmetrie, S. 115 f.

330 Grundlegend *Miller*, Psychological Review 63 (1956), 81 ff.

331 *Phelps/Shanteau*, Organ. Behav. Hum. Perform. 21 (1978), 209 ff.

332 *Bechtold*, Die Grenzen zwingenden Vertragsrechts, S. 60; *Möllers/Kernchen*, ZGR 2011, 1, 10.

Informationsmenge nicht aufgenommen. Die Selektion der zu berücksichtigenden Informationen hängt dabei stark von der Art und Weise deren Darstellung ab.[333] So richtet sich der Fokus der Informationsbewältigung auf solche Informationen, welche aufgrund ihrer einfachen Verständlichkeit, Übersichtlichkeit und Prägnanz hervorstechen (sogenannter Framing-Effekt).[334] Im Umkehrschluss bedeutet dies, dass Informationen mit schwierigem Vokabular und verwirrender Darstellung bei einem *information overload* unberücksichtigt bleiben.

Dies zeigt, dass allein eine Pflicht zur Bereitstellung von Informationen nicht ausreichend ist, um Informationsasymmetrien zu beheben.[335] Um die Entstehung eines *information overload* zu verhindern braucht es zusätzlicher Vorgaben hinsichtlich der Informationsmenge sowie deren Darstellung.[336] Der Bestimmtheitsgrundsatz enthält in dieser Hinsicht jedoch kein regulierendes Element.

(b) Informationsverarbeitung

Dem Informationsmodell liegt die These zugrunde, dass bei Marktteilnehmern zwar Informationsdefizite bestehen, diese aber dennoch rational handeln.[337] Nach diesem Ansatz würde die Gewährleistung von hinreichenden Informationen zu einer Verbesserung des Entscheidungsverhaltens der Vertragsparteien führen. Für die Verwirklichung des Selbstschutzes durch den Bestimmtheitsgrundsatz gelten diese Erwägungen entsprechend.

Tatsächlich ist es allerdings so, dass Menschen aufgrund von Rationalitätsdefiziten Fehlern bei der Entscheidungsfindung unterliegen.[338] Diese Rationalitätsdefizite lassen sich nur eingeschränkt durch den Abbau von Informationsdefiziten beheben.[339] So kann beispielsweise Überoptimismus selbst durch sehr deutliche Warnhinweise kaum begegnet werden.[340] Beschlusskataloge in Mehrheitsklauseln büßen somit an Wirkungskraft ein, da die Wahrscheinlichkeit der

---

333 *van Aaken*, in: Anderheiden/Heinig/Bürkli, Paternalismus und Recht, S. 109, 126; *Tversky/Kahneman*, Science 211 (1981), 453 ff.

334 *Bechtold*, Die Grenzen zwingenden Vertragsrechts, S. 69; *Kind*, Grenzen des Verbraucherschutzes, S. 484 ff.; *Möllers/Kernchen*, ZGR 2011, 1, 11.

335 *Jolls/Sunstein/Thaler*, Stan. L. Rev. 50 (1998), 1471, 1533 f.

336 *Bechtold*, Die Grenzen zwingenden Vertragsrechts, S. 62; *Schön*, FS Canaris, S. 1191, 1207.

337 *Bechtold*, Die Grenzen zwingenden Vertragsrechts, S. 69; *Ulen*, in: Grundmann/Kerber/Weatherill, Party Autonomy, S. 98, 105 f.

338 Vgl. hierzu 1. Teil: C. III. 1. b) aa).

339 *Schön*, FS Canaris, S. 1191, 1209 f.; *Schmolke*, Grenzen der Selbstbindung, S. 262, 656 f.

340 *Bechtold*, Die Grenzen zwingenden Vertragsrechts, S. 72.

Beschlussfassung über einen bestimmten Beschlussgegenstand häufig nicht realistisch eingeschätzt wird.

Wie gezeigt, können kognitive Verzerrungen ursächlich dafür sein, dass aus den aufgenommenen Informationen falsche Rückschlüsse gezogen werden.[341]

(c) Kosten der Informationsauswertung

Neben den beiden bereits genannten Faktoren gibt es auch rationale Erwägungen, welche dazu führen können, dass Informationen nicht effizient verwertet werden. Hierzu zählen die durch die Informationsaufnahme und -verwertung anfallenden Transaktionskosten.[342] Denn für die Bewältigung der Informationen müssen die Begünstigten entweder Zeit oder Geld für die Beratung durch Dritte aufwenden.[343] Der Einsatz von Ressourcen für die Informationsverwertung ist dabei nur sinnvoll, wenn diese Kosten die potentiellen Ertragschancen des Rechtsgeschäfts nicht übersteigen. Daher kann es auf Grundlage einer Kosten-Nutzen-Analyse durchaus rational sein, sich nicht bzw. nur eingeschränkt zu informieren.[344] Eine zu große Informationsmenge kann also auch aus Kostengründen die Informationsaufnahme und -verwertung negativ beeinträchtigen.

(3) Kosten der Informationsbereitstellung

Ebenso wie die Informationsaufnahme und -verarbeitung müssen auch für die Bereitstellung von Informationen Ressourcen aufgewendet werden.[345] Diese Ressourcen, die im Rahmen der Informationsbereitstellung gebunden werden, setzen sich aus dem eigenen Arbeitsaufwand und der Konsultation einer externen Rechtsberatung zusammen. Die Offenlegung von Informationen verursacht insofern Transaktionskosten. Für das Ausmaß der Informationskosten macht es dabei einen großen Unterschied, ob die jeweiligen Informationen präsentes Wissen betreffen oder erst eingeholt werden müssen.[346] Da die Erstellung einer

---

341 *Bechtold*, Die Grenzen zwingenden Vertragsrechts, S. 68 ff.; *Haar*, VuR 2004, 161, 164 f.; *Kuntz*, Gestaltung von Kapitalgesellschaften, S. 461 ff.; *Ulen*, in: Grundmann/Kerber/Weatherill, Party Autonomy, S. 98, 111 ff.

342 *Bechtold*, Die Grenzen zwingenden Vertragsrechts, S. 59; *Kuntz*, Gestaltung von Kapitalgesellschaften, S. 461; *Schön*, FS Canaris, S. 1191, 1206 f.

343 *Schön*, FS Canaris, S. 1191, 1207.

344 *Bechtold*, Die Grenzen zwingenden Vertragsrechts, S. 59; *Fleischer*, ZEuP 2000, 772, 776; *Grunewald*, ZGR 1990, 609, 614; *Kuntz*, AcP 2009, 243, 259.

345 *Bechtold*, Die Grenzen zwingenden Vertragsrechts, S. 89; *Fleischer*, Informationsasymmetrie, S. 451 f.; *Klöhn*, Kapitalmarkt, S. 187; *Schön*, FS Canaris, S. 1191, 1206 f.

346 *Fleischer*, Informationsasymmetrie, S. 451.

Mehrheitsklausel mit Beschlusskatalog Informationen voraussetzt, welche in der Regel bei keiner der Vertragsparteien präsent sind, fallen zusätzliche Transaktionskosten für die Informationsbeschaffung an.

Die soeben beschriebenen Kosten sind nur einer von vielen kostentreibenden Faktoren im Rahmen eines Geschäftsabschlusses. Zu beachten ist, dass zu hohe Transaktionskosten eine prohibitive Wirkung auf das Zustandekommen von Vertragsabschlüssen haben können. Die durch die Vorgaben des Bestimmtheitsgrundsatzes entstehenden Kosten müssen daher durch einen äquivalenten Nutzen gerechtfertigt sein. Aus zwei Gründen erscheint dies jedoch zweifelhaft.

Zunächst ist auf den eingeschränkten Nutzen des Bestimmtheitsgrundsatzes aufgrund der grundsätzlichen Defizite des Menschen hinsichtlich der Informationsaufnahme und -verarbeitung zu verweisen.[347] Des Weiteren steht den Informationskosten aufgrund der in weitem Umfang gegebenen Überinklusion des Bestimmtheitsgrundsatzes kein Nutzen gegenüber.[348]

Als Ergebnis ist somit festzuhalten, dass die Vorgaben des Bestimmtheitsgrundsatzes Transaktionskosten verursachen, welche nicht durch einen entsprechenden Nutzen gerechtfertigt sind.

e) *Erkenntnisse aus dem Scheitern des Bestimmtheitsgrundsatzes*

Zunächst positiv zu bewerten ist der Ansatz, dass eine dauerhafte Selbstregulierung der Gesellschaften durch den Einsatz einer Wahlhilfe gewährleistet werden sollte. Hierdurch wird nämlich grundsätzlich dem Gebot nach minimalinvasiven Eingriffen in die Vertragsfreiheit nachgekommen.

Dem Konzept der Wahlhilfe entsprechend wurden durch den Bestimmtheitsgrundsatz lediglich gesteigerte Anforderungen an die Abbedingung des Einstimmigkeitsprinzips gestellt, ohne dass der inhaltliche Gestaltungsspielraum der Vertragsparteien hierdurch beeinträchtigt gewesen wäre. Indem der Anwendungsbereich des Mehrheitsprinzips nähergehend offengelegt werden musste, sollten Informationsdefizite der Gesellschafter behoben und damit vor unbedachten Entscheidungen geschützt werden. Dem Bestimmtheitsgrundsatz kam damit eine Warnfunktion zu, welche es entsprechend dem Leitbild des mündigen Bürgers ermöglichen sollte, selbstständig für hinreichende Schutzmechanismen hinsichtlich der Gefahr von Mehrheits-Opportunismus zu sorgen.

---

347 Vgl. hierzu 2. Teil: B. I. 1. d) bb) (2).

348 Allgemein zu den Kosten der Überinklusion von Wahlhilfen, *Schmolke*, Grenzen der Selbstbindung, S. 656.

Jedoch konnten die in den Einsatz einer Wahlhilfe gesetzten Erwartungen nicht erfüllt werden. Ursache hierfür ist zunächst, dass alleine von langen Beschlusskatalogen, in denen sämtliche denkbaren Beschlussgegenstände aufgezählt sind, keine ausreichende Warnwirkung ausgeht. Es ergeben sich insoweit die gleichen Probleme wie beim Informationsmodell, welche die Erkenntnisse der Verhaltensforschung zur Fähigkeit der Informationsaufnahme und -verarbeitung des Menschen gezeigt haben. So können die Informationsmenge und die Informationskomplexität dazu führen, dass bestimmte Informationen nicht mehr wahrgenommen werden (*information overload*).

Dass der Bestimmtheitsgrundsatz seiner ursprünglich intendierten Funktion nicht gerecht wird, hat die Rechtsprechung selbst bereits frühzeitig festgestellt. Denn sie hat teilweise nicht danach gefragt, ob ein Beschlussgegenstand für die Gesellschafter im Zeitpunkt des Vertragsschlusses voraussehbar ist, sondern ob „Rechte und Pflichten der Gesellschafter wesentlich betroffen werden".[349] Indem aber darauf abgestellt wurde, ob ein Beschlussgegenstand geeignet ist, in die Rechtsstellung eines Gesellschafters einzugreifen, wurden keine Informationsdefizite behoben. Vielmehr wurde mit einem solchen materiellen Bewertungsmaßstab im Rahmen der formellen Ausübungskontrolle eine Art verdeckte Inhaltskontrolle praktiziert, bei der die tatsächliche Wertungsgrundlage nicht offengelegt wurde.[350]

Des Weiteren wurde festgestellt, dass der Einsatz einer Wahlhilfe keinen ausreichenden Schutz vor Rationalitätsdefiziten der Beteiligten bietet. Denn diese sind dafür ursächlich, dass gegebene Informationen in einem gewissen Umfang nicht bei der Entscheidungsfindung berücksichtigt werden.

Zudem besteht bei Wahlhilfen im Allgemeinen und beim Bestimmtheitsgrundsatz im Speziellen die Problematik der Überinklusion. Aufgrund der Ausgestaltung als starre Schranke, welche die Umstände des Einzelfalls unberücksichtigt lässt, findet der Bestimmtheitsgrundsatz auf viele Sachverhalte Anwendung, in denen tatsächlich kein staatliches Korrektiv benötigt wird. Dieser Umstand in Kombination mit dem drakonischen Ausmaß einer unterbliebenen Nennung von Beschlussgegenständen steht dem ursprünglichen Zweck eines minimalinvasiven Eingriffs in die Vertragsfreiheit entgegen. Zudem verursacht die Überinklusion Kosten, denen kein äquivalenter Nutzen gegenübersteht.

---

349 BGH, WM 1976, 661; BGH, NJW 1985, 2830, 2831.

350 BGHZ 179, 13, 20; *Hadding*, ZGR 1979, 636, 642 f.; *Hennerkes/Binz*, BB 1983, 713, 715; *Hey*, Freie Gestaltung in Gesellschaftsverträgen, S. 274; *Leenen*, FS Larenz, S. 371, 387; *Schäfer*, in: Staub, § 119 Rn. 37; Wiedemann, ZGR 1977, 690, 694.

Die aufgezeigten Punkte belegen, dass eine Wahlhilfe nicht ausreichend ist, um dem dieser Arbeit zugrundliegenden Regelungsproblem Herr zu werden. Um insbesondere der Problematik von Rationalitätsdefiziten gerecht zu werden, liegt es daher nahe, stattdessen auf ein Regulierungsinstrument abzustellen, welches dem Vorbild einer Wahlbeschränkung entspricht.[351] Um zum einen unnötige Kosten zu vermeiden und zum anderen dem Gebot nach minimalinvasiven Eingriffen in die Vertragsfreiheit zu entsprechen, sollte dieses so ausgestaltet sein, dass eine Überinklusion möglichst vermieden wird. Aufgrund dessen empfiehlt sich eine stärkere Fokussierung auf die Umstände des jeweiligen Einzelfalls.

2. Allgemeine Auslegungskriterien

Wie gezeigt wurde, ist eine Berücksichtigung der Grundsätze des Bestimmtheitsgrundsatzes im Rahmen der formellen Ausübungskontrolle nicht zweckmäßig. Stattdessen hat die Prüfung der formellen Legitimation alleine im Wege der Auslegung nach allgemeinen Auslegungsgrundsätzen gem. §§ 133, 157 BGB zu erfolgen.[352] Damit kann jede Vereinbarung der Gesellschafter, die einer dahingehenden Auslegung zugänglich ist, die Befugnis zur mehrheitlichen Beschlussfassung begründen. Dies bedeutet, dass sich die Mehrheitszuständigkeit beispielsweise auch aus einer konkludenten Übereinkunft ergeben kann.[353]

II. Materielle Ausübungskontrolle

1. Die Kernbereichslehre

Eine materielle Schranke von Mehrheitsbeschlüssen stellt die von Rechtsprechung und Schrifttum entwickelte sogenannte Kernbereichslehre dar. Diese wird für das Personengesellschaftsrecht und das Recht der GmbH gleichermaßen vertreten.[354] Grundannahme dieser Doktrin ist, dass es einen Kernbereich von Mitgliedschaftsrechten gibt, welchem ein besonderer Schutz vor Eingriffen durch Mehrheitsbeschlüsse zukommen muss.

---

351 So auch die allgemeine Erkenntnis von *Schmolke*, Grenzen der Selbstbindung, S. 656.

352 BGH, NZG 2014, 1296, 1298 f.; *Schäfer*, ZGR 2013, 237, 243 f.; *Ulmer*, ZIP 2015, 657 f.

353 BGH, NZG 2014, 1296, 1298 f.

354 Vgl. für das Recht der GmbH etwa *Raiser*, in: Ulmer/Habersack/Löbbe, § 14 Rn. 37 ff.; *Schäfer*, Der Stimmrechtslose GmbH-Geschäftsanteil, S. 149 ff.; *Seibt*, in: Scholz, § 14 Rn. 39 ff.

a) Einleitung

aa) Der Begriff des Kernbereichs

Es herrschte lange Zeit Uneinigkeit darüber, was unter dem Begriff des Kernbereichs zu verstehen ist und welche Konsequenzen für die Beschlussfassung damit einhergehen.[355] Die Rechtsprechung ging bis zuletzt davon aus, dass der Kernbereich der Mitgliedschaft zum einen aus sogenannten unentziehbaren Rechten und zum anderen aus sogenannten unverzichtbaren Rechten besteht.[356]

Mit unentziehbaren Rechten sind Mitgliedschaftsrechte gemeint, in welche nur mit Zustimmung der betroffenen Gesellschafter durch Mehrheitsbeschluss eingegriffen werden kann.[357] Demgegenüber zeichnen sich unverzichtbare Rechte dadurch aus, dass diese grundsätzlich der Disposition der Vertragsparteien entzogen sind. Unverzichtbare Rechte können daher trotz Zustimmung des betroffenen Gesellschafters nicht Gegenstand von Mehrheitsbeschlüssen sein.[358]

Teile des Schrifttums gehen darüber hinaus noch von einer dritten Kategorie aus: den stimmrechtsfesten Mitgliedschaftsrechten.[359] Dabei geht es um die Frage, inwiefern ein Gesellschafter, welchem grundsätzlich kein Stimmrecht zusteht, dennoch die Möglichkeit verbleiben muss, bei bestimmten Beschlussfassungen abzustimmen. Diese Fragestellung hat neben dem Regelungsinstrument der unentziehbaren Rechte keine eigenständige Bedeutung und ist daher nicht Gegenstand dieser Abhandlung.[360]

---

355 *Heinrichs*, Mehrheitsbeschlüsse, S. 154 ff.

356 BGH, NJW 1995, 194, 195; BGHZ 170, 283, 288; BGHZ 179, 13, 21; so auch *Freitag*, in: Ebenroth/Boujong/Joost/Strohn, § 119 Rn. 72; *Herrmanns*, ZGR 1996, 103, 111 ff.; *Schäfer*, in: Staub, § 119 Rn. 38 ff.; *Seidel/Max. Wolf*, BB 2015, 2563 ff. Die Terminologie variiert teilweise, so ist u.a. von absolut und relativ unentziehbaren Rechten bzw. mehrheitsfesten Rechten die Rede.

357 *Enzinger*, in: MüKo HGB, § 119 Rn. 70 f.; *Martens*, in: Schlegelberger, § 119 Rn. 24; *Schäfer*, in: Staub, § 119 Rn. 38.

358 *Enzinger*, in: MüKo HGB, § 119 Rn. 68 f.; *Martens*, in: Schlegelberger, § 119 Rn. 24; *Schäfer*, in: Staub, § 119 Rn. 39.

359 So etwa *Haar*, Die Personengesellschaft im Konzern, S. 96; *Heinrichs*, Mehrheitsbeschlüsse, S. 154 ff.; *Martens*, in: Schlegelberger, § 119 Rn. 24 ff.; *Wiedemann*, Gesellschaftsrecht II, § 3 III. 2. d), S. 219 ff.; ablehnend *Schäfer*, in: Staub, § 119 Rn. 38.

360 Ebenso *Enzinger*, in: MüKo HGB, § 119 Rn. 77; *Herrmanns*, ZGR 1996, 103, 110; *Krohn*, Individualschutz, S. 155 f.

bb) Entwicklung der Kernbereichslehre

Die Entwicklung der Kernbereichslehre[361] nahm ihren Anfang mit einem Urteil aus dem Jahre 1956. In diesem stellte der BGH vor dem Hintergrund eines generellen Stimmrechtsverzichts eines Kommanditisten fest, dass einem Gesellschafter zwingend ein Stimmrecht zustehe, sofern Mehrheitsbeschlüsse in Frage stehen, welche in die Rechtsstellung des Gesellschafters eingreifen.[362] Begründet wurde diese Einschränkung mit einem Verweis auf den sich aus § 53 Abs. 3 GmbHG ergebenden Rechtsgrundsatz, wonach „eine sachlich unbegrenzte Einschränkung der wirtschaftlichen und damit auch der persönlichen Freiheit eines einzelnen [sic] nicht gebilligt werden kann“[363].

Ein Vierteljahrhundert später ging der BGH einen Schritt weiter und erklärte, dass ein Mehrheitsbeschluss unwirksam sein könne, sofern dieser die rechtliche und vermögensmäßige Position eines Gesellschafters in ihrem wesentlichen Gehalt beeinträchtigt.[364] Bald darauf wurde erstmals die Begrifflichkeit „Kernbereich“[365] von der Rechtsprechung verwendet, indem festgestellt wurde, dass der „Kernbereich der gesellschaftsrechtlichen Position des einzelnen Gesellschafters grundsätzlich in seinem Bestande geschützt ist“[366].

In einer Entscheidung vom 5.11.1984 legte der BGH zum ersten Mal fest, dass Mehrheitsbeschlüsse, welche in den Kernbereich der gesellschaftsrechtlichen Position eingreifen, zwingend der Zustimmung des betroffenen Gesellschafters bedürfen.[367] Diese von einem Zustimmungsvorbehalt erfassten Rechte wurden als unentziehbare Rechte bezeichnet.[368]

Diese Rechtsprechung wurde in der Folgezeit bestätigt und weiter ausgeführt.[369] Demnach gäbe es neben unentziehbaren Rechten auch unverzichtbare

---

361 Dieser Begriff wurde von der Rechtsprechung erstmals in BGHZ 132, 263, 268 verwendet.

362 BGHZ 20, 363, 369 f.

363 BGHZ 20, 363, 369.

364 BGHZ 71, 53, 60. So auch BGH, NJW 1985, 972, 973.

365 Bezeichnung wohl nach *Westermann*, Vertragsfreiheit, S. 351.

366 BGHZ 85, 350, 361.

367 BGH, NJW 1985, 974.

368 BGH, NJW 1985, 974. Bereits in BGHZ 8, 35, 40 wurde die Frage aufgeworfen, ob es so etwas wie unentziehbare Rechte der Gesellschafter gibt.

369 BGH, NJW 1995, 194; BGHZ 132, 263, 268; BGHZ 170, 283, 288.

Rechte, welche trotz Zustimmung des betroffenen Gesellschafters nicht Gegenstand von Mehrheitsbeschlüssen sein können.[370]

Ungeklärt war zunächst das Verhältnis der Kernbereichslehre zum Bestimmtheitsgrundsatz.[371] Durch das OTTO-Urteil stellte der BGH allerdings klar, dass zunächst mittels des Bestimmtheitsgrundsatzes zu überprüfen sei, ob der Beschluss über eine hinreichende Legitimationsgrundlage verfüge.[372] Auf einer zweiten Stufe habe sodann eine inhaltliche Wirksamkeitsprüfung anhand der Grundsätze der Kernbereichslehre zu erfolgen.[373]

Die höchstrichterliche Rechtsprechung zur Kernbereichslehre ist in der Literatur auf große Zustimmung gestoßen.[374] Namentlich *Wiedemann* zählt die Entwicklung der Kernbereichslehre durch den BGH zu den zeitlosen Leistungen des II. Zivilsenats im 20. Jahrhundert.[375]

cc) Zäsur in der Rechtsprechung?

Bereits mit dem OTTO-Urteil war eine gewisse Reserve des BGH gegenüber der Kernbereichslehre feststellbar. So war dort von einer „Wirksamkeitsprüfung, wie sie auch von der sogenannten ‚Kernbereichslehre' mit unterschiedlichen Akzenten gefordert wird", die Rede.[376] Kurze Zeit darauf sprach der BGH nur noch vom „früher sogenannten individuellen ‚Kernbereich'"[377]. Eine weitergehende Distanzierung erfolgte sodann in einem *obiter dictum* eines Urteils vom 21. Oktober 2014. Hier erklärte der BGH, er stelle „nicht (mehr) darauf ab, ob ein Eingriff in den sogenannten ‚Kernbereich' gegeben ist".[378] Des Weiteren wurde die Frage aufgeworfen, ob und in welchem Umfang unverzichtbare Rechte überhaupt existieren.[379] Gleichzeitig hat der II. Zivilsenat in prozessualen

---

370 BGH, NJW 1995, 194, 195, BGHZ 170, 283, 288.

371 Exemplarisch BGH, NJW 1995, 194 ff.

372 BGHZ 170, 283, 286 ff.

373 BGHZ 170, 283, 286 ff.

374 *Enzinger*, in: MüKo HGB, § 119 Rn. 64 ff.; *Freitag*, in: Ebenroth/Boujong/Joost/Strohn, § 119 Rn. 72; *Martens*, in: Schlegelberger, § 119 Rn. 24 ff.; *Schäfer*, in: Staub, § 119 Rn. 38 ff.; *Schmidt*, Gesellschaftsrecht, § 16 III. 3. b) bb), S. 472 ff.

375 *Wiedemann*, Gesellschaftsrecht II, § 3 III. 2. d), S. 219.

376 BGHZ 170, 283, 287.

377 BGH, NZG 2013, 57, 61.

378 BGHZ 203, 77, 90.

379 BGHZ 203, 77, 90.

Fragen weiterhin auf die Kategorien der unentziehbaren und unverzichtbaren Rechte zurückgegriffen.[380]

Im Schrifttum wurde äußerst kontrovers diskutiert, ob der BGH damit die Kernbereichslehre aufgegeben hat.[381] Im Zuge dieser Debatte hat sich der Großteil der Literatur für eine Beibehaltung der Kernbereichslehre ausgesprochen.[382] Auch der Vorsitzende des entscheidenden II. Zivilsenats gab zu erkennen, dass der Senat bewusst nicht formuliert habe, die Kernbereichslehre sei „aufgegeben".[383]

Das Urteil vom 21. Oktober 2014 soll als Anlass genommen werden, die Grundsätze der Kernbereichslehre auf ihre Zweckmäßigkeit zu überprüfen. Aufgrund ihres unterschiedlichen materiellen Gehalts werden in der folgenden Darstellung unverzichtbare und unentziehbare Rechte getrennt behandelt.[384]

b) Das Regelungsinstrument der unverzichtbaren Rechte

aa) Einleitung

Unter dem Begriff der unverzichtbaren Rechte wird ein Mindestbestand an unabdingbaren Mitgliedschaftsrechten zusammengefasst. Auf die unter diesem Sammelbegriff zusammengefassten Rechte kann ein Gesellschafter selbst mit seiner Zustimmung, wie etwa beim Abschluss des Gesellschaftsvertrages oder bei einer einstimmigen nachträglichen Vertragsänderung, nicht verzichten. Es handelt sich somit nicht um ein speziell den Mehrheits-Minderheitskonflikt betreffendes Regelungsinstrument, sondern um eine generelle Schranke der

---

380 BGHZ 203, 77, 90. Der BGH spricht von absolut oder relativ unentziehbaren Rechten.

381 *Altmeppen*, NJW 2015, 2065; *Klöhn*, AcP 216 (2016), 282, 284; *Priester*, NZG 2015, 529, 530; *Weipert*, in: Gummert/Weipert, Münchener Handbuch des Gesellschaftsrechts, Band II, § 14, Rn. 52; *Wertenbruch*, DB 2014, 2875, 2876 f. (wohl auch *Ulmer*, ZIP 2015, 657, 658 f.) interpretieren das Urteil als eine Lossagung des BGH von der Kernbereichslehre; a.A. *Lieder*, in: Oetker, § 109 Rn. 36; *Schäfer*, ZIP 2015, 1313, 1315; *Seidel/Max. Wolf*, BB 2015, 2563, 2564.

382 *Heckschen/D. Bachmann*, NZG 2015, 531, 537; *Priester*, NZG 2015, 529, 539; *Schäfer*, ZIP 2015, 1313, 1314 ff.; *Seidel/Max. Wolf*, BB 2015, 2563, 2564 ff.; *J. Weber*, *ZfPW* 2015, 123, 126; a.A. *Klöhn*, AcP 216 (2016), 282, 308; *Wertenbruch*, DB 2014, 2875, 2876 f.

383 So Alfred Bergmann laut einem Diskussionsbericht der Jahrestagung der Gesellschaftsrechtlichen Vereinigung, vgl. *P. Scholz*, in: Gesellschaftsrechtliche Vereinigung, Gesellschaftsrecht in der Diskussion 2015, S. 67.

384 Für eine getrennte Behandlung auch *Herrmanns*, ZGR 1996, 103, 110; *Priester*, NZG 2015, 529, 530; *Schäfer*, ZGR 2013, 237, 257 ff.

Vertragsfreiheit.[385] Da allerdings unverzichtbare Rechte den Handlungsspielraum der Parteien sogar einschränken, wenn sämtliche Beteiligte zustimmen, handelt es sich erst Recht um eine Schranke, die zum Tragen kommt, wenn einzelne Gesellschafter im Rahmen der Beschlussfassung dissentieren.

Der Umfang der unverzichtbaren Rechte ist im Einzelnen ungeklärt.[386] Unstreitig zu den unverzichtbaren Rechten zählen die Rechte, welche vom Gesetzgeber ausdrücklich für zwingend erklärt wurden. Die Debatte um unverzichtbare Rechte bezieht sich allerdings hauptsächlich auf die Frage, ob darüber hinaus noch weitere ungeschriebene zwingende Mitgliedschaftsrechte existieren.

Unverzichtbare Rechte stellen einen Eingriff in die grundrechtlich geschützte Gestaltungsfreiheit dar. Die Deklarierung als zwingendes Recht bedarf daher der sachlichen Rechtfertigung.[387] Nachfolgend sollen zunächst die Mitgliedschaftsrechte beleuchtet werden, welche vom Gesetzgeber ausdrücklich als indisponibel erklärt wurden. Hierbei soll auf die Gründe eingegangen werden, warum diese als *ius cogens* ausgestaltet wurden. Sodann soll untersucht werden, inwiefern diese Erwägungen auch für die vom Schrifttum erklärten ungeschriebenen unverzichtbaren Rechte als sachliche Rechtfertigung dienen können.

bb) Geschriebene zwingende Rechte

(1) Lösungsrecht

(a) Überblick

Jedem Gesellschafter steht ein Lösungsrecht von der Gesellschaft zu. Zunächst besteht für die Mitglieder einer Personengesellschaft, welche für eine unbestimmte Zeit eingegangen wurde, ein ordentliches Kündigungsrecht gem. § 723 Abs. 1 S. 1 BGB.[388] Darüber hinaus ist es den Gesellschaftern möglich, sich aus wichtigem Grund von der Gesellschaft loszusagen. Für die GbR wird dies durch ein außerordentliches Kündigungsrecht gem. § 723 Abs. 1 S. 2 BGB

---

385 *Schmidt*, ZGR 2008, 1, 19. *Schmolke*, Grenzen der Selbstbindung, S. 667 weist jedoch darauf hin, dass die Zustimmung eines Gesellschafters möglicherweise nicht aus freien Stücken, sondern durch Druck der Mehrheit erfolgt.

386 *Emmerich*, in: Heymann, § 119 Rn. 39; *Sigle*, FS Hüffer, S. 973, 976.

387 Siehe hierzu 1. Teil: C. II. 1.

388 Es ist darauf hinzuweisen, dass § 132 HGB für Personenhandelsgesellschaften lediglich Vorgaben hinsichtlich Kündigungsfrist und -termin macht. Das ordentliche Kündigungsrecht selbst ergibt sich jedoch auch für Personenhandelsgesellschaften aus § 723 Abs. 1 S. 1 BGB, vgl. *Schäfer*, in: Staub, § 132 Rn. 1.

gewährleistet. Für Personenhandelsgesellschaften besteht dieser Regelung entsprechend die Möglichkeit einer Auflösungsklage gem. § 133 HGB.

Privatautonome Vereinbarungen, welche diese beiden Lösungsrechte ausschließen oder beschränken, sind grundsätzlich nach § 723 Abs. 3 BGB bzw. § 133 Abs. 3 HGB nichtig. Zulässig sind jedoch gewisse Modifikationen der Lösungsrechte.

Wie sich aus § 736 Abs. 1 BGB ergibt, ist es etwa durch die Vereinbarung einer Fortsetzungsklausel möglich, die Rechtsfolgen einer Kündigung bei einer GbR dahingehend zu ändern, dass lediglich der kündigende Gesellschafter ausscheidet und die Gesellschaft im Übrigen fortbesteht. Ähnliches gilt für die Auflösungsklage nach § 133 HGB. Das Klagerecht kann durch ein außerordentliches Austrittsrecht ersetzt werden.[389]

Aber auch deutlich weitergehende Modifikationen sind zulässig. So können bezüglich des ordentlichen Kündigungsrechts (auch über § 132 HGB hinausgehende) Vereinbarungen über Kündigungsfristen und -termine getroffen werden.[390] Nach Ansicht des BGH ist etwa eine Kündigungsfrist von zwei Jahren zulässig.[391]

Zudem können die Gesellschafter im Hinblick auf die außerordentliche Kündigung (bzw. Auflösungsklage) im Gesellschaftsvertrag bezüglich des wichtigen Grundes zum Ausdruck bringen, welche Ereignisse bzw. Verhaltensweisen ihrer Ansicht nach regelmäßig keine Unzumutbarkeit der Fortsetzung der Gesellschaft begründen können. Im Streitfall hat ein Gericht im Rahmen einer Gesamtwürdigung diese Vereinbarung zu berücksichtigen.[392]

(b) Gründe für zwingende Ausgestaltung der Lösungsrechte

Der Abschluss eines unbefristeten Gesellschaftsvertrages ohne Lösungsmöglichkeit würde zu einer Ewigkeitsbindung der Gesellschafter führen, welche aus zwei Gründen bedenklich ist.[393]

---

389 *Lorz*, in: Ebenroth/Boujong/Joost/Strohn, § 133 Rn. 46, 48; *Schäfer*, in: Staub, § 133 Rn. 72, 74.

390 *Schäfer*, in: MüKo BGB, § 723 Rn. 71.

391 BGHZ 179, 13, 24 f.

392 *Hadding/Kießling*, in: Soergel, § 723 Rn. 67; *Lorz*, in: Ebenroth/Boujong/Joost/Strohn, § 133 Rn. 44; *Schäfer*, in: Staub, § 133 Rn. 70; *ders.*, in: MüKo BGB, § 723 Rn. 75; *Schmidt*, in: MüKo HGB, § 133 Rn. 68; wohl weitergehend *M. Roth*, in: Baumbach/Hopt, § 133 Rn. 19.

393 Ebenso *Krohn*, Individualschutz, S. 66.

Zunächst soll durch die zwingende Einräumung von Lösungsrechten die Selbstbestimmung der Gesellschafter gewährleistet werden.[394] Wie bereits an anderer Stelle erwähnt, ist das Selbstbestimmungsrecht des Einzelnen zentraler Bestandteil unserer Rechtsordnung.[395] Es ist von essentieller Bedeutung für die freie Entfaltung des Menschen und wird aufgrund dessen durch Art. 2 Abs. 1 GG geschützt. Der Abschluss eines Dauerschuldverhältnisses ohne Befristung und ohne Lösungsmöglichkeit würde die persönliche und wirtschaftliche Unabhängigkeit des Einzelnen über das vertretbare Maß hinaus einschränken.[396] Daher führt eine schuldrechtliche Bindung auf Ewigkeit zu einer Preisgabe der eigenen Selbstbestimmung.[397] Angesichts dessen war bereits der historische Gesetzgeber des HGB der Meinung, dass eine Ewigkeitsbindung der sittlichen Freiheit des Menschen widerspreche.[398]

Die grundsätzliche Problematik einer Ewigkeitsbindung bei Dauerschuldverhältnissen im Hinblick auf die Selbstbestimmung des Einzelnen wird durch die Gegebenheiten des Gesellschaftsrechts verschärft. Sofern ein Gesellschafter von der Geschäftsführung ausgeschlossen ist und zudem nur eine Minderheitsbeteiligung hält, ist er in einem hohen Maße einer Fremdbestimmung ausgesetzt.[399] Zum einen muss er unter Umständen für die durch die Geschäftsführung eingegangenen Verbindlichkeiten persönlich haften. Zum anderen können sich durch Mehrheitsbeschlüsse die Grundlagen der Gesellschaft nachträglich gegen seinen Willen ändern.[400] Aufgrund dessen muss es den Gesellschaftern zwingend möglich sein, sich von der Gesellschaft zu lösen und zur vollständigen Selbstbestimmung zurückzufinden.[401]

---

394 BGH, NZG 2006, 425.

395 Siehe hierzu 1. Teil: C. I. 1.

396 *Flume*, Das Rechtsgeschäft, § 18 2., S. 370 f.; *Wiedemann*, WM Sonderbeilage Nr. 7/1992, 1, 51.

397 *Larenz*, Schuldrecht, § 2 VI., S. 30; *Strothmann/Vieregge*, FS Oppenhoff, S. 451, 456 f.; *Teichmann*, Gestaltungsfreiheit in Gesellschaftsverträgen, S. 240; *Ulmer*, FS Möhring 1975, S. 294, 303 f.

398 Im Zusammenhang mit der Gleichstellung der auf Lebenszeit eigegangen Gesellschaft mit einer unbefristeten Gesellschaft, siehe *Lutz*, Protokolle zum ADHGB von 1861, S. 234.

399 *Flume*, Die Personengesellschaft, § 14 II., S. 210 f.; *Strothmann/Vieregge*, FS Oppenhoff, S. 451, 456 f.; *Wiedemann*, Gesellschaftsrecht I, § 7 IV. 2., S. 396 f.

400 *Flume*, Die Personengesellschaft, § 14 II., S. 210 f.

401 Vgl. hierzu 2. Teil: A. II. 2. a).

Neben dem Aspekt der Bewahrung der Selbstbestimmung des Einzelnen tragen zwingende Lösungsrechte bei Dauerschuldverhältnissen zur Funktionsfähigkeit unserer Rechtsordnung bei.[402]

Dauerschuldverhältnisse verpflichten die Vertragsparteien zu einem periodischen Tun oder Unterlassen. Es liegt in der Natur von Dauerschuldverhältnissen, dass die eingegangenen Verpflichtung mitunter weit in der Zukunft erfüllt werden muss.[403] Hierbei tritt das Phänomen der begrenzten Rationalität insofern auf, als es den Vertragsparteien aufgrund der Unvorhersehbarkeit künftiger Entwicklungen häufig nicht möglich ist, die Tragweite des Vertragsschlusses zu erfassen.[404] Dies gilt insbesondere im Hinblick auf die Beurteilung der eigenen künftigen Leistungsfähigkeit.[405] Für Gesellschafter einer Personengesellschaft bedeutet dies in concreto, dass sie das Risiko aus der Übernahme einer etwaigen dauerhaften Beitragsverpflichtung nach § 706 BGB sowie das persönliche Einstehenmüssen für Verbindlichkeiten der Gesellschaft gem. § 128 HGB (analog) im Zeitpunkt des Vertragsschlusses nicht richtig einschätzen können.[406]

Aufgrund der eingeschränkten Prognosefähigkeit über die eigene Leistungsfähigkeit würden Ewigkeitsbindungen wahrscheinlich zu einem Anstieg von Insolvenzen führen. Dies gilt insbesondere angesichts der Tatsache, dass der Mensch tendenziell zu Überoptimismus neigt.[407] Aufgrund der mit Insolvenzen einhergehenden Forderungsausfälle würde die Volkswirtschaft daher durch Ewigkeitsbindungen erheblichen Schaden nehmen.[408] Vor diesem Hintergrund tragen zwingende Lösungsrechte der Gesellschafter zur Funktionsfähigkeit unserer Rechtsordnung bei, indem sie dem Einzelnen die Möglichkeit einräumen, auf unvorhersehbare Entwicklungen reagieren zu können.[409]

Angesichts dessen überrascht es nicht, dass bereits der historische Gesetzgeber Vereinbarungen, deren Auswirkungen erst weit in der Zukunft zum Tragen kommen können, grundsätzlich skeptisch gegenüberstand. Beleg hierfür bieten

402 So auch BGHZ 23, 10, 15.

403 *Oetker*, Das Dauerschuldverhältnis, S. 251 f.

404 Vgl. 1. Teil: C. III. 1. b) aa).

405 *Oetker*, Das Dauerschuldverhältnis, S. 251 f.

406 *Hadding/Kießling*, in: Soergel, § 723 Rn. 1; *Wiedemann*, WM Sonderbeilage Nr. 7/ 1992, 1, 51.

407 Siehe hierzu 1. Teil: C. III. 1. b) aa).

408 Vgl. zu den Schäden der deutschen Volkswirtschaft aufgrund von Insolvenzen *Hommel/Knecht/Wohlenberg*, Handbuch Unternehmensrestrukturierung, S. 30.

409 *Krohn*, Individualschutz, S. 66 sieht den funktionalen Aspekt von Lösungsrechten dagegen darin, dass sie die Leistungsbereitschaft der Gesellschafter erhöhen.

verschiedene Normen aus dem Zivilrecht.[410] So sind beispielsweise Verträge über die Übertragung des gesamten künftigen Vermögens gem. § 311b Abs. 2 BGB nichtig, weil sie für den Einzelnen zu „unabsehbaren Verwicklungen führen".[411]

Lösungsrechte sind daher zum einen zur Wahrung der Selbstbestimmung des Einzelnen und zum anderen zur Aufrechterhaltung der Funktionsfähigkeit unserer Rechtsordnung ein zwingend notwendiges Element für Personengesellschaften.[412]

(2) Informationsrecht

(a) Überblick

Nach der gesetzlichen Ausgangslage haben die persönlich haftenden Gesellschafter einer Personengesellschaft ein Informationsrecht gem. § 716 Abs. 1 BGB bzw. § 118 Abs. 1 HGB. Die Gesellschafter können sich von den Angelegenheiten der Gesellschaft persönlich unterrichten und die Geschäftsbücher bzw. Handelsbücher und sonstige Papiere der Gesellschaft einsehen. Das Informationsrecht ist grundsätzlich von dispositiver Natur und unterliegt somit der Gestaltungsfreiheit der Gesellschafter.[413] Aus § 716 Abs. 2 BGB bzw. § 118 Abs. 2 HGB ergibt sich jedoch, dass ein Ausschluss des Informationsrechts unzulässig ist, sofern Grund zu der Annahme unredlicher Geschäftsführung besteht. Dieser Mindestbestand des Informationsrechts ist daher der Parteivereinbarung entzogen.

Den beschränkt haftenden Kommanditisten kommt für den Fall des Vorliegens eines wichtigen Grundes gem. § 166 Abs. 3 HGB zwingend das Recht zu, die Mitteilung einer Bilanz, eines Jahresabschlusses sowie sonstige Aufklärungen zu verlangen.[414] Darüber hinaus kann Einsicht in Bücher und Papiere verlangt werden.

---

410 *Fleischer*, ZGR 2001, 1, 7 in Fußnote 28 mit weiteren Beispielen.

411 *Mugdan*, Materialien zum Bürgerlichen Gesetzbuch, Band II, S. 102.

412 BGHZ 23, 10, 15; *Wiedemann*, WM Sonderbeilage Nr. 7/1992, 1, 51 zählt Lösungsrechte zu den mitgliedschaftlichen Grundrechten eines Gesellschafters.

413 *Schäfer*, in: Staub, § 118 Rn. 3; *ders.*, in: MüKo BGB, § 716 Rn. 17; *Habermeier*, in: Staudinger, § 716 Rn. 9.

414 *Casper*, in: Staub, § 166 Rn. 59. Es ist umstritten, inwiefern darüber hinaus auch § 166 Abs. 1 HGB zwingender Natur ist, vgl. *Casper*, in: Staub, § 166 Rn. 60 f.; *Martens*, in: Schlegelberger, § 166 Rn. 44 f.; *Oetker*, in: Oetker, § 166 Rn. 42 ff.

(b) Gründe für zwingende Ausgestaltung der Informationsrechte

Die verschiedenen Informationsrechte ermöglichen es den Gesellschaftern, sich Kenntnis über die Chancen und Risiken ihrer Beteiligung zu verschaffen. Dies gilt insbesondere vor dem Hintergrund der unbeschränkten Haftung der Mitglieder einer Personengesellschaft.[415] Sofern die Entwicklung der Gesellschaft nicht mit den Vorstellungen des Gesellschafters übereinstimmt, hat dieser etwa die Möglichkeit, aus der Gesellschaft auszutreten.[416] Die zwingende Ausgestaltung schützt den Gesellschafter somit vor den unüberschaubaren finanziellen Risiken eines Verzichts auf das Auskunftsrecht.[417] Dieser Aspekt des Auskunftsrechts kann als Selbstschutzfunktion umschrieben werden.[418]

Das Recht, sich einen Überblick über die Angelegenheiten der Gesellschaft zu verschaffen, ist dabei von besonderer Bedeutung für Minderheitsgesellschafter. Während Mehrheitsgesellschafter regelmäßig Bestandteil der Geschäftsführung sind und hierdurch an der Quelle für Informationen sitzen, besteht diese Möglichkeit der Informationsbeschaffung für Minderheitsgesellschafter häufig nicht.[419] Insofern dienen die Informationsrechte auch dazu, etwaige Informationsasymmetrien zwischen Gesellschaftern, welche an der Geschäftsführung beteiligt sind, und solchen, welche davon ausgeschlossen sind, zu beseitigen.[420] Aufgrund dessen hält der BGH Informationsrechte für ein „unverzichtbares Instrument des Minderheitenschutzes"[421].

Darüber hinaus erfüllen die Informationsrechte eine Hilfsfunktion im Hinblick auf die Wahrnehmung sämtlicher Mitgliedschaftsrechte.[422] Denn das effiziente Gebrauch machen von Mitgliedschaftsrechten setzt Kenntnis über die in dem jeweiligen Zusammenhang erforderlichen Informationen voraus.[423] In diesem Sinne dienen Informationsrechte dem überindividuellen Ziel des

---

415 *Emmerich*, in: Heymann, § 118 Rn. 1; *Haar*, Die Personengesellschaft im Konzern, S. 106; *Martens*, in: Schlegelberger, § 118 Rn. 1; *Schäfer*, in: Staub, § 118 Rn. 2.

416 *Hofmann*, Minderheitsschutz, S. 347.

417 *Haar*, Die Personengesellschaft im Konzern, S. 106.

418 *Haar*, Die Personengesellschaft im Konzern, S. 106; *Immenga*, ZGR 1974, 385, 424.

419 *Hofmann*, Minderheitsschutz, S. 346.

420 *Haar*, Die Personengesellschaft im Konzern, S. 106 f.; *Schäfer*, in: Staub, § 118 Rn. 2.

421 BGH, NJW 1989, 225 f.

422 *Haar*, Die Personengesellschaft im Konzern, S. 106; *Hofmann*, Minderheitsschutz, S. 347; *Wiedemann*, Gesellschaftsrecht I, § 7 II. 2., S. 373 f.

423 *Hofmann*, Minderheitsschutz, S. 347; so auch die Gesetzesbegründung BT-Drs. 8/1347, S. 45 zu § 51a GmbHG.

Institutionenschutzes.[424] Denn indem Informationsrechte den sachgerechten Vollzug der Verwaltungsrechte gewährleisten, tragen sie zur Funktionsfähigkeit des Subsystems Gesellschaft bei.

Nach dem Willen des Gesetzgebers haben die verschiedenen Auskunftsrechte nur im Zusammenhang mit Maßnahmen der Geschäftsführung zwingenden Charakter. Dahinter steht die Erwägung, dass Auskunftsrechte eine effektive Kontrolle der Geschäftsführung ermöglichen, welche von essentieller Bedeutung ist, um etwaigen Funktionsdefiziten vorzubeugen.[425] Denn durch Auskunftsrechte lässt sich der Gefahr einer Verfolgung von Sonderinteressen durch die Geschäftsführung begegnen. So dienen Auskunftsrechte dazu, die Risiken, die sich aus der Prinzipal-Agent-Beziehung[426] zwischen Gesellschaftern und Geschäftsführung ergeben können, zu reduzieren, indem etwaiges offengelegtes Fehlverhalten beispielsweise durch Schadensersatzklagen sanktioniert werden kann.[427] Ein Beispiel für ein solches Fehlverhalten der Geschäftsführung sind unausgewogene Drittgeschäfte mit einem Mehrheitsgesellschafter.[428]

Neben dieser repressiven Kontrolle geht von Auskunftsrechten zugleich auch eine Präventivwirkung aus.[429] Denn in der Kenntnis einer möglichen nachträglichen Offenlegung und einer entsprechenden Sanktionierung ist eine Abschreckungswirkung bezüglich der Verfolgung von Sonderinteressen zu sehen. Durch eine solche Präventivwirkung kommt es zu höheren Kooperationsgewinnen, von denen sämtliche Gesellschafter gleichermaßen profitieren.[430]

Abschließend festzuhalten ist, dass sich der zwingende Charakter der Auskunftsrechte zum einen mit der Selbstschutzfunktion des unbeschränkt haftenden Gesellschafters und zum anderen mit der immensen Bedeutung der

---

424 *Krohn*, Individualschutz, S. 58; *Martens*, in: Schlegelberger, § 118 Rn. 2; *Wiedemann*, FS Hopt, S. 1491, 1503.

425 *Haar*, Die Personengesellschaft im Konzern, S. 107; *Herrmanns*, ZGR 1996, 103, 112 f.; *Schäfer/Ott*, Ökonomische Analyse des Zivilrechts, 25.3, S. 700 f.; *Wiedemann*, Gesellschaftsrecht I, § 7 II. 2., S. 373 f.; *Wohlleben*, Informationsrecht, S. 25 ff.; *Zöllner*, FS 100 Jahre GmbHG, S. 85, 119.

426 *Fleischer*, Informationsasymmetrie, S. 138 ff.; *Kumpan*, Der Interessenkonflikt, S. 59 ff.; *Richter/Furubotn*, Neue Institutionenökonomik, IV.4.1., S. 176 ff.

427 *Fleischer*, Informationsasymmetrie, S. 145.

428 *G. Bachmann/Eidenmüller/Engert/Fleischer/Schön*, Rechtsregeln für die geschlossene Kapitalgesellschaft, S. 32.

429 *Åkerman*, Der Kernbereich des Informationsrechts, S. 22; *Wohlleben*, Informationsrecht, S. 26 f.

430 *Haar*, Die Personengesellschaft im Konzern, S. 106 f.

Kontrolle der Geschäftsführung für die Funktionsfähigkeit der Gesellschaft begründen lässt.[431]

cc) Ungeschriebene zwingende Rechte

(1) Die Forderung nach weiteren zwingenden Rechten

Teile des Schrifttums sind der Ansicht, dass es neben den vom Gesetzgeber für *ius cogens* erklärten Rechten weitere ungeschriebene zwingende Rechte geben müsse. Der Umfang dieser ungeschriebenen unverzichtbaren Rechte ist im Einzelnen umstritten.[432] Im Kern bezieht sich die Diskussion auf das Teilnahmerecht an der Gesellschafterversammlung samt Rede- und Antragsrecht, das Klagerecht zur Feststellung von nichtigen Beschlüssen sowie die *actio pro socio*.[433]

Nachfolgend soll zunächst auf die Funktion und Bedeutung der in Rede stehenden Rechte eingegangen werden. Sodann ist auf mögliche Rechtfertigungsgründe bezüglich der Beschränkung der Vertragsfreiheit einzugehen. Im Anschluss hieran ist abschließend Stellung zur Notwendigkeit von unverzichtbaren Rechten zu nehmen.

(2) Zweck der infrage stehenden Mitgliedschaftsrechte

Durch die Teilnahme an der Gesellschafterversammlung ist es den Gesellschaftern möglich, sich konstruktiv in den Willensbildungsprozess einzubringen. Zum einen wird der Gesellschafter in die Lage versetzt, Beschlussgegenstände auf die Tagesordnung zu setzen und für seine Ideen und Vorstellungen durch den Austausch von Argumenten zu werben.[434] Zum anderen kann er gegen bevorstehende Beschlüsse seine Vorbehalte kundtun.[435] Indem

---

431 Prononciert *Haar*, Die Personengesellschaft im Konzern, S. 107; *Martens*, in: Schlegelberger, § 119 Rn. 25; *Zöllner*, FS 100 Jahre GmbHG, S. 85, 117, 119.

432 *Emmerich*, in: Heymann, § 119 Rn. 39; *Sigle*, FS Hüffer, S. 973, 976. Vgl. auch die Übersicht bei *Heinrichs*, Mehrheitsbeschlüsse, S. 176 ff. zu sämtlichen zur Diskussion stehenden Rechten.

433 *Enzinger*, in: MüKo HGB, § 119 Rn. 68; *Freitag*, in: Ebenroth/Boujong/Joost/Strohn, § 119 Rn. 7; *Martens*, in: Schlegelberger, § 119 Rn. 25; *Schäfer*, in: Staub, § 119 Rn. 39; *Schmidt*, Gesellschaftsrecht, § 16 III. 3. a), S. 470 f.; *Wiedemann*, Gesellschaftsrecht II, § 3 III. 2. d) aa), S. 220. Für das Recht zur Feststellung der Nichtigkeit bisher auch BGH, NJW 1995, 1218, 1219; BGH, NJW 1999, 3113, 3115.

434 *Teichmann*, Gestaltungsfreiheit in Gesellschaftsverträgen, S. 210.

435 *Schäfer*, Der Stimmrechtslose GmbH-Geschäftsanteil, S. 278, 288 f.

theoretisch der Antrag obsiegt, für welchen die besseren Argumente in Bezug auf die Verfolgung des gemeinsamen Gesellschaftszwecks streiten, kann der Meinungsaustausch den Willensbildungsprozess fördern. Zudem erlangen die Gesellschafter durch die Teilnahme an der Gesellschafterversammlung Kenntnis über die Vorgänge in der Gesellschaft, was im Hinblick auf eine etwaige Ausübung von Kontrollrechten von Bedeutung sein kann.[436]

Das Klagerecht zur Feststellung von nichtigen Beschlüssen ist ein essentielles Kontrollrecht. Hierdurch haben die Gesellschafter die Möglichkeit, ergangene Mehrheitsentscheidungen auf ihre Vereinbarkeit mit Gesetz und Recht rechtsverbindlich feststellen zu lassen.[437] Neben dem Schutz der eigenen Rechtsposition dient das Klagerecht auch zur Wahrung des Rechts in der Gesellschaft.[438] In Bezug auf den Aspekt der Funktionsfähigkeit der Gesellschaft ist das Klagerecht insofern von Bedeutung, als es die Sanktionierung von etwaigem opportunistischen Verhalten ermöglicht.

Die *actio pro socio* stellt ebenfalls ein Kontrollrecht dar, welches den Gesellschaftern die Möglichkeit einräumt, von Mitgesellschaftern die Erfüllung ihrer Verpflichtungen gegenüber der Gesellschaft klageweise durchzusetzen.[439] Hierdurch wird es den einzelnen Gesellschaftern möglich, gegen rechtswidriges Verhalten der Mitgesellschafter vorzugehen und die Rechtsordnung innerhalb der Gesellschaft durchzusetzen.[440]

(3) Ansätze zur Rechtfertigung der ungeschriebenen unverzichtbaren Rechte

Zur Rechtfertigung eines Eingriffs in die Vertragsfreiheit durch die soeben genannten ungeschriebenen zwingenden Rechte werden im Kern zwei unterschiedliche Argumente vorgetragen. Zum einen wird mit der Gefahr einer Selbstentmündigung argumentiert und zum anderen werden Erwägungen des Institutionenschutzes angeführt.

---

436 *Schäfer*, Der Stimmrechtslose GmbH-Geschäftsanteil, S. 289; *Teichmann*, Gestaltungsfreiheit in Gesellschaftsverträgen, S. 210.

437 *Haar*, Die Personengesellschaft im Konzern, S. 108; *Herrmanns*, ZGR 1996, 103, 112; *Wiedemann*, Gesellschaftsrecht I, § 8 IV. 2., S. 464;

438 *Haar*, Die Personengesellschaft im Konzern, S. 109; *Schäfer*, Der Stimmrechtslose GmbH-Geschäftsanteil, S. 282.

439 *Schäfer*, in: MüKo BGB, § 705 Rn. 204; *Schmidt*, in: MüKo HGB, § 105 Rn. 198.

440 *Haar*, Die Personengesellschaft im Konzern, S. 108; *Martens*, in: Schlegelberger, § 119 Rn. 25.

(a) Argument der Selbstentmündigung

Zahlreiche Vertreter in der Literatur, welche sich für eine über den gesetzlichen Rahmen hinausgehende Ausgestaltung an zwingenden Rechten aussprechen, verweisen zur Rechtfertigung dieser auf den Schutz der Gesellschafter vor einer Selbstentmündigung.[441] Damit wird der Grundsatz angesprochen, dass natürliche Personen ihr Selbstbestimmungsrecht nicht aufgeben können. Insofern wird auf dasselbe Argument Bezug genommen, welches eine Ansicht gegen die Zulässigkeit von allgemeinen Mehrheitsklauseln vorbringt.[442]

Zutreffend ist, dass sich ein Minderheitsgesellschafter mit Beitritt in eine Gesellschaft, in welcher das Mehrheitsprinzip gilt, in einem gewissen Maße einer Fremdbestimmung aussetzt. Zudem verringert sich die Chance, Einfluss auf die Geschicke der Gesellschaft zu nehmen, je weniger Verwaltungsrechte den Minderheitsgesellschaftern zustehen.

Dennoch kann der Verweis auf eine Selbstentmündigung nicht überzeugen, um die zwingende Ausgestaltung weiterer Mitgliedschaftsrechte zu begründen.[443] Denn mit einem solchen Begründungsansatz wird übersehen, dass einem jeden Mitglied einer Personengesellschaft zwingend ein ordentliches Kündigungsrecht zukommt. Daher haben es die Betroffenen selbst in der Hand, sich einer möglichen Fremdbestimmung durch den Austritt aus der Gesellschaft zu entziehen und zur vollständigen Selbstbestimmung zurückzufinden.[444] Da insofern die Gefahr einer Selbstentmündigung gebannt ist, lassen sich weitere Einschränkungen nicht mit diesem Argument begründen.

(b) Argument der Funktionsfähigkeit der Gesellschaft

Im Zuge der Untersuchung zum Zweck der in Rede stehenden Rechte wurde bereits deren Bedeutung für die Funktionsfähigkeit der Gesellschaft herausgearbeitet. Es ist daher aufschlussreicher, die Unabdingbarkeit der ungeschriebenen unverzichtbaren Rechte mit der Funktionsfähigkeit der Gesellschaft zu

---

441 *Åkerman*, Der Kernbereich des Informationsrechts, S. 155; *Heinrichs*, Mehrheitsbeschlüsse, S. 158; *Hermanns*, ZGR 1994, 103, 109; *Koppensteiner*, Der Gesellschafter 2009, 197, 202; *Lieder*, in: Oetker, § 109 Rn. 38; *Westermann, Vertragsfreiheit*, S. 352 f. Dies ebenfalls feststellend *Hey*, Freie Gestaltung in Gesellschaftsverträgen, S. 236; *Schmolke*, Grenzen der Selbstbindung, S. 666.

442 Vgl. hierzu 2. Teil: A. II. 1.

443 *Schmolke*, Grenzen der Selbstbindung, S. 666.

444 Siehe hierzu 2. Teil: A. II. 2. a) bzw. 2. Teil: B. II. 1. b) bb) (1) (b).

begründen.[445] Insofern wird auf dieselbe Wertungsgrundlage verwiesen, mit welcher sich auch der zwingende Charakter von Auskunftsrechten und Lösungsrechten rechtfertigen lässt.

So wird vertreten, dass die oben genannten Verwaltungsrechte unerlässlich seien, um Einfluss und Kontrolle innerhalb der Gesellschaft zu nehmen.[446] Die Einräumung eines Mindestmaßes an Kontrolle sei erforderlich, um Dysfunktionalitäten zu begegnen, die sich aufgrund von opportunistischem Verhalten ergeben können.

(4) Stellungnahme zur Forderung nach ungeschriebenen zwingenden Mitgliedschaftsrechten

Fraglich ist, ob das Argument des Institutionenschutzes vor dem Hintergrund der Funktion und des entsprechenden Stellenwertes der infrage stehenden Rechte ihren unabdingbaren Charakter zu rechtfertigen vermag. Grundsätzlich richtig ist der Ansatz, dass konstruktive Opposition von essentieller Bedeutung für die Funktionsfähigkeit einer Gesellschaft ist.[447] Dennoch ergeben sich Bedenken, mit einem Verweis auf die Funktionsfähigkeit der Gesellschaft sämtliche privatautonome Regelungen in diesem Bereich zu untersagen. Funktionenschutz lässt sich nämlich auf zwei Wege erreichen.[448] Zum einen kann dies durch generell-abstrakte bzw. starre Schranken geschehen. In diese Kategorie fällt das Regelungsinstrument der unverzichtbaren Rechte.[449] Denn unabhängig von den jeweiligen Umständen des Einzelfalls wird es den Vertragsparteien untersagt, Regelungen auf diesem Gebiet zu treffen. Zum anderen ist es aber auch möglich Institutionenschutz durch postventive Vertragsinhaltskontrollen zu erreichen.[450]

---

445 *Fastrich*, Funktionales Rechtsdenken, S. 14 f.; *Haar*, Die Personengesellschaft im Konzern, S. 114; *Krohn*, Individualschutz, S. 72 ff.; *Martens*, in: Schlegelberger, § 119 Rn. 25; *Schmolke*, Grenzen der Selbstbindung, S. 666. Dieser Ansatz wird zum Teil ferner mit dem Phänomen der begrenzten Rationalität begründet, so *Schmolke*, Grenzen der Selbstbindung, S. 666; *Seibt*, in: Scholz, § 14 Rn. 40. Dieses Argument gilt jedoch nur, wenn sämtliche Gesellschafter zugestimmt haben.

446 *Enzinger*, in: MüKo HGB, § 119 Rn. 68; *Martens*, in: Schlegelberger, § 119 Rn. 25.

447 *Lieder*, in: Oetker, § 109 Rn. 38. Vgl. hierzu auch *Schäfer/Ott*, Ökonomische Analyse des Zivilrechts, 25.3, S. 700 ff.

448 *Kuntz*, Gestaltung von Kapitalgesellschaften, S. 493 f.

449 *Lieder*, in: Oetker, § 109 Rn. 37.

450 Siehe hierzu 1. Teil: C. IV. b).

(a) Grundsatz der Vertragsfreiheit im Personengesellschaftsrecht

Zunächst ist darauf hinzuweisen, dass das Recht der Personengesellschaften im besonderen Maße vom Grundsatz der Vertragsfreiheit geprägt ist.[451] Insgesamt sind dem Gesetz nur einige wenige zwingende Vorschriften zu entnehmen. Selbst in den Bereichen, in denen der Gesetzgeber Bedarf für unabdingbare Regelungen gesehen hat, wird den Vertragsparteien ein weiter Gestaltungsspielraum eingeräumt, um zu passgenauen Lösungen für ihre Bedürfnisse zu kommen. So sind etwa im Hinblick auf die Lösungsrechte – wie bereits erörtert – weitgehende Modifikationen zulässig. Dies betrifft beispielsweise die Einführung von Kündigungsterminen und -fristen zum Schutz der Gesellschaft vor jederzeitigen ordentlichen Kündigungen.[452] Hierdurch wird es ermöglicht, auf die sich durch den Austritt eines Gesellschafters ergebenden Konsequenzen – wie etwa den Abzug von Kapital oder Know-how – reagieren zu können. Ähnliches gilt für das Informationsrecht. Sofern etwa Konkurrenten an der Gesellschaft beteiligt sind, kann durchaus ein Interesse bestehen, das Informationsrecht möglichst weitgehend zu beschränken.

(b) Vergleich mit der Rechtsprechung zu Hinauskündigungen

Zudem ist anerkannt, dass sogar die Mitgliedschaft als solche nachträglich entzogen werden kann. Demnach kann einem Gesellschafter mittels einer sogenannten Hinauskündigungsklausel gekündigt werden, sofern für eine solche Klausel ein sachlicher Grund besteht.[453] Es wäre jedoch widersprüchlich, wenn einerseits die Mitgliedschaft als Ganze gegen den Willen des Gesellschafters entzogen werden kann, andererseits eine Beschränkung der hier infrage stehenden Rechte mit Zustimmung des Betroffenen nicht möglich sein soll.[454] Dies spricht dafür, entsprechend der Rechtsprechung zu Hinauskündigungsklauseln auch bei der privatautonomen Ausgestaltung von Mitgliedschaftsrechten sachliche Erwägungen zu berücksichtigen.

(c) Rechtsunsicherheit über Umfang des Regelungsinstruments

Neben den soeben genannten Gründen, welche für einen weiten Gestaltungsspielraum der Beteiligten sprechen, lässt sich gegen das Regelungsinstrument der unverzichtbaren Rechte zudem ins Feld führen, dass Unklarheit darüber

---

451 *Hey*, Freie Gestaltung in Gesellschaftsverträgen, S. 238; siehe hierzu auch 1. Teil: C. II. 1.

452 *Schmidt*, in: MüKo HGB, § 132 Rn. 2.

453 BGHZ 68, 212, 215; BGHZ 112, 103, 110; BGH, DStR 2004, 826.

454 Ebenso *W. Goette/M. Goette*, DStR 2016, 74, 77 f.

besteht, welche Rechte im Einzelnen – neben den hier genannten – diesem Bereich zuzuordnen sind.[455] Durch diese Unbestimmtheit wird der für starre Schranken charakteristische Vorteil der Rechtssicherheit konterkariert. Daher ist es sinnvoller für jeden Einzelfall zu entscheiden, ob die Funktionsfähigkeit der Gesellschaft beeinträchtigt ist.[456]

(d) Einzelfallgerechtigkeit

Die genannten Punkte sprechen gegen die Anerkennung der unverzichtbaren Rechte als generell-abstrakte Schranke. Dem Aspekt des Funktionenschutzes ist insbesondere vor dem Hintergrund der Heterogenität des Personengesellschaftsrechts stattdessen durch die beweglichen Schranken der §§ 138, 242 BGB Rechnung zu tragen.[457] Diese Lösung hat den Vorteil, dass auf die jeweiligen Umstände des Einzelfalls, wie die Gesellschaftsform, Realtypik und den Gesellschaftszweck abgestellt werden kann.[458]

Entscheidend ist aber insbesondere, dass bei einer beweglichen Schranke die Beweggründe der Beteiligten im Hinblick auf die jeweils infrage stehende Vereinbarung einbezogen werden können. Diese Gründe können zum einen genereller Natur sein. Minderheitsgesellschafter können etwa bewusst eine Beeinträchtigung ihrer Kontrollrechte hinnehmen, wenn die Gefahr von Opportunismus durch einen geringeren Kaufpreis oder eine höhere Gewinnbeteiligung ausgeglichen wird.[459]

Zum anderen können sich die Beweggründe aber auch speziell auf die beeinträchtigten Rechte beziehen. So kann beispielsweise in Gesellschaften mit großer Mitgliederzahl ein Interesse daran bestehen, die Willensbildung durch eine

---

455 *Emmerich*, in: Heymann, § 119 Rn. 39; *Sigle*, FS Hüffer, S. 973, 976; *Westermann*, Vertragsfreiheit, S. 353. Dies ebenfalls kritisierend *Hey*, Freie Gestaltung in Gesellschaftsverträgen, S. 238. Für eine Übersicht sämtlicher zur Diskussion stehender Rechte vgl. *Heinrichs*, Mehrheitsbeschlüsse, S. 177 ff.

456 Dies erkennt auch ein Teil im Schrifttum und will Eingriffe in den unverzichtbaren Bereich unter engen Voraussetzungen zulassen, siehe hierzu *Hermanns*, ZGR 1994, 103, 113 f.; *Kraffel/König*, DStR 1996, 1129, 1132; *Schmitz*, Das Grundlagengeschäft, S. 102 f.

457 Hierfür ebenfalls *W. Goette/M. Goette*, DStR 2016, 74, 77 f.; *Hey*, Freie Gestaltung in Gesellschaftsverträgen, S. 238, 241; *Lieder*, in: Oetker, § 119 Rn. 54.

458 *Lieder*, in: Oetker, § 119 Rn. 55.

459 *G. Bachmann/Eidenmüller/Engert/Fleischer/Schön*, Rechtsregeln für die geschlossene Kapitalgesellschaft, S. 45 im Zusammenhang mit der Abbedingung der mitgliedschaftlichen Treuepflicht.

obligatorische Gruppenvertretung zu vereinfachen.[460] Durch sogenannte Vertreterklauseln werden das Recht zur Teilnahme an der Gesellschafterversammlung sowie das Stimmrecht einer bestimmten Gesellschaftergruppe zwingend von einem vorher von ihr zu bestimmenden Vertreter wahrgenommen.[461] Die Gruppenvertretung soll zum einen den schikanösen Gebrauch von Mitgliedschaftsrechten verhindern und zum anderen unsachliches Verhalten aufgrund mangelnder Sachkunde unterbinden.[462] Sofern jeder Gesellschafter die Möglichkeit hat, auf die Wahl des Vertreters sowie die gemeinsame Rechtsausübung Einfluss zu nehmen, bestehen keine durchschlagenden Bedenken, die Vertretenen von der Teilnahme der Gesellschafterversammlung auszuschließen.[463] Dies gilt insbesondere vor dem Hintergrund, dass das Recht der Personengesellschaften die Abhaltung einer Gesellschafterversammlung nicht vorschreibt. Vielmehr besteht Formfreiheit bezüglich der Beschlussfassung, sodass Beschlüsse beispielsweise auch per E-Mail gefasst werden können.[464] Insofern können die von den Befürwortern eines zwingenden Teilnahmerechts vorgetragenen Argumente der Informationsbeschaffung sowie der Möglichkeit der Stellungnahme während einer Gesellschafterversammlung nicht überzeugen. Hinzuweisen ist zudem darauf, dass der Gesetzgeber für Genossenschaften mit § 43a GenG explizit die Möglichkeit einer obligatorischen Gruppenvertretung geschaffen hat.[465]

Auch hinsichtlich der *actio pro socio* gibt es plausible Erwägungen für Einschränkungen. So kann etwa ein berechtigtes Interesse darin gesehen werden, dass das Vertrauensverhältnis zwischen den Gesellschaftern nicht durch unverhältnismäßige Klagen gestört wird.[466]

---

460 Zur Problematik des zersplitterten Anteilsbesitzes vgl. BGHZ 46, 291, 293; *Teichmann*, Gestaltungsfreiheit in Gesellschaftsverträgen, S. 203 f. mit weiteren Gründen für Vertreterklauseln.

461 Siehe zu Vertreterklauseln *Immenga*, ZGR 1974, 385, 391; *Schmidt*, ZHR 146 (1982), 525 ff.; *Teichmann*, Gestaltungsfreiheit in Gesellschaftsverträgen, S. 202 ff.

462 *Immenga*, ZGR 1974, 385, 391.

463 So auch *Erman*, FS Nipperdey, S. 277, 295 f.; *Hüffer/Schürnbrand*, in: Ulmer/Habersack/Löbbe, § 48 Rn. 24 f.; *Römermann*, in: Michalski, § 48 Rn. 78; *Schäfer*, ZGR 2013, 237, 258; *Teichmann*, Gestaltungsfreiheit in Gesellschaftsverträgen, S. 204; dagegen *Casper*, in: Staub, § 161 Rn. 53; *Grunewald*, in: MüKo HGB, § 161 Rn. 179; *Martens*, in: Schlegelberger, § 161 Rn. 80.

464 *Enzinger*, in: MüKo HGB, § 119 Rn. 40; *Schäfer*, in: Staub, § 119 Rn. 15.

465 Dies betonend *Teichmann*, Gestaltungsfreiheit in Gesellschaftsverträgen, S. 203 f.

466 *Martens*, in: Schlegelberger, § 119 Rn. 25. Bereits bevor der BGH sich von unverzichtbaren Rechten distanzierte, hat er offengelassen, ob die *actio pro socio* zu den unverzichtbaren Rechten zu zählen ist, vgl. BGH, NJW 1985, 2830, 2831.

Im Zusammenhang mit der Feststellung von nichtigen Beschlüssen kann aus den gleichen Gründen das Recht zur Klage von der Durchführung eines internen Vorverfahrens abhängig gemacht werden.[467] Zudem sind auch aus Gründen der Rechtssicherheit und des Rechtsfriedens Ausschlussfristen zuzulassen.[468]

(e) Ergebnis

Aus den genannten Erwägungen ist auf über das Gesetz hinausgehende zwingende Rechte zu verzichten. Durch eine bewegliche Schranke auf Grundlage von §§ 138, 242 BGB bzw. der Treuepflicht lässt sich das Regelungsziel der Funktionsfähigkeit vor dem Hintergrund der Heterogenität des Personengesellschaftsrechts sinnvoller erreichen. Zudem stellt ein solches Vorgehen einen milderen Eingriff in die Vertragsfreiheit dar, da die jeweiligen Umstände des Einzelfalls berücksichtigt werden können und Pauschalurteile vermieden werden. Aus Klarstellungsgründen sollte der Begriff der unverzichtbaren Rechte aufgegeben werden, da er keinen gegenüber zwingendem Recht hinausgehenden Aussagegehalt besitzt.

c) Das Regelungsinstrument der unentziehbaren Rechte

aa) Einleitung

Nach der Kernbereichslehre bestehen neben den im vorherigen Kapitel behandelten unverzichtbaren Rechten zudem unentziehbare Rechte[469]. Beide Regelungsinstrumente werden zwar unter dem Begriff des Kernbereichs zusammengefasst, sie sind in ihrem Regelungsgehalt jedoch strikt voneinander zu trennen. In Abgrenzung zu unverzichtbaren Rechten können unentziehbare Rechte Gegenstand von privatautonomen Vereinbarungen sein.

Dem Regelungsinstrument der unentziehbaren Rechte liegt der Gedanke zugrunde, dass jedem einzelnen Gesellschafter ein Kernbereich von Rechten verbleiben muss, der nicht zur beliebigen Disposition der Mehrheit steht.[470] Die Konsequenz dieser Überlegung ist, dass es für Beschlüsse, welche in unentziehbare Rechte eingreifen, der Zustimmung der durch die jeweilige Maßnahme betroffenen Gesellschafter bedarf. Durch dieses Vetorecht ist es dem Einzelnen möglich, sich gegen Eingriffe in seine Rechtsposition durch die Mehrheit zu schützen.[471]

---

467 *Martens*, in: Schlegelberger, § 119 Rn. 25.

468 BGH, NJW 1995, 1218, 1219.

469 Teilweise wird auch von mehrheitsfesten Rechten gesprochen, so beispielsweise bei *Schmidt*, ZHR 158 (1994), 205, 227.

470 BGH, NJW 1995, 194, 195.

471 *Schmidt*, ZHR 158 (1994), 205, 227.

Es handelt sich somit um ein speziell den Mehrheits-Minderheitskonflikt betreffendes Regelungsinstrument im Rahmen der Beschlussfassung.

bb) Die umfassten Rechtspositionen

Welche Rechte im Einzelfall den unentziehbaren Rechten zuzuordnen sind, lässt sich nicht abstrakt und ohne Berücksichtigung der jeweiligen Struktur der Gesellschaft sowie der Stellung des betroffenen Mitglieds bestimmen.[472]

Allgemein kann jedoch gesagt werden, dass der Kreis der unentziehbaren Rechte aus den wesentlichen Rechten besteht, welche die Stellung der Gesellschafter in der Gesellschaft maßgeblich prägen.[473] Nach herrschender Auffassung von Literatur und (bisheriger) Rechtsprechung bedarf es für Beschlussfassungen über die folgenden Themenkomplexe der Zustimmung der betroffenen Gesellschafter:

- Stimmrecht[474]
- Vermögensrechte (Gewinnrecht und Abfindungsrecht bzw. Beteiligung am Auseinandersetzungsguthaben)[475]
- Informationsrechte (soweit sie nicht bereits unentziehbar sind)[476]
- Sonderrechte (§ 35 BGB analog)[477]
- Geschäftsführungsbefugnis[478]

---

472 BGH, NJW 1995, 194, 195; *Schäfer*, in: Staub, § 119 Rn. 40; *Sigle*, FS Hüffer, S. 973, 976 ff.; *Westermann*, in: Westermann/Wertenbruch, Personengesellschaften, § 24 Rn. 525; *Winter*, GesRZ 1986, 74, 84. Zugleich relativierend *Schäfer*, ZGR 2013, 237, 245; *Westermann*, in: Westermann/Wertenbruch, Personengesellschaften, § 24 Rn. 526.

473 BGH, NJW 1995, 194, 195.

474 BGH, NJW 1995, 194, 195; *Enzinger*, in: MüKo HGB, § 119 Rn. 72; *Löffler*, NJW 1989, 2656, 2660 f.; *Martens*, in: Schlegelberger, § 119 Rn. 27; *Schäfer*, in: Staub, § 119 Rn. 40; *Schmidt*, Gesellschaftsrecht, § 16 III. 3. b) bb), S. 472.

475 BGH, NJW 1995, 194, 195; *Enzinger*, in: MüKo HGB, § 119 Rn. 72; *Löffler*, NJW 1989, 2656, 2660; *Martens*, in: Schlegelberger, § 119 Rn. 27; *Schäfer*, in: Staub, § 119 Rn. 40; *Schmidt*, Gesellschaftsrecht, § 16 III. 3. b) bb), S. 472; *Westermann*, in: Westermann/Wertenbruch, Personengesellschaften, § 24 Rn. 525.

476 BGH, NJW 1995, 194, 195; *Enzinger*, in: MüKo HGB, § 119 Rn. 72; *Schäfer*, in: Staub, § 119 Rn. 40; *Schmidt*, Gesellschaftsrecht, § 16 III. 3. b) bb), S. 472.

477 *Löffler*, NJW 1989, 2656, 2659; *Martens*, in: Schlegelberger, § 119 Rn. 27; *Schmidt*, Gesellschaftsrecht, § 16 III. 3. b) aa), S. 471; *Westermann*, in: Westermann/Wertenbruch, Personengesellschaften, § 24 Rn. 527.

478 BGH, NJW 1995, 194, 195; *Enzinger*, in: MüKo HGB, § 119 Rn. 72; *Schäfer*, in: Staub, § 119 Rn. 41; *Schmidt*, ZGR 2008, 1, 19; *Winter*, GesRZ 1986, 74, 84.

- Änderung des Gesellschaftszwecks (§ 33 Abs. 1 S. 2 BGB analog)[479]
- Nachträgliche Beitragserhöhungen[480]

Dagegen ist umstritten, ob die folgenden Beschlussgegenstände vom Regelungsinstrument der unentziehbaren Rechte erfasst werden:

- Kündigungsrechte (soweit sie nicht bereits unentziehbar sind)[481]
- Recht zur Auflösung der Gesellschaft[482]
- *Actio pro socio*[483]
- Vertretungsbefugnis[484]

In die Diskussion um den Umfang des Regelungsinstruments der unentziehbaren Rechte werden zum Teil auch Themenkomplexe miteinbezogen, welche nicht in erster Linie Rechte von Gesellschaftern betreffen.[485] Dies trifft etwa auf die Änderung des Gesellschaftszwecks[486], auf nachträgliche Beitragserhöhungen[487] oder die Zusammensetzung des Mitgliederbestands[488] zu.

479 *Löffler*, NJW 1989, 2656, 2659; *Westermann*, in: Westermann/Wertenbruch, Personengesellschaften, § 24 Rn. 526.

480 *Hennerkes/Binz*, BB 1983, 713, 716; *Löffler*, NJW 1989, 2656, 2658; *Martens*, in: Schlegelberger, § 119 Rn. 27; *M. Roth*, in: Baumbach/Hopt, § 119 Rn. 36; *Schäfer*, in: Staub, § 119 Rn. 40; *ders.*, ZGR 2013, 237, 254; *Schmidt*, Gesellschaftsrecht, § 16 III. 3. b) cc), S. 473 f.; *Sigle*, FS Hüffer, S. 973, 977.

481 *Hennerkes/Binz*, BB 1983, 713, 716; *Löffler*, NJW 1989, 2656, 2658 in Fußnote 24; *Westermann*, in: Westermann/Wertenbruch, Personengesellschaften, § 24 Rn. 526.

482 OLG Hamm, DB 1989, 815 ff.; *Schäfer*, in: Staub, § 119 Rn. 42; dagegen *Heinrichs*, Mehrheitsbeschlüsse, S. 200 f.; *Löffler*, NJW 1989, 2656, 2659 in Fußnote 56.

483 *Löffler*, NJW 1989, 2656, 2660; *M. Roth*, in: Baumbach/Hopt, § 119 Rn. 36.

484 *Schäfer*, ZGR 2013, 237, 252; *Winter*, GesRZ 1986, 74, 84.

485 *Schäfer*, in: Staub, § 119 Rn. 42; *ders.*, ZGR 2013, 237, 255.

486 Diese betrifft nur mittelbar andere Gesellschaftsrechte, vgl. *Schäfer*, in: Staub, § 119 Rn. 40; *ders.*, ZGR 2013, 237, 255.

487 *Schmidt*, ZGR 2008, 1, 19 spricht insoweit auch von der Kehrseite des Kernbereichsgedankens, da es nicht um Rechte, sondern um Pflichten geht. Ebenso *Koppensteiner*, Der Gesellschafter 2009, 197, 204; *Priester*, NZG 2015, 529, 530.

488 *Schäfer*, ZGR 2013, 237, 256 f.; *Westermann*, in: Westermann/Wertenbruch, Personengesellschaften, § 24 Rn. 527; ablehnend für die Aufnahme eines neuen Gesellschafters *Seidel/Max. Wolf*, BB 2015, 2563, 2566.

cc) *Eingriff in unentziehbare Rechte als Zustimmungsvorbehalt begründendes Ereignis*

(1) Unmittelbare Eingriffe in unentziehbare Rechte

Nach der Doktrin der unentziehbaren Rechte bedarf es der Zustimmung des jeweiligen Betroffenen, sofern ein Mehrheitsbeschluss ergeht, welcher einen Entzug oder eine Beschränkung eines unentziehbaren Rechts zum Gegenstand hat. Dies gilt unstreitig dann, wenn es sich um einen unmittelbaren Eingriff in ein unentziehbares Recht handelt.[489] So stellt beispielsweise die Änderung des Gewinnverteilungsschlüssels einen unmittelbaren Eingriff in das Gewinnrecht dar, welcher der Zustimmung sämtlicher betroffenen Gesellschafter bedarf.

(2) Mittelbare Eingriffe in unentziehbare Rechte

Fraglich ist allerdings, ob darüber hinaus auch lediglich mittelbare Eingriffe ein Zustimmungserfordernis begründen. Dies gilt beispielsweise für die Aufnahme eines neuen Gesellschafters. Durch diese kommt es zu einer Verschiebung der Beteiligungsverhältnisse, welche in der Regel mittelbar zu einer Relativierung des Stimm- und Gewinnrechts der bereits vorhandenen Gesellschafter führt.[490]

(a) Befürwortende Ansicht

Nach einer Ansicht im Schrifttum besteht auch bei mittelbaren Eingriffen ein Zustimmungsvorbehalt der betroffenen Gesellschafter.[491] Denn für die Wahrung der wirtschaftlichen Selbstbestimmung der Gesellschafter sei es unerheblich, ob es sich um einen unmittelbaren oder mittelbaren Eingriff handelt.[492] Aufgrund

---

489 *Heinrichs*, Mehrheitsbeschlüsse, S. 161; *Lockowandt*, Stimmrechtsbeschränkungen im Recht der Personengesellschaften, S. 166; *Martens*, in: Schlegelberger, § 119 Rn. 27; *Röttger*, Die Kernbereichslehre, S. 144 f.; *Schäfer*, in: Staub, § 119 Rn. 40; *ders.*, ZGR 2013, 237, 255; *Schmolke*, Grenzen der Selbstbindung, S. 532; *Winter*, Mitgliedschaftliche Treuebindungen, S. 138 ff.

490 *Lockowandt*, Stimmrechtsbeschränkungen im Recht der Personengesellschaften, S. 166; *Martens*, in: Schlegelberger, § 119 Rn. 27; *Winter*, Mitgliedschaftliche Treuebindungen, S. 138; differenzierend *Schäfer*, ZGR 2013, 237, 256 f.

491 *Lockowandt*, Stimmrechtsbeschränkungen im Recht der Personengesellschaften, S. 166 ff. Ähnlich *Dumser*, Beschränkungen der Mehrheitsmacht, S. 174 ff., der darauf abstellt, wie sich der Eingriff beim betroffenen Gesellschafter auswirkt. Hierdurch werden auch mittelbare Beeinträchtigungen erfasst.

492 *Lockowandt*, Stimmrechtsbeschränkungen im Recht der Personengesellschaften, S. 167.

der häufigen persönlichen Mitarbeit in der Gesellschaft sowie der persönlichen Haftung der Verbandsmitglieder sei ein möglichst weitgehender Schutz der Gesellschafter vor Rechtsbeeinträchtigungen erforderlich.[493]

(b) Ablehnende Ansicht

Demgegenüber vertritt die überwiegende Ansicht der Befürworter des Regelungsinstruments der unentziehbaren Rechte die Meinung, dass mittelbare Eingriffe kein Zustimmungserfordernis begründen.[494] Dies wird überwiegend mit der ausufernden Wirkung eines solchen Vorgehens gerechtfertigt.[495]

(c) Stellungnahme

Eine Einbeziehung von mittelbaren Eingriffen ist abzulehnen. Denn die meisten Entscheidungen über Grundlagengeschäfte wirken sich zumindest mittelbar auf unentziehbare Rechte aus.[496] Vor dem Hintergrund einer möglichen Obstruktionspolitik einzelner Gesellschafter würde die Annahme eines Zustimmungsvorbehalts auch bei lediglich mittelbaren Eingriffen die Handlungsfähigkeit der Gesellschaft über Gebühr einschränken.[497]

Zudem würde die Berücksichtigung von mittelbaren Eingriffen die ursprünglich von den Gesellschaftern im Gesellschaftsvertrag zum Ausdruck gebrachte Entscheidung hinsichtlich einer mehrheitlichen Beschlussfassung außer Acht gelassen.[498] Angesichts der zwangsläufigen Unvollständigkeit von Gesellschaftsverträgen verfolgen die Gesellschafter mit der Abbedingung des gesetzlichen Einstimmigkeitsprinzips regelmäßig den Zweck die Anpassungsfähigkeit der Gesellschaft zu erhöhen.[499] Mit der Ausweitung des Zustimmungserfordernisses

---

493 *Lockowandt*, Stimmrechtsbeschränkungen im Recht der Personengesellschaften, S. 167.

494 BayObLG NZG 2005, 173, 174; *Heinrichs*, Mehrheitsbeschlüsse, S. 161; *Martens*, in: Schlegelberger, § 119 Rn. 27; *Röttger*, Die Kernbereichslehre, S. 144 f.; *Schäfer*, in: Staub, § 119 Rn. 40; *ders.*, ZGR 2013, 237, 255; *Winter*, Mitgliedschaftliche Treuebindungen, S. 138 ff.

495 *Schäfer*, ZGR 2013, 237, 256.

496 *Röttger*, Die Kernbereichslehre, S. 144 f.; *Schäfer*, ZGR 2013, 237, 256.

497 *Schäfer*, ZGR 2013, 237, 256.

498 In diese Richtung *Röttger*, Die Kernbereichslehre, S. 144 f.

499 Siehe hierzu 1. Teil: B. IV. 3.

auch bei lediglich mittelbaren Eingriffen in unentziehbare Rechte würde der Wille der Gesellschafter konterkariert.[500]

Ferner lässt sich anführen, dass der Gesetzgeber mit der Einführung des UmwG im Jahr 1994 eine Wertung getroffen hat, welche ebenfalls gegen eine Ausweitung des Zustimmungserfordernisses auf mittelbare Beeinträchtigungen spricht.[501] Durch eine Verschmelzung kommt es zu einer Verschiebung der Beteiligungsverhältnisse, welche in der Regel mittelbar zu einer Relativierung des Stimm- und Gewinnrechts führt. In § 43 Abs. 2 UmwG ist jedoch ausdrücklich festgelegt, dass der für eine Verschmelzung erforderliche Beschluss nicht der Zustimmung aller Gesellschafter bedarf, sondern auch durch eine Mehrheitsentscheidung herbeigeführt werden kann. Hieraus lässt sich der Schluss ziehen, dass der Gesetzgeber mittelbare Eingriffe in die Rechtsstellung der Gesellschafter nicht als zustimmungsbedürftig erachtet.[502]

Als Ergebnis ist somit festzuhalten, dass das Regelungsinstrument der unentziehbaren Rechte lediglich überzeugen kann, wenn das Erfordernis der Zustimmung auf unmittelbare Eingriffe beschränkt ist.

dd) Erfordernis der Zustimmung

(1) Die Zustimmung

Nach der Lehre der unentziehbaren Rechte bedürfen von der Mehrheit beschlossene Eingriffe in unentziehbare Rechte einer zusätzlichen Legitimation.[503] Diese zusätzliche Legitimation soll in der Zustimmung des jeweilig betroffenen Gesellschafters zu sehen sein. Denn mit seiner Zustimmung erkläre das jeweilige Mitglied sein Einverständnis in den Verzicht seiner rechtlich geschützten Rechtsposition.[504] Inhaltlich muss sich die Zustimmung daher auf einen konkreten Eingriff durch eine bestimmte Maßnahme beziehen. Eine pauschale Erklärung in der Form, dass ein Gesellschafter sein Einverständnis zu sämtlichen potentiellen Eingriffen erklärt, ist nach der Doktrin der unentziehbaren Rechte nicht möglich.[505]

500 *Röttger*, Die Kernbereichslehre, S. 145; *Schäfer*, ZGR 2013, 237, 256; *Winter*, Mitgliedschaftliche Treuebindungen, S. 138.
501 *Schäfer*, Der Stimmrechtslose GmbH-Geschäftsanteil, S. 178.
502 So auch *Schäfer*, Der Stimmrechtslose GmbH-Geschäftsanteil, S. 178 f.
503 BGH, NJW 1995, 194, 195.
504 *Winter*, GesRZ 1986, 74, 83.
505 *Winter*, GesRZ 1986, 74, 83.

Regelmäßig werden sämtliche Gesellschafter gleichermaßen von einer Maßnahme betroffen sein, sodass die Zustimmung aller Gesellschafter notwendig ist. Zwingend ist dies jedoch nicht. So können auch Beschlüsse ergehen, welche nur einen Teil der Gesellschafter tangieren.[506] In solchen Fällen ist dann auch nur die Zustimmung der tatsächlich Betroffenen erforderlich.

Bei der die Maßnahme legitimierenden Zustimmung soll es sich nicht um die Zustimmung i.S.v. § 709 BGB bzw. § 119 HGB handeln. Vielmehr stelle die Zustimmung ein gegenüber dem Beschluss selbstständiges Rechtgeschäft gem. § 182 BGB dar.[507] Sofern jedoch ein Gesellschafter für eine Maßnahme gestimmt hat, wird hierin regelmäßig auch die Zustimmung zum Eingriff in das betroffene unentziehbare Recht zu sehen sein.[508] Die Zustimmung, welche eine empfangsbedürftige Willenserklärung ist, ist gegenüber den Mitgesellschaftern abzugeben.[509] Dies muss nicht zeitgleich mit der Beschlussfassung erfolgen, sondern kann auch nachträglich geschehen.[510] Die Frage, ob ein Gesellschafter seine Zustimmung zu einem Eingriff bereits im Voraus erklären kann, ist unter den Befürwortern von unverzichtbaren Rechten umstritten und soll daher im nächsten Abschnitt erörtert werden.

(2) Die antizipierte Zustimmung

Unter dem Stichwort der antizipierten Zustimmung wird diskutiert, ob es zulässig ist, die Zustimmung zu einem späteren Eingriff bereits im Voraus im Gesellschaftsvertrag festzuhalten. Dabei soll die Möglichkeit der Widerruflichkeit der Vorabzustimmung gem. § 183 BGB ausgeschlossen sein.[511]

Das Konzept einer *ex ante* Zustimmung im Gesellschaftsvertrag geht zurück auf die Rechtsprechung des Reichsgerichts zu nachträglichen Beitragserhöhungen.[512] Der Gedanke wurde sodann auf die anderen zustimmungsbedürftigen Beschlussgegenstände übertragen.

---

506 So geschehen in BGH, NJW 1995, 194, 195.

507 *Schäfer*, ZGR 2013, 237, 252; *ders.*, in: Staub, § 119 Rn. 38; *Ulmer*, ZIP 2015, 657, 659; *Werner*, StBW 2015, 1010, 1013; a.A. *Wiedemann*, Gesellschaftsrecht II, § 4 I. 3. b), S. 302, der von einer Rückkehr zum Einstimmigkeitsprinzip spricht.

508 *Löffler*, NJW 1989, 2656, 2661; *Schäfer*, ZGR 2013, 237, 252; *ders.*, in: Staub, § 119 Rn. 38.

509 *Enzinger*, in: MüKo HGB, § 119 Rn. 66; *Löffler*, NJW 1989, 2656, 2661.

510 *Löffler*, NJW 1989, 2656, 2661.

511 *Dumser*, Beschränkungen der Mehrheitsmacht, S. 170 ff.; *Schäfer*, Der Stimmrechtslose GmbH-Geschäftsanteil, S. 263 f.

512 RGZ 91, 166, 168 f.

Eine solche Regelung ist insofern von Bedeutung, als es der Mehrheit aufgrund ihrer Verhandlungsstärke im Rahmen der Vertragsverhandlungen eher gelingen wird, eine (antizipierte) Zustimmung der Minderheit einzuholen, als dies zum Zeitpunkt der eigentlichen Beschlussfassung der Fall sein wird. So kann die Mehrheit etwa den Vertragsabschluss von der Aufnahme einer solchen im Voraus erteilten Zustimmung abhängig machen. Durch die Möglichkeit einer antizipierten Zustimmung hat die Mehrheit bereits zum Zeitpunkt des Vertragsschlusses die Gewissheit, nicht der Gefahr einer späteren Minderheitsblockade ausgesetzt zu sein.[513]

(a) Ablehnende Ansicht

Eine Ansicht im Schrifttum vertritt die Meinung, dass eine antizipierte Zustimmung nicht ausreicht, um die oben angesprochene zusätzliche Legitimation eines Beschlusses zu begründen.[514] Beanstandet wird insoweit, dass aufgrund der durchaus großen Zeitspanne zwischen antizipierter Zustimmung und tatsächlicher Beschlussfassung, ein rationales Handeln des Betroffenen nicht gegeben sei. So könnten sich die für die Beurteilung wesentlichen Umstände so stark verändert haben, dass eine zunächst vernünftige Regelung zu einem späteren Zeitpunkt unzumutbar erscheint.[515] Ferner wird die Unzulässigkeit mit einer Parallele zu der Rechtsprechung zu Hinauskündigungsklauseln begründet.[516] Demnach könne ohne einen wichtigen Grund weder der Fortbestand der Mitgliedschaft noch die aus ihr resultierenden Mitgliedschaftsrechte zum Gegenstand einer Mehrheitsentscheidung gemacht werden. Diese Wertung könne nicht durch die Konstruktion einer antizipierten Zustimmung umgangen werden.[517]

(b) Befürwortende Ansicht

Demgegenüber geht die h.M. von der Zulässigkeit einer antizipierten Zustimmung aus.[518] Denn der Respekt vor der Privatautonomie gebiete es, den

---

513 *Ulmer*, ZIP 2015, 657, 659.

514 *Enzinger*, in: MüKo HGB, § 119 Rn. 66; *Göbel*, Mehrheitsentscheidungen in Personengesellschaften, S. 184 f.; *Immenga*, ZGR 1974, 385, 425; *Martens*, DB 1973, 413, 417; *Ulmer*, ZIP 2015, 657, 659; *Wiedemann*, Gesellschaftsrecht II, § 4 I. 3. b), S. 303 (abweichend *ders.*, WM Sonderbeilage Nr. 7/1992, 1, 28).

515 *Immenga*, ZGR 1974, 385, 425.

516 *Ulmer*, ZIP 2015, 657, 660.

517 *Ulmer*, ZIP 2015, 657, 660.

518 BGHZ 170, 283, 288; BGH, NJW 1995, 194, 195; *Altmeppen*, NJW 2015, 2065, 2069 f.; *Herrmanns*, ZGR 1996, 103, 113; *Koppensteiner*, Der Gesellschafter 2009, 197, 204;

Gesellschaftern zuzugestehen, in freier Selbstbestimmung bereits im Vorhinein einem Eingriff in ihre Rechtsposition zuzustimmen.[519] Zudem wird darauf verwiesen, dass die Möglichkeit, seine Zustimmung bereits im Voraus zu erteilen, mit § 183 BGB ausdrücklich gesetzlich normiert ist.[520]

(c) Stellungnahme

(aa) Argument der Urteilsverzerrung

Die Einwände der Mindermeinung sind wenig überzeugend. Das Argument der Urteilsverzerrung aufgrund der großen Zeitspanne zwischen antizipierter Zustimmung und tatsächlicher Beschlussfassung lässt sich durch verschiedene Punkte entkräften. Zunächst ist einzuwenden, dass sich die Zustimmung nur auf eine einzelne Rechtsposition bezieht. Die Unvorhersehbarkeit späterer Veränderungen ist damit deutlich geringer als dies etwa bei der Zustimmung zu einer allgemeinen Mehrheitsklausel der Fall ist, die jeden beliebigen Sachverhalt erfassen kann. So ist etwa bei der antizipierten Zustimmung zur Veränderung des Gewinnverteilungsschlüssels durchaus absehbar, dass damit unter Umständen künftig Einbußen bei der Gewinnpartizipation für den Gesellschafter verbunden sein können, auch wenn die Gesellschaft anfangs voraussichtlich noch keine Gewinne erwirtschaften wird.

Zudem ist darauf hinzuweisen, dass auch zwischen einer Ad-hoc-Zustimmung zu einer Maßnahme und dem Eintritt der tatsächlichen Konsequenzen eine beachtliche Zeit vergehen kann.[521] So wirkt sich beispielsweise die Zustimmung zur Änderung des Gesellschaftsvertrages hinsichtlich der Abfindung beim Ausscheiden aus der Gesellschaft erst mit dem Austritt aus der Gesellschaft aus.[522] Angesichts dessen erscheint eine Differenzierung zwischen antizipierter Zustimmung und Ad-hoc-Zustimmung nicht stringent.

Schließlich lässt sich noch einwenden, dass es den Gesellschaftern freisteht, sich gegen mögliche künftige Veränderungen abzusichern. Zunächst ist daran

---

Lieder, in: Oetker, § 119 Rn. 57; *Löffler*, NJW 1989, 2656, 2661; *Priester*, NZG 2015, 529; *M. Roth*, in: Baumbach/Hopt, § 119 Rn. 37; *Schäfer*, in: Staub, § 119 Rn. 44; *ders.*, ZGR 2013, 237, 253; *Schmidt*, ZHR 158 (1994), 205, 228; *ders.*, Gesellschaftsrecht, § 16 III. 3. dd), S. 474; *Winter*, GesRZ 1986, 74, 83.

519 *Altmeppen*, NJW 2015, 2065, 2070.

520 *Schäfer*, in: Staub, § 119 Rn. 44.

521 *Schäfer*, Der Stimmrechtslose GmbH-Geschäftsanteil, S. 265.

522 *Schäfer*, Der Stimmrechtslose GmbH-Geschäftsanteil, S. 265.

zu denken, die antizipierte Zustimmung zu befristen, um den relevanten Zeitraum überschaubar zu halten. Ferner hat der betroffene Gesellschafter die Möglichkeit, sich die Widerruflichkeit der antizipierten Zustimmung beim Eintritt bestimmter Umstände offenzuhalten.

(bb) Parallele zur Rechtsprechung zu Hinauskündigungsklauseln

Des Weiteren kann auch der Verweis auf die Rechtsprechung zu Hinauskündigungsklauseln nicht überzeugen. Diese geht davon aus, dass solche Klauseln aufgrund der psychologischen Zwangslage, die durch eine mögliche Kündigung entsteht, sittenwidrig sind, sofern nicht Sachgründe die Regelung rechtfertigen.[523] Dahinter verbirgt sich das Argument, dass die Funktionsfähigkeit der Gesellschaft erheblich beeinträchtigt ist, sofern der betroffene Gesellschafter von seinen Rechten infolge der angesprochenen Zwangslage nicht mehr unbefangen Gebrauch machen kann.[524]

Eine gänzlich andere Situation stellt sich jedoch dar, wenn ein Gesellschafter antizipiert einem Eingriff im Gesellschaftsvertrag zustimmt. Zwar mag auch hier die potentielle Beschlussfassung eine gewisse Drucksituation bedeuten. Von einer dem vollständigen Ausschluss vergleichbaren Zwangslage kann bei einer Beeinträchtigung der hier in Rede stehenden Rechte jedoch nicht ausgegangen werden.

(cc) Zwischenergebnis

Als Ergebnis ist somit festzuhalten, dass gegenüber der nach § 183 BGB gesetzlich vorgesehenen Möglichkeit einer antizipierten Zustimmung keine durchgreifenden Bedenken bestehen.

(d) Voraussetzungen einer antizipierten Zustimmung

Wurde soeben erörtert, dass eine antizipierte Zustimmung dem Grunde nach zulässig ist, stellt sich im Anschluss die Frage, welchen inhaltlichen Anforderungen eine solche Einwilligung unterliegt und welcher Grad an Konkretisierung erforderlich ist. Eindeutig ist zunächst, dass in der bloßen Zustimmung zu einer allgemeinen Mehrheitsklausel im Gesellschaftsvertrag eine solche antizipierte

---

523 BGHZ 68, 212, 215; BGHZ 112, 103, 110; BGH, DStR 2004, 826.

524 *Behr*, ZGR 1990, 370, 377; *Fastrich*, Funktionales Rechtsdenken, S. 8 f.; *Miesen*, DStR 2006, 522, 524; *Schäfer*, in: MüKo BGB, § 737 Rn. 19.

Zustimmung nicht zu sehen ist.[525] Denn eine solche Generaleinwilligung würde das Regelungsinstrument der unentziehbaren Rechte konterkarieren.[526]

Ein Teil des Schrifttums hält es für ausreichend, wenn neben der Mehrheitsermächtigung zusätzlich ein Katalog der in Betracht kommenden Beschlussgegenstände in den Gesellschaftsvertrag aufgenommen wird.[527] Dies liefe jedoch auf eine Regelung hinaus, welche im Grunde dem Bestimmtheitsgrundsatz entspricht. Dieser wurde bereits – insbesondere wegen der fehlenden Warnwirkung – oben abgelehnt.[528] Um dem Phänomen der begrenzten Rationalität entgegenzuwirken, welches im Zusammenhang mit zeitlichen Vorausverfügungen besteht, sind vielmehr Angaben erforderlich, deren Informationsgehalt eine gewisse Appellwirkung entfalten.[529]

Die überwiegende Ansicht im Schrifttum geht daher davon aus, dass die im Voraus erteilte Zustimmung den gleichen Anforderungen entsprechen muss wie eine Ad-hoc-Zustimmung.[530] Dies bedeutet zunächst, dass sich die Einwilligung konkret auf einen bestimmten Beschlussgegenstand beziehen muss.[531] Zudem werden die von der Rechtsprechung entwickelten Grundsätze der antizipierten Zustimmung zu nachträglichen Beitragserhöhungen[532] *mutatis mutandis* auf sämtliche Sachverhaltskonstellationen übertragen.[533] Die vorweggenommene Einverständniserklärung im Gesellschaftsvertrag muss demnach Art und Ausmaß des späteren Eingriffs erkennen lassen.[534] Mit anderen Worten muss nicht nur der Beschlussgegenstand, sondern auch der Beschlussinhalt selbst

525 *Schäfer*, Der Stimmrechtslose GmbH-Geschäftsanteil, S. 260; *Schmidt*, ZHR 158 (1994), 205, 227 f.

526 *Schäfer*, ZGR 2013, 237, 253; *Winter*, GesRZ 1986, 74, 83.

527 *Schmidt*, ZHR 158 (1994), 205, 228.

528 Die bloße Bezeichnung des Beschlussgegenstandes ebenfalls als unzureichend ansehend: *Löffler*, NJW 1989, 2656, 2661; *Schäfer*, ZGR 2013, 237, 254; *Winter*, GesRZ 1986, 74, 83.

529 *Klöhn*, AcP 216 (2016), 282, 307; ähnlich *Löffler*, NJW 1989, 2656, 2661.

530 *Löffler*, NJW 1989, 2656, 2661; *Mecke*, BB 1988, 2258, 2263.

531 *Mecke*, BB 1988, 2258, 2263; *Schäfer*, ZGR 2013, 237, 253.

532 Vgl. beispielsweise BGH, NZG 2006, 306; BGH, NZG 2006, 379.

533 Hierfür (bisher) BGHZ 170, 283, 287; *Schäfer*, ZGR 2013, 237, 253.

534 *Löffler*, NJW 1989, 2656, 2661; *Mecke*, BB 1988, 2258, 2263; *Schäfer*, ZGR 2013, 237, 253; *U. Torggler/H. Torggler*, FS Roth, S. 831, 834; *Ulmer*, FS Lutter, S. 935, 944; *Winter*, GesRZ 1986, 74, 83; so wohl auch (bisher) BGHZ 170, 283, 287.

Gegenstand der antizipierten Zustimmung sein.[535] Ungeklärt ist allerdings, welcher Grad an Konkretisierung im Einzelfall erforderlich ist.[536] Gefordert wird jedoch, dass durch die Angaben zumindest eine Vergleichbarkeit mit einer Ad-hoc-Zustimmung geschaffen werden soll.[537] Aufgrund der soeben genannten Anforderungen soll es dem Einwilligenden – ähnlich wie bei einer Zustimmung im Rahmen der Beschlussfassung – möglich sein, die Folgen seines Handelns zu erkennen und die sich daraus ergebenden Chancen und Risiken entsprechend zu bewerten.[538]

(e) Das Institut der antizipierten Zustimmung als altering rule

Die Festlegung einer antizipierten Zustimmung verschafft den Gesellschaftern die Möglichkeit, für die entsprechenden Beschlussgegenstände vorbehaltlose Mehrheitsentscheidungen einzuführen. Damit stellt das Regelungsinstrument der unentziehbaren Rechte Voraussetzungen auf, unter denen das dispositive Einstimmigkeitsprinzip abbedungen und das Mehrheitsprinzip vereinbart werden kann.[539]

Im US-amerikanischen Schrifttum werden Verfahrensregeln, welche prozedurale Vorgaben an die Art und Weise der Abbedingung einer Norm definieren, als *altering rule* bezeichnet.[540] Dies bedeutet, dass die Wirksamkeit des Abweichens vom dispositiven Recht davon abhängen kann, wie die Abbedingung erfolgt.[541] Dabei können sich die prozeduralen Vorgaben beispielsweise auf Kompetenz, Form, Qualität oder Verfahren der Abbedingung einer dispositiven Vorschrift beziehen.[542] Die anhand dieser Kategorien festgelegten Anforderungen gestalten das Konkurrenzverhältnis zwischen dispositivem Gesetzesrecht

535 *Hüffer*, ZHR 151 (1987), 396, 407; *Löffler*, NJW 1989, 2656, 2661; *Altmeppen*, in: Gesellschaftsrechtliche Vereinigung, Gesellschaftsrecht in der Diskussion 2015, S. 55, 61 fordert, dass die essentialia negotii feststehen müssen.

536 Hierauf weist der Vorsitzende des II. Zivilsenats Alfred Bergmann laut einem Diskussionsbericht bei der Jahrestagung der Gesellschaftsrechtlichen Vereinigung hin, siehe *P. Scholz*, in: Gesellschaftsrechtliche Vereinigung, Gesellschaftsrecht in der Diskussion 2015, S. 67, 68.

537 *Mecke*, BB 1988, 2258, 2263.

538 *Mecke*, BB 1988, 2258, 2263.

539 *Klöhn*, AcP 216 (2016), 282, 303.

540 *Ayres*, Yale L.J. 121 (2012), S. 2032 ff.; *McDonnell*, SMU L. R. 60 (2007), 383, 384 ff., 393 ff.; *Möslein*, Dispositives Recht, S. 86 ff., 163.

541 *Kähler*, in: Witt/Casper/Bednarz, Jb.J.ZivRWiss. 2002, S. 181, 206.

542 *Möslein*, Dispositives Recht, S. 227 ff.

und Parteivereinbarung näher aus.[543] Eine Abbedingung der dispositiven Norm ist dabei umso schwieriger, je umfangreicher die Vorgaben der *altering rule* sind.[544]

In der deutschen Rechtsordnung kommen formelle Anforderungen an die Abdingbarkeit nur vereinzelt vor.[545] So gibt beispielsweise das AGB-Recht für bestimmte Fälle vor, dass das dispositive Recht nicht abbedungen werden kann, wenn die Klausel für eine Vielzahl von Verträgen vorformuliert und einseitig gegenüber einem Verbraucher gestellt wurde.[546] § 276 Abs. 3 BGB regelt demgegenüber den Zeitpunkt, zu dem auf Ansprüche wegen vorsätzlicher Pflichtverletzung verzichtet werden kann.

Qualitative Anforderungen hingegen betreffen die Art und Weise, mit welcher der vom dispositiven Recht abweichende Wille der Parteien zum Ausdruck kommen muss.[547] Diese Kategorie umfasst auch Anforderungen, denen der alternative Regelungsgehalt genügen muss, um das dispositive Recht abbedingen zu können.[548]

Das Regelungsinstrument der unentziehbaren Rechte ist als eine solche *altering rule* der zuletzt genannten Kategorie einzuordnen.[549] Denn mit dem Institut der antizipierten Zustimmung werden qualitative Vorgaben an die privatautonome Abrede der Parteien definiert, nach denen das dispositive Einstimmigkeitsprinzip aufgehoben werden kann. Eine bloße Negation der dispositiven Regelung ist nicht möglich. Vielmehr ist es – wie oben beschrieben – erforderlich, dass Art und Ausmaß des späteren Mehrheitsbeschlusses festgelegt werden. Es wird also eine nähergehende inhaltliche Präzisierung der Alternativregelung verlangt, um das dispositive Recht abbedingen zu können.

Als Ergebnis ist festzuhalten, dass das Regelungsinstrument der unentziehbaren Rechte aufgrund des Instituts der antizipierten Zustimmung als eine *altering rule* einzuordnen ist, welche Voraussetzungen aufstellt, unter denen das dispositive Einstimmigkeitsprinzip abbedungen und das Mehrheitsprinzip vereinbart werden kann.

543 *Möslein*, Dispositives Recht, S. 163.
544 *McDonnell*, SMU L. R. 60 (2007), 383, 385.
545 *Möslein*, Dispositives Recht, S. 163.
546 Mit Verweis auf das AGB-Recht auch *Kähler*, in: Witt/Casper/Bednarz, Jb.J.ZivRWiss. 2002, S. 181, 201; *Möslein*, Dispositives Recht, S. 257.
547 *Möslein*, Dispositives Recht, S. 260.
548 *Möslein*, Dispositives Recht, S. 259.
549 *Klöhn*, AcP 216 (2016), 282, 303. Der Bestimmtheitsgrundsatz ist ebenfalls als eine solche *altering rule* einzuordnen.

(3) Zustimmungspflicht zu Eingriffen in unentziehbare Rechte

(a) Problemstellung

Nach der Lehre der unentziehbaren Rechte gelten für die Beschlussfassung gesteigerte Anforderungen, sofern es sich um einen Beschlussgegenstand handelt, der in ein unentziehbares Recht eingreift. Denn neben der erforderlichen Beschlussmehrheit ist zusätzlich das Einverständnis der jeweils betroffenen Gesellschafter erforderlich. Hierdurch wird die Stellung von Minderheitsgesellschaftern gestärkt. Damit wird aber auch zugleich die Gefahr von Minderheits-Opportunismus virulent.[550] Denn aufgrund des ihnen eingeräumten Vetorechts können die begünstigten Gesellschafter zur Erzielung von Sondervorteilen eine Obstruktionspolitik verfolgen.[551] Dies wirft die Frage auf, ob es Situationen gibt, in welchen die durch ein Vetorecht begünstigten Gesellschafter eine Zustimmungspflicht zu Eingriffen in ihre unentziehbaren Rechte trifft.

(b) Meinungsstand

(aa) Befürwortende Ansicht

Die Rechtsprechung geht davon aus, dass die Gesellschafter in besonders gelagerten Ausnahmefällen eine Zustimmungspflicht im Rahmen der Beschlussfassung treffen kann.[552] Dabei wurden die von der Rechtsprechung entwickelten Grundsätze zum Stimmrecht auf die Konstellation des Eingriffs in unentziehbare Rechte übertragen. Demnach besteht aufgrund der Treuepflicht der Gesellschafter eine Pflicht zur Zustimmung, wenn (i) die in Frage stehende Maßnahme[553]

---

550 Vgl. zur Problematik des Minderheits-Opportunismus 1. Teil: B. IV. 3. c).

551 *Haar*, Die Personengesellschaft im Konzern, S. 135 f.

552 BGH, BB 1954, 456; BGH, NJW 1960, 434; BGH, NJW 1961, 724; BGHZ 44, 40; BGH, NJW 1970, 706; BGHZ 64, 253; BGHZ 68, 81; BGH, NJW 1985, 972 (erstmals explizit für unentziehbare Rechte), BGH, NJW 1985, 974; BGH, NJW 1995, 194; sowie aus neuerer Zeit BGH, NJW 2006, 379; BGHZ 183, 1; BGH, NJW 2011, 1667. In BGHZ 170, 283, 288 wird ein Eingriff in unentziehbare Rechte ohne Zustimmung des Betroffenen an das Vorliegen eines wichtigen Grundes geknüpft. Der Sache nach handelt es sich jedoch um dieselben Voraussetzungen. Ebenso *Enzinger*, in: MüKo HGB, § 119 Rn. 71; a.A. jedoch *Holler*, ZIP 2010, 1678, 1679 ff. *Schäfer*, ZGR 2013, 237, 252 versteht die Formulierung als einen Verweis auf die §§ 117, 127, 140 HGB.

553 Häufig ist lediglich von Vertragsänderungen die Rede. Es ist jedoch nicht ersichtlich, warum nicht ebenso eine Zustimmungspflicht zu sonstigen Grundlagenbeschlüssen bestehen kann; ebenso *Martens*, in: Schlegelberger, § 119 Rn. 4; *Wiedemann*, Gesellschaftsrecht II, § 3 II. 3. d) aa), S. 201.

mit Rücksicht auf das bestehende Gesellschaftsverhältnis oder auf die bestehenden Rechtsbeziehungen der Gesellschafter untereinander dringend erforderlich ist und (ii) die Änderung des Gesellschaftsvertrages dem Gesellschafter unter Berücksichtigung seiner eigenen Belange zumutbar ist.[554]

Die Erforderlichkeit einer Maßnahme kann beispielsweise mit der Erhaltung wesentlicher Werte, die die Verbandsmitglieder zusammen geschaffen haben, oder zur Vermeidung wesentlicher finanzieller Verluste, die die Gesellschaft anderenfalls erleiden könnte, begründet werden.[555] Mit anderen Worten geht es in der Regel um den Bestandsschutz der Gesellschaft.[556] Da eine Zustimmungspflicht nur in Ausnahmefällen in Betracht kommt, ist es unzureichend, wenn der fragliche Beschlussinhalt aus wirtschaftlicher Warte lediglich vernünftig ist.[557] Vielmehr muss der bestehende Status quo im Widerspruch zum Interesse der Gesellschaft stehen.[558] Zudem muss die Maßnahme objektiv zu einem gewissen Maße geeignet sein, das angestrebte Ziel zu erreichen.[559]

Darüber hinaus kann eine Maßnahme auch aufgrund der bestehenden Rechtsbeziehung der Gesellschafter untereinander erforderlich sein. Demnach kann sich eine Zustimmungspflicht aufgrund der dringenden Belange eines Mitgesellschafters ergeben.[560]

Neben der Erforderlichkeit des Eingriffs in ein unentziehbares Recht muss die in Rede stehende Maßnahme den betroffenen Gesellschaftern auch zumutbar sein. Dies setzt voraus, dass der Eingriff verhältnismäßig ist.[561] Hierzu sind die widerstreitenden Interessen gegeneinander abzuwägen.[562] Insbesondere ist danach zu fragen, ob die mit der anvisierten Maßnahme verfolgten Ziele durch kein milderes Mittel erreicht werden können.[563]

---

554 BGHZ 183, 1, 8; BGH, NJW 2011, 1667 1669.

555 BGH, NJW 1961, 724, 725.

556 *Martens*, in: Schlegelberger, § 119 Rn. 46.

557 *Altmeppen*, NJW 2015, 2065, 2071.

558 *Klöhn*, AcP 216 (2016), 282, 307 in Fußnote 127.

559 *Winter*, Mitgliedschaftliche Treuebindungen, S. 178.

560 *Martens*, in: Schlegelberger, § 119 Rn. 46; *Winter*, Mitgliedschaftliche Treuebindungen, S. 35 f.; *Zöllner*, Die Anpassung von Personengesellschaftsverträgen, S. 49 ff.

561 BGH, NJW 1995, 194, 195.

562 *Lettl*, AcP 202 (2002), 3, 8 f.

563 BGH, NJW 1995, 194, 195.

BGH nahm eine Zustimmungspflicht an,[576] da ein Ausscheiden im Vergleich zur Liquidation der Gesellschaft eine Besserstellung der betroffenen Gesellschafter bedeutete und zudem eine Chance bestand, die Gesellschaft zu sanieren.

Die genannten Fälle zeigen, dass uneingeschränkte Zustimmungsvorbehalte zu unsachgemäßen Lösungen führen können. Daher ist vor dem Hintergrund der Unvollständigkeit von Gesellschaftsverträgen eine Relativierung der Zustimmungsvorbehalte in bestimmten Ausnahmefällen unausweichlich.[577] Mit den Kriterien der Erforderlichkeit und Zumutbarkeit einer Maßnahme wird zudem ein Maßstab angelegt, welcher die Interessen des dissentierenden Gesellschafters in angemessener Weise berücksichtigt.[578]

Im Ergebnis ist damit eine Zustimmungspflicht zu Eingriffen in unentziehbare Rechte zu bejahen, da bei einem uneingeschränkten Vetorecht die Funktionsfähigkeit der Gesellschaft über Gebühr beeinträchtigt wäre.

(c) Durchsetzung der Zustimmungspflicht

Die Anerkennung einer Zustimmungspflicht zu Eingriffen in unentziehbare Rechte unter bestimmten Voraussetzungen führt zu der Folgefrage nach der rechtlichen Durchsetzung der Zustimmungspflicht. Grundsätzlich ist davon auszugehen, dass die dissentierenden Gesellschafter im Wege einer Leistungsklage gem. § 894 ZPO auf Abgabe der Zustimmung verklagt werden müssen.[579] Dies bedeutet, dass der infrage stehende Gesellschafterbeschluss erst mit Rechtskraft des Urteils zustande kommt. Vor dem Hintergrund einer etwaigen langen Prozessdauer und der Dringlichkeit einer Maßnahme, stellt sich die Frage, ob es Situationen gibt, in denen sich die dissentierenden Gesellschafter trotz ihres ablehnenden Votums so behandeln lassen müssen, als hätten sie dem Beschluss zugestimmt. Eine solche Zustimmungsfiktion würde dazu führen, dass der Beschluss ungeachtet der fehlenden Zustimmung im Zeitpunkt der Abstimmung zustande kommt.[580]

---

576 Nach (damaliger) Ansicht des BGH scheint die Mitgliedschaft als solche ebenfalls dem Bereich der unentziehbaren Rechte zuzurechnen zu seien, vgl. *Schäfer*, ZGR 2013, 237, 260.

577 Ebenso *G. Roth*, JBl 2005, 80, 83; *Schmidt*, JZ 1995, 313, 314; *Wiedemann*, Gesellschaftsrecht II, § 3 II. 3. d) aa), S. 201.

578 *Lettl*, AcP 202 (2002), 3, 16.

579 BGH, NJW 1985, 974; BGH, WM 1986, 1556, 1557; *Enzinger*, in: MüKo HGB, § 119 Rn. 29; *Freitag*, in: Ebenroth/Boujong/Joost/Strohn, § 119 Rn. 40; *Schäfer*, in: Staub, § 119 Rn. 56.

580 *Leenen*, FS Larenz, S. 371, 384.

(aa) Meinungsstand

Eine Ansicht im Schrifttum vertritt die Meinung, dass nur bei Beschlüssen ohne Außenwirkung (z.B. Veränderungen der Gewinnverteilung) eine Zustimmungsfiktion angenommen werden könne.[581] Sofern ein Beschluss jedoch Außenwirkung habe, müsse zum Schutz des Rechtsverkehrs eine Leistungsklage erhoben werden.

Der BGH vertrat bisher in Bezug auf Publikumsgesellschaften den Standpunkt, dass eine Zustimmungsfiktion anzunehmen sei, sofern die in Rede stehende Maßnahme von „existentieller Bedeutung" ist.[582]

(bb) Stellungnahme

Die erste Meinung übersieht, dass es bei der Auseinandersetzung um eine etwaige Zustimmungsfiktion in erster Linie um den Schutz der dissentierenden Gesellschafter geht. Insofern ist eine Differenzierung unter dem Gesichtspunkt des Schutzes des Rechtsverkehrs unzweckmäßig.[583]

Mit dem bisherigen Standpunkt der Rechtsprechung ist die Gefahr verbunden, dass nachträglich durch ein Gericht das Nichtbestehen einer Zustimmungsfiktion festgestellt wird. Insofern kann es sein, dass aufgrund des Fehlens der Zustimmung ein Beschluss für ex tunc nichtig erklärt wird.[584] In einem solchen Falle kann die für den Vollzug des Beschlusses verantwortliche Geschäftsführung zur Schadensersatzleistung verpflichtet sein, sofern den dissentierenden Gesellschaftern ein Schaden entstanden ist.[585]

Die Annahme einer Zustimmungsfiktion führt damit zu einer gewissen Rechtsunsicherheit über die Wirksamkeit des Beschlusses.[586] Dies gilt insbesondere vor dem Hintergrund, dass die vom BGH aufgestellten Erfordernisse für die Annahme einer Zustimmungsfiktion zu komplizierten Abgrenzungsfragen führen.[587] Zum einen ist unklar, welche Voraussetzungen im Einzelnen erfüllt

---

581 *Ulmer*, in: Staub, 4. Auflage, § 105 Rn. 250; ähnlich *M. Roth*, in: Baumbach/Hopt, § 109 Rn. 28.

582 Explizit BGH, WM 1986, 1556, 1557. Des Weiteren BGH, WM 1979, 1058, 1059 f.; BGH, NJW 1985, 974; BGHZ 183, 1, 6. Zustimmend *Freitag*, in: Ebenroth/Boujong/Joost/Strohn, § 119 Rn. 40.

583 *Lettl*, AcP 202 (2002), 3, 37; *Martens*, in: Schlegelberger, § 119 Rn. 48.

584 *Enzinger*, in: MüKo HGB, § 119 Rn. 103.

585 *Holler*, ZIP 2010, 1678, 1683.

586 In diese Richtung auch *Risse/Höfling*, NZG 2017, 1131, 1132.

587 *Lettl*, AcP 202 (2002), 3, 36.

sein müssen, damit von einer Publikumsgesellschaft gesprochen werden kann. Zum anderen ist das Kriterium der existentiellen Bedeutung der infrage stehenden Maßnahme unscharf. Zudem widerspricht es der Wertung des Rechtsinstituts der unentziehbaren Rechte, die Klageinitiativlast, welche sich aufgrund von Prozessrisikoaversionen als Rechtsdurchsetzungsbarriere erweisen kann,[588] den dissentierenden Gesellschaftern aufzuerlegen. Im Ergebnis ist die Zustimmungspflicht daher ohne Ausnahme im Wege der Leistungsklage geltend zu machen.[589]

ee) Rechtsfolge des Fehlens der Zustimmung

(1) Grundlagen

Wie dargelegt, ist die Zustimmung des betroffenen Gesellschafters erforderlich, sofern ein Mehrheitsbeschluss unmittelbar in ein unentziehbares Recht eingreift. Solange die Zustimmung nicht erteilt wurde, ist der Beschluss entsprechend der §§ 182 ff. BGB schwebend unwirksam.[590] Da die schwebende Unwirksamkeit eines Beschlusses eine gewisse Rechtsunsicherheit darstellt, haben die übrigen Gesellschafter die Möglichkeit dem Betroffenen eine Erklärungsfrist analog der §§ 108 Abs. 2, 177 Abs. 2 BGB zu setzen, nach deren Ablauf die Zustimmung als verweigert gilt.[591] Durch eine nachträgliche Zustimmung wird der Beschluss wirksam. Sofern der betroffene Gesellschafter seine Zustimmung verweigert, wird der Beschluss grundsätzlich endgültig unwirksam.[592] Zu beachten ist hierbei, dass ein Votieren gegen den Beschluss nicht mit einer Verweigerung im Sinne der §§ 182 ff. BGB gleichzusetzen ist.[593]

Die Unwirksamkeit des Beschlusses kann im Wege der Feststellungsklage geltend gemacht werden. Zu erwähnen ist, dass die fehlende Zustimmung eines Gesellschafters nach dem Konzept des Regelungsinstruments der unentziehbaren Rechte eine besonders wirkende Kategorie eines Beschlussmangels

---

588 *Hau*, Vertragsanpassung und Anpassungsvertrag, S. 297.

589 *Enzinger*, in: MüKo HGB, § 119 Rn. 29; *Lettl*, AcP 202 (2002), 3, 36 f.; *Schäfer*, in: Staub, § 119 Rn. 45. In besonderen dringlichen Fällen kann der Anspruch auf Zustimmung ggf. im Wege des vorläufigen Rechtsschutzes nach § 940 ZPO geltend gemacht werden, siehe hierzu *Lettl*, AcP 202 (2002), 3, 36; *Ulmer*, in: Staub, 4. Auflage, § 105 Rn. 250.

590 *Enzinger*, in: MüKo HGB, § 119 Rn. 104; *Lieder*, in: Oetker, § 119 Rn. 71; *Löffler*, NJW 1989, 2656, 2661; *Wiedemann*, Gesellschaftsrecht II, § 4 I. 3. b), S. 302.

591 *Löffler*, NJW 1989, 2656, 2661.

592 *Lieder*, in: Oetker, § 119 Rn. 71. Vgl. aber die folgende Diskussion bezüglich der relativen Unwirksamkeit von Mehrheitsbeschlüssen.

593 *Löffler*, NJW 1989, 2656, 2661; *Schäfer*, Der Stimmrechtslose GmbH-Geschäftsanteil, S. 251; *Ulmer*, in: Hachenburg, § 53 Rn. 80.

darstellt.[594] Dies bedeutet, dass der Regelungskomplex nicht Gegenstand von vertraglichen Vereinbarungen sein kann. So führt etwa das Verstreichen einer an das Kapitalgesellschaftsrecht angelehnten Beschlussanfechtungsfrist nicht zur Ersetzung der Zustimmung.[595]

(2) Relative Unwirksamkeit eines Beschlusses

(a) Meinungsstand

Umstritten ist, wie sich die Unwirksamkeit des Beschlusses auswirkt. In der zuletzt einschlägigen Entscheidung des BGH wird der Eindruck erweckt, die fehlende Zustimmung führe zu einer sogenannten relativen Unwirksamkeit, welche sich nur gegenüber dem sich verweigernden Gesellschafter auswirke.[596] Angesprochen ist hiermit die aus dem GmbH-Recht bekannte Diskussion, inwiefern ein Mehrheitsbeschluss gegenüber den dissentierenden Gesellschaftern unwirksam ist, zugleich gegenüber den zustimmenden Mitgliedern jedoch Wirksamkeit entfalten kann. [597]

Im Schrifttum ist die Konstruktion des relativ unwirksamen Beschlusses (zumindest für nachträgliche Beitragserhöhungen) teilweise auf Zustimmung gestoßen.[598] Der Vorzug dieser Lösung bestehe darin, dass die Teilunwirksamkeit ausreiche, um die Interessen des Zustimmungsberechtigten zu wahren. Demgegenüber würde die Rechtsfolge einer vollständigen Unwirksamkeit des Beschlusses den Minderheitsgesellschaftern die Möglichkeit einer Obstruktionspolitik eröffnen und die Gesellschaft damit in ihrer Handlungsfähigkeit über Gebühr einschränken.[599]

(b) Stellungnahme

Da es sich bei einem Beschluss der Sache nach um ein Rechtsgeschäft handelt,[600] ist fraglich, ob die vorgeschlagene Lösung mit den allgemeinen Vorschriften

---

594 BGHZ 203,77, 87.

595 BGHZ 203,77, 87; *Schäfer*, in: Staub, § 119 Rn. 44.

596 BGHZ 203, 77, 88, wobei das Wort „relativ" in Klammern gesetzt ist. Zuvor bereits BGHZ 183, 1, 6 ff.

597 Vgl. *Hoffmann*, in: Michalski, § 53 Rn. 94; *Priester*, in: Scholz, § 53 Rn. 96; *Ulmer*, in: Hachenburg, § 53 Rn. 81.

598 *W. Goette/M. Goette*, DStR 2016, 74, 83; *Wertenbruch*, DB 2014, 2875, 2878.

599 *W. Goette/M. Goette*, DStR 2016, 74, 83; diesen Vorteil sieht grundsätzlich auch *Ulmer*, ZIP 2015, 657, 661.

600 *Enzinger*, in: MüKo HGB, § 119 Rn. 9; *Freitag*, in: Ebenroth/Boujong/Joost/Strohn, § 119 Rn. 8; *Schäfer*, in: Staub, § 119 Rn. 7.

Zustimmung sämtlicher Gesellschafter.[610] Aufgrund dessen soll eine mehrheitliche Vertragsänderung, welche die Mitgliedschaftsrechte der Gesellschafter beschränkt, eine unzulässige Vereinbarung zu Lasten Dritter darstellen.[611] Demnach liege der Zweck der unentziehbaren Rechten darin, dem in § 311 Abs. 1 Var. 2 BGB festgelegte Konsensprinzip gerecht zu werden.

Wie bereits an anderer Stelle erwähnt, ergibt sich die rechtliche Verbindlichkeit von Rechtsgeschäften aufgrund der in freier Selbstbestimmung geäußerten Zustimmung.[612] Bei einstimmigen Beschlüssen ist der Beschlussinhalt aufgrund der im Abstimmungsverfahren geäußerten Zustimmung für sämtliche Gesellschafter rechtsverbindlich. Bei Mehrheitsbeschlüssen ist bei dissentierenden Gesellschaftern diese unmittelbare Zustimmung nicht gegeben. Jedoch bringt die Rechtsordnung an verschiedenen Stellen zum Ausdruck, dass es möglich ist, sich der Regelsetzungsbefugnis eines Dritten zu unterwerfen. Beispiele hierfür sind die Vollmacht (§§ 164 ff. BGB) und die einseitige Leistungsbestimmung (§§ 315 ff. BGB).[613] Die Rechtsverbindlichkeit der durch einen Dritten herbeigeführten Entscheidung ergibt sich aus der mittelbaren Zustimmung des eigentlichen Regeladressaten.[614]

Der Gedanke der Unterwerfung unter die Gestaltungsmacht eines Dritten lässt sich auf die Beschlussfassung im Gesellschaftsrecht übertragen.[615] Mit dem Beitritt zur Gesellschaft haben sich die Gesellschafter damit einverstanden erklärt, dass die Willensbildung durch Mehrheitsentscheidungen erfolgen soll. Die formelle Legitimation des jeweiligen Beschlussergebnisses beruht daher auf der mittelbaren Zustimmung jeden Gesellschafters.[616] Die Situation lässt sich mit der Konstellation vergleichen, dass einem Vertreter eine Generalvollmacht eingeräumt wird, einen bestehenden Vertrag mit einem Dritten abzuändern. Bei

---

610 *Altmeppen*, in: Gesellschaftsrechtliche Vereinigung, Gesellschaftsrecht in der Diskussion 2015, S. 55, 60 f.

611 *Altmeppen*, in: Gesellschaftsrechtliche Vereinigung, Gesellschaftsrecht in der Diskussion 2015, S. 55, 60 f.

612 Vgl. hierzu 1. Teil: C. I. 1. Siehe auch *G. Bachmann*, Private Ordnung, S. 172 ff.; *Thiele*, Die Zustimmungen in der Lehre vom Rechtsgeschäft, S. 14 ff.

613 *G. Bachmann*, Private Ordnung, S. 172 ff.

614 *G. Bachmann*, Private Ordnung, S. 172 ff.

615 *Bötticher*, Gestaltungsrecht, S. 27 ff.

616 *Adomeit*, FS Kelsen, S. 9, 17 f.; *G. Bachmann*, Private Ordnung, S. 172 ff.; *Leenen*, FS Larenz, S. 371, 381; *Marburger*, NJW 1984, 2252, 2256 („Mehrheitsbeschlüsse [erlangen] ihre Legitimation alleine aus der vertraglichen Einführung des Mehrheitsprinzips"); *Risse/Höfling*, NZG 2017, 1131, 1132.

Eintritt in eine Personengesellschaft mit Mehrheitsklausel wird der Gesellschafterversammlung ebenfalls eine Regelsetzungsbefugnis zur Änderung des Gesellschaftsvertrages eingeräumt. Insofern liegt kein Verstoß gegen § 311 Abs. 1 Var. 2 BGB vor.

Zudem steht der oben genannten Ansicht § 119 Abs. 2 HGB entgegen, welcher ohne Ausnahme die Möglichkeit der mehrheitlichen Beschlussfassung vorsieht. Ferner hat der Gesetzgeber für die Kapitalgesellschaften in § 53 Abs. 2 GmbHG bzw. § 179 Abs. 2 AktG explizit die Möglichkeit einer mehrheitlichen Satzungsänderung geregelt. Für Personengesellschaften kann insoweit nichts anderes gelten.

Daher kann der Zweck des Rechtsinstituts der unentziehbaren Rechte nicht in der Wahrung des Konsensprinzips zu sehen sein.

(b) Argument der Selbstentmündigung

Ein Teil des Schrifttums ist der Ansicht, dass durch das Regelungsinstrument der unentziehbaren Rechte die Selbstbestimmung der Gesellschafter gewährleistet werden soll.[617] Ohne die durch das Rechtsinstitut der unentziehbaren Rechte gewährleisteten Zustimmungsvorbehalte käme es zu einer sittenwidrigen Selbstentmachtung der Gesellschafter, welche gegen das Verbot der Selbstentmündigung verstoße.[618]

Bereits an anderer Stelle wurde dargelegt, dass aufgrund des jedem Gesellschafter zustehenden ordentlichen Kündigungsrechts das Argument einer etwaigen Selbstentmündigung eine Einschränkung der Gestaltungsfreiheit nicht zu rechtfertigen vermag.[619] Der Zweck des Rechtsinstituts der unentziehbaren Rechte kann folglich nicht in der Gewährleistung der Selbstbestimmung der Gesellschafter liegen.

(c) Argument der marktersetzenden Funktion

Eine Stimme in der Literatur sieht den Zweck der unentziehbaren Rechte in deren marktersetzenden Funktion.[620] Die Aktionäre einer Aktiengesellschaft

---

617 *Altmeppen*, in: Gesellschaftsrechtliche Vereinigung, Gesellschaftsrecht in der Diskussion 2015, S. 55, 61; *Hüffer*, ZHR 151 (1987), 396, 408; *Dumser*, Beschränkungen der Mehrheitsmacht, S. 167; *Krohn*, Individualschutz, S. 89 ff.; *Mecke*, BB 1988, 2258, 2264.

618 *Altmeppen*, in: Gesellschaftsrechtliche Vereinigung, Gesellschaftsrecht in der Diskussion 2015, S. 55, 61; *Krohn*, Individualschutz, S. 91.

619 Siehe hierzu 2. Teil: A. II. 2. a) bzw. 2. Teil: B. II. 1. b) cc) (3) (a).

620 *Haar*, Die Personengesellschaft im Konzern, S. 103 ff.; *dies.*, NZG 2007, 601, 602.

können ihre Missbilligung bezüglich der Entwicklung der Gesellschaft zum Ausdruck bringen, indem sie ihre Anteile verkaufen.[621] Der Markt übt insofern eine Disziplinierungsfunktion aus.[622] Da für Anteile an einer Personengesellschaft jedoch kein ausgebildeter Sekundärmarkt existiere, bestehe ein Kontrolldefizit im Hinblick auf die Unternehmensentwicklung.[623] Dieses Kontrolldefizit sei für das Recht der Personengesellschaften durch Widerspruchsrechte auszugleichen.[624] Das Regelungsinstrument der unentziehbaren Rechte erfülle insofern eine marktersetzende Funktion.

Diese Ansicht verkennt jedoch, dass die angesprochene Disziplinierungswirkung ebenso durch das ordentliche Kündigungsrecht erreicht wird.[625] Mit dem Austritt eines Gesellschafters droht der Gesellschaft in jedem Fall ein Abzug von Kapital und möglicherweise auch ein Verlust an Know-how. Demzufolge kann bereits die Ankündigung der Geltendmachung des Kündigungsrechts disziplinierend wirken. Zuzugeben ist zwar, dass das Druckmittel der Kündigung je nach konkreter Ausgestaltung im Einzelfall an Durchschlagskraft verliert.[626] In diesem Umstand alleine kann jedoch nicht der Regelungszweck der unentziehbaren Rechte zu sehen sein.

(d) Argument der Unvorhersehbarkeit späterer Entwicklungen

Die Rechtsprechung begründete das Regelungsinstrument der unentziehbaren Rechte bisher damit, dass die Konsequenzen einer Unterwerfung unter den Mehrheitswillen regelmäßig nicht erfasst werden und aufgrund der Unvorhersehbarkeit künftiger Entwicklungen nicht erfasst werden können.[627]

Damit angesprochen ist das Phänomen der begrenzten Rationalität im Zusammenhang mit relationalen Verträgen.[628] Bereits im Grundlagenteil wurde herausgearbeitet, dass die begrenzte Rationalität der Minderheitsgesellschafter eine der wesentlichen Ursachen für einen fehlenden Selbstschutz

621 *Haar*, Die Personengesellschaft im Konzern, S. 55.

622 *Haar*, Die Personengesellschaft im Konzern, S. 55; siehe auch 1. Teil: C. IV. a).

623 *Haar*, Die Personengesellschaft im Konzern, S. 103; *dies.*, NZG 2007, 601, 602.

624 *Haar*, Die Personengesellschaft im Konzern, S. 55, 103; *dies.*, NZG 2007, 601, 602.

625 *G. Bachmann/Eidenmüller/Engert/Fleischer/Schön*, Rechtsregeln für die geschlossene Kapitalgesellschaft, S. 60 f.; *Krohn*, Individualschutz, S. 66; *Haar*, Die Personengesellschaft im Konzern, S. 484 f. selbst schreibt den Lösungsrechten ebenfalls eine marktersetzende Funktion zu.

626 Vgl. hierzu 2. Teil: A. II. 2. a).

627 BGH, NJW 1995, 194, 195.

628 Ebenso *Klöhn*, AcP 216 (2016), 282, 306 ff.

gegen Mehrheits-Opportunismus ist.[629] Denn diverse Rationalitätsdefizite führen dazu, dass Minderheitsgesellschafter die Gefahr einer Majorisierung falsch bewerten und infolge dessen auf entsprechende Schutzmechanismen verzichten. Der Zweck des Regelungsinstruments der unentziehbaren Rechte ist daher in der Korrektivfunktion hinsichtlich der begrenzten Rationalität der Beteiligten und des regelmäßig damit einhergehenden fehlenden Selbstschutzes der Minderheitsgesellschafter vor Mehrheits-Opportunismus zu sehen.[630]

(2) Meinungsstand zum Regelungsinstrument der unentziehbaren Rechte

Für die Überprüfung der Zweckmäßigkeit des Regelungsinstruments der unentziehbaren Rechte soll im folgenden Abschnitt zunächst auf den Meinungsstand in diesem Zusammenhang eingegangen werden. Das überwiegende Schrifttum spricht sich für eine Beibehaltung des Regelungsinstruments der unentziehbaren Rechte aus.[631] Die diesbezüglich vorgebrachten Argumente sollen zunächst dargestellt werden.

(a) Wahlhilfe

Wie oben beschrieben, stellt das Regelungsinstrument der antizipierten Zustimmung eine *altering rule* dar. Aufgrund dieser reicht es nicht aus, eine allgemeine Mehrheitsklausel in den Gesellschaftsvertrag aufzunehmen, um das Einstimmigkeitsprinzip abzubedingen. Vielmehr muss zum einen der Beschlussgegenstand angegeben und zum anderen der Beschlussinhalt umrissen werden. Durch die Vorgaben einer antizipierten Zustimmung werden folglich für die betroffenen Gesellschafter Informationen offengelegt. Es lässt sich daher argumentieren, dass diese Informationen den Minderheitsgesellschaftern die Konsequenzen ihrer Zustimmung vor Augen führen können.[632] Mit anderen Worten soll von den Angaben einer antizipierten Zustimmung eine Warnwirkung bezüglich etwaiger Risiken, wie ein opportunistisches Verhalten der Mehrheit, ausgehen.[633] Das Instrument der antizipierten Zustimmung kann somit möglicherweise als Antwort auf das Regelungsproblem verstanden werden, dass aufseiten

---

629 Vgl. hierzu 1. Teil: C. III. 1. b) aa).

630 Ebenso *Klöhn*, AcP 216 (2016), 282, 306 ff.

631 *Heckschen/D. Bachmann*, NZG 2015, 531, 537, *Priester*, NZG 2015, 529, 539; *Schäfer*, ZIP 2015, 1313, 1314 ff.; *Seidel/Max. Wolf*, BB 2015, 2563, 2564 ff.; *J. Weber*, *ZfPW*2015, 123, 126.

632 *Löffler*, NJW 1989, 2656, 2660; *Mecke*, BB 1988, 2258, 2263 f.

633 *Klöhn*, AcP 216 (2016), 282, 304.

der Minderheitsgesellschafter regelmäßig ein Informationsdefizit im Hinblick auf die Konsequenzen einer Zustimmung zu einer allgemeinen Mehrheitsklausel besteht.[634]

Durch die Angaben, welche beispielsweise eine antizipierte Zustimmung zur Änderung des Gewinnverteilungsschlüssels enthält, sollen die Minderheitsgesellschafter darauf aufmerksam gemacht werden, dass sie unter Umständen in der Zukunft finanzielle Einbußen hinnehmen müssen. Auf Grundlage dieser Informationen können die Gesellschafter im Zeitpunkt der Vertragsverhandlungen sodann entscheiden, welche Wahl ihren Interessen entspricht: Eine Streichung der antizipierten Zustimmung aus dem Vertrag (sofern dies aufgrund der eigenen Verhandlungsposition möglich ist), ein Beitritt in eine Gesellschaft mit einer solchen Regelung oder ein Abbruch der Vertragsverhandlungen.

Es ließe sich daher vertreten, das Institut der unentziehbaren Rechte in seiner Wirkungsweise als rationalitätsfördernde Wahlhilfe zu qualifizieren.[635] Indem Informationen bereitgestellt werden, sollen – dem Gedanken des Bestimmtheitsgrundsatzes entsprechend – Informationsdefizite behoben und eine rationale Wahl ermöglicht werden.[636] Dabei werden die Handlungsoptionen der Betroffenen durch die Rechtsordnung nicht beschränkt. Vielmehr sind diese weiterhin befugt eine freie Entscheidung zu treffen.[637] Die Tatsache, dass die Entscheidungskompetenz über den konkreten Inhalt bei den Parteien verbleibt, hat den Vorteil, dass dem Gebot nach minimalinvasiven Eingriffen in die grundrechtlich geschützte Vertragsfreiheit nachgekommen wird.[638]

(b) Rechtssicherheit

Im Schrifttum wird die Simplizität des Schutzmechanismus gelobt.[639] So seien die Voraussetzungen, von denen ein Zustimmungserfordernis abhänge, weitgehend klar umrissen.[640] Aufgrund dessen gewährleiste das Regelungsinstrument der unentziehbaren Rechte – gerade im Vergleich zu anderen Schutzmechanismen

634 Siehe hierzu 1. Teil: D.

635 Vgl. zum Begriff der Wahlhilfe 1. Teil: C. IV. b). Die Wirkungsweise des Regelungsinstruments der unentziehbaren Rechte entspricht in dieser Hinsicht teilweise dem des Bestimmtheitsgrundsatzes, vgl. insoweit auch 2. Teil: B. I. 1. b).

636 *van Aaken*, in: Anderheiden/Heinig/Bürkli, Paternalismus und Recht, S. 109, 125.

637 *van Aaken*, in: Anderheiden/Heinig/Bürkli, Paternalismus und Recht, S. 109, 125.

638 *van Aaken*, in: Anderheiden/Heinig/Bürkli, Paternalismus und Recht, S. 109, 138; siehe hierzu auch 1. Teil: C. II. 1.

639 *Priester*, NZG 2015, 529, 530 f.

640 *Haar*, Die Personengesellschaft im Konzern, S. 102 f.; *Priester*, NZG 2015, 529, 530 f.

wie der Treuepflicht – ein hohes Maß an Prognostizierbarkeit und Rechtssicherheit für alle Beteiligten.[641] Letzterer Aspekt sei gerade in wirtschafts- und unternehmensrechtlichen Fragestellungen von hoher Bedeutung.[642]

(c) Hohes Schutzniveau

Soweit der Gesellschaftsvertrag keine Regelungen bezüglich antizipierter Zustimmungen enthält, bedarf es für die Wirksamkeit des Beschlusses der Ad-hoc-Zustimmung der Betroffenen. Durch dieses Vetorecht sind die Minderheitsgesellschafter in einem hohen Maße vor einem opportunistischen Verhalten der Mehrheitsgesellschafter im Rahmen der Beschlussfassung geschützt.

Zudem lässt sich argumentieren, dass die Rechtsfolgen einer fehlenden Zustimmung, den Interessen der Minderheitsgesellschafter entgegenkommen. Verweigert ein Gesellschafter seine Zustimmung, so ist der Beschluss unwirksam. In begründeten Ausnahmefällen kann zwar eine Zustimmungspflicht zu einer Maßnahme bestehen. Die Klageinitiativlast für die prozessuale Durchsetzung einer solchen Pflicht liegt jedoch bei der Gesellschaftermehrheit. Insofern lässt sich behaupten, dass das Regelungsinstrument der unentziehbaren Rechte im Vergleich zu anderen Schutzmechanismen, wie etwa ein Abstellen auf die Treuepflicht, ein hohes Schutzniveau gegen Mehrheits-Opportunismus gewährleistet.[643]

(d) Stärkung des Entscheidungsprozesses

Neben dem Schutz vor Mehrheits-Opportunismus sei zudem ins Feld zu führen, dass aufgrund von Vetorechten den Interessen der Minderheit stärkeres Gewicht im Rahmen der Willensbildung zukomme.[644] Dies führe zu einem intensiveren Meinungsaustausch, bei dem sich die besseren Argumente am Ende durchsetzten. Aufgrund dessen werde der gesellschaftsinterne Entscheidungsmechanismus optimiert.[645]

---

641 *Haar*, Die Personengesellschaft im Konzern, S. 102 f.; *Immenga*, ZGR 1974, 385, 426; *Löffler*, NJW 1989, 2656, 2662; *Priester*, NZG 2015, 529, 530 f.

642 *G. Roth*, JBl 2005, 80, 85.

643 *Priester*, EWiR 2015, 71, 72; *Ulmer*, ZIP 2015, 657, 659.

644 *Haar*, Die Personengesellschaft im Konzern, S. 109 f.

645 *Haar*, Die Personengesellschaft im Konzern, S. 109 f.

(3) Stellungnahme

In diesem Abschnitt sollen die vom Schrifttum vorgetragenen Argumente auf ihre Tauglichkeit zur Rechtfertigung eines Eingriffs in die Vertragsfreiheit der Parteien untersucht werden.

(a) Argument der Wahlhilfe

Oben wurde dargelegt, dass das Regelungsinstrument der unentziehbaren Rechte als Korrektiv zur begrenzten Rationalität der Beteiligten zu sehen ist. In diesem Zusammenhang wurde die These aufgestellt, dass der Wirkungsmechanismus des Instruments der unentziehbaren Rechte als eine rationalitätsfördernde Wahlhilfe eingeordnet werden kann. Gegenüber einer solchen Kategorisierung bestehen jedoch erhebliche Bedenken.

(aa) Wahrung der Letztentscheidungskompetenz der Parteien

Charakteristikum einer Wahlhilfe ist zunächst, dass die Vertragsparteien eine Wahlmöglichkeit zwischen verschiedenen Gestaltungsmöglichkeiten haben. Es ist daher erforderlich, dass die Letztentscheidungskompetenz über den Vertragsinhalt bei den Beteiligten verbleibt. In Bezug auf den hier relevanten Kontext bedeutet dies, dass die Vertragsparteien tatsächlich die Option haben müssten, für sämtliche Beschlussgegenstände vorbehaltlose Mehrheitsentscheidungen zu vereinbaren.

Die an eine antizipierte Zustimmung gestellten Anforderungen verlangen, dass der Beschlussinhalt umrissen wird. So müsste etwa die antizipierte Zustimmung zu einer Änderung der Gewinnverteilung bereits den zu beschließenden Verteilungsschlüssel enthalten. Durch einen späteren Mehrheitsbeschluss kann dann der in der antizipierten Zustimmung geregelte Sachverhalt ausgeführt werden. Durch eine solche Konstruktion hat die Mehrheit der Stimmen jedoch lediglich die Möglichkeit, über den Zeitpunkt der Umsetzung der Maßnahme zu entscheiden. Der Beschlussinhalt ist hingegen vorgegeben. Die Konstruktion der antizipierten Zustimmung kann daher als verlängertes Einstimmigkeitsprinzip umschrieben werden.

Um den Handlungsspielraum für eine Mehrheitsentscheidung zu erweitern, könnte man erwägen, mehrere antizipierte Zustimmungen mit unterschiedlichen Verteilungsschlüsseln bereits vorab festzulegen.[646] Nichtsdestoweniger

646 Unklar ist, inwiefern die Festlegung eines Handlungsrahmens z.B. in Form einer Thesaurierungsobergrenze die Voraussetzungen einer antizipieren Zustimmung erfüllt. Hierfür *W. Goette/M. Goette*, DStR 2016, 74, 81; vgl. hierzu auch die Diskussion bei

wird durch den Mehrheitsbeschluss nur eine bereits beschlossene Maßnahme ausgeführt. Selbst einer vorausschauenden Vertragsgestaltung wird es nicht gelingen, bereits im Zeitpunkt des Vertragsschlusses sämtliche Sachverhaltsvarianten in antizipierten Zustimmungen festzulegen.[647] Ein wesentlicher Grund für die Einführung des Mehrheitsprinzips besteht schließlich gerade darin, dass zum Zeitpunkt des Vertragsschlusses nicht sämtliche zukünftigen Entwicklungen und Eventualitäten vorhergesehen werden können.[648] So kann beispielsweise der Inhalt einer antizipierten Zustimmung zu einer Änderung des Gesellschaftsvertrages, welche aufgrund einer geänderten höchstrichterlichen Rechtsprechung erforderlich wird, nicht im Vorhinein formuliert werden.[649]

Aufgrund dessen lässt sich gerade nicht der Zustand herstellen, der bestehen würde, wenn das Mehrheitsprinzip uneingeschränkt gelten würde. Bereits aus diesem Grund scheidet eine Qualifizierung des Regelungsinstruments der unentziehbaren Rechte als Wahlhilfe aus.

(bb) Rationalitätsfördernde Wirkung

Des Weiteren erscheint die rationalitätsfördernde Wirkung des Regelungsinstruments der unentziehbaren Rechte zweifelhaft.[650] Zwar sind die darzulegenden Informationen im Vergleich zum Bestimmtheitsgrundsatz detaillierter. Dennoch können ähnlich wie beim Bestimmtheitsgrundsatz auch beim Regelungsinstrument der unentziehbaren Rechte die grundsätzlichen Probleme des Informationsmodells auftreten.[651]

Dies betrifft zunächst die Frage der Informationsaufnahme. Um das Mehrheitsprinzip möglichst weitreichend einzuführen, müssen die Gesellschafter für verschiedene Beschlussgegenstände und zudem für verschiedene Sachverhaltskonstellationen antizipierte Zustimmungen festlegen. Aufgrund dessen wird im Gesellschaftsvertrag alleine für den Regelungspunkt der Beschlussfassung

---

der Jahrestagung der Gesellschaftsrechtlichen Vereinigung bei *P. Scholz*, in: Gesellschaftsrechtliche Vereinigung, Gesellschaftsrecht in der Diskussion 2015, S. 67, 68.

647 So auch die Einschätzung von *Klöhn*, AcP 216 (2016), 282, 304; *Löffler*, NJW 1989, 2656, 2661.

648 Siehe hierzu 1. Teil: B. IV. 3. b).

649 Vgl. etwa bezüglich der Unbeständigkeit der Rechtsprechung zu Abfindungsklauseln *Schmidt*, in: MüKo HGB, § 131 Rn. 152.

650 *Klöhn*, AcP 216 (2016), 282, 307.

651 Ebenso *Löffler*, NJW 1989, 2656, 2662; *U.Torggler/H. Torggler*, FS Roth, S. 381, 384, wenn auch ohne explizite Einlassung zum Informationsmodell. Vgl. hierzu bereits die Erörterungen im Rahmen des Bestimmtheitsgrundsatzes.

eine erhebliche Menge an Informationen bereitgestellt. Wie bereits an anderer Stelle ausgeführt, kann eine zu große Informationsmenge zu einem *information overload* führen.[652] Dies bedeutet, dass sich eine zu große Anzahl an antizipierten Zustimmungen kontraproduktiv auf die Informationsaufnahmefähigkeit auswirkt.

Des Weiteren hängt die Aufnahme von Informationen maßgeblich davon ab, auf welche Art und Weise diese präsentiert werden.[653] Um eine reflektiert-rationale Entscheidung zu ermöglichen, sollte die Darstellung einprägsam und prägnant erfolgen.[654] Für die Formulierung einer antizipierten Zustimmung gibt es jedoch keine Vorgaben bezüglich der Rezipierbarkeit von Informationen.[655] Dieser Umstand kann zudem durch einen Mehrheitsgesellschafter bewusst manipulativ ausgenutzt werden. So kann dieser geneigt sein, den Inhalt einer antizipierten Zustimmung durch eine verklausulierte Formulierung unscheinbar wirken zu lassen.[656]

Selbst wenn die durch antizipierte Zustimmungen dargelegten Informationen aufgenommen werden, bedeutet dies nicht zwangsläufig, dass diese vom Rezipienten zweckgemäß verarbeitet und beim Entscheidungsverhalten berücksichtigt werden. Denn Rationalitätsdefizite lassen sich nur eingeschränkt durch den Abbau von Informationsdefiziten beheben.[657] Dies zeigt auch das Beispiel von Abfindungsklauseln.[658] Deren Informationsdarstellung sowie Informationsumfang wird oftmals mit denen einer antizipierten Zustimmung vergleichbar sein. Dennoch lassen sich Gesellschafter etwa auf eine Vertragsgestaltung ein, welche dazu führt, dass bei einem Ausscheiden ein eklatantes Missverhältnis zwischen Abfindungsanspruch und tatsächlichem Beteiligungswert besteht. Die Erklärung für ein solch irrationales Verhalten trotz Kenntnisnahme des Vertragsinhaltes ist, dass Faktoren wie Überoptimismus und Zeitinkonsistenz zu kognitiven Verzerrungen in Entscheidungssituationen führen.[659] Aus den

---

652 Vgl. hierzu 2. Teil: B. I. 1. d) bb) (2) (a) (bb).

653 *van Aaken*, in: Anderheiden/Heinig/Bürkli, Paternalismus und Recht, S. 109, 126; *Kind*, Grenzen des Verbraucherschutzes, S. 484 ff.; *Tversky/Kahneman*, Science 211 (1981), 453 ff.

654 *Schmolke*, Grenzen der Selbstbindung, S. 262.

655 Dies kritisiert auch *Klöhn*, AcP 216 (2016), 282, 307.

656 *Kuntz*, Gestaltung von Kapitalgesellschaften, S. 461; *Schön*, FS Canaris, S. 1191, 1207.

657 *Klöhn*, AcP 216 (2016), 282, 307; *Schön*, FS Canaris, S. 1191, 1209 f.; *Schmolke*, Grenzen der Selbstbindung, S. 262.

658 Hierauf hinweisend *Fleischer*, ZGR 2001, 1, 6 f.; *Schön*, FS Canaris, S. 1191, 1210.

659 *Fleischer*, ZGR 2001, 1, 6 f.; *Schön*, FS Canaris, S. 1191, 1210.

gleichen Erwägungen ist auch die rationalitätsfördernde Wirkung einer antizipierten Zustimmung zumindest zweifelhaft.[660]

Aufgrund der genannten Argumente stellt das Regelungsinstrument der unentziehbaren Rechte keine Wahlhilfe, sondern eine Wahlbeschränkung dar.

(b) Argument der Rechtssicherheit

Im Schrifttum wird die mit dem Regelungsinstrument der unentziehbaren Rechte einhergehende Rechtssicherheit hervorgehoben.[661] Diese sei dadurch gegeben, dass die Voraussetzungen eines Zustimmungsvorbehaltes für die Beteiligten verständlich seien. An einer solchen Feststellung bestehen jedoch Bedenken.

(aa) Umfang der unentziehbaren Rechte

Diese Bedenken betreffen zunächst die Frage, welche mitgliedschaftlichen Rechte zum Kreis der unentziehbaren Rechte zu zählen sind. Durch die Festlegung, dass die unentziehbaren Rechte aus den wesentlichen Rechten bestehen, welche die Stellung der Gesellschafter in der Gesellschaft maßgeblich prägen,[662] ergeben sich komplizierte Abgrenzungsprobleme.[663] So ist für die Praxis nicht ohne weiteres ersichtlich, wie diese ausfüllungsbedürftigen Rechtsbegriffe zu verstehen sind.[664] Die Festlegung der unentziehbaren Rechte wird zudem dadurch erschwert, dass bezüglich der Frage nach der Wesentlichkeit eines Rechtes, die konkrete Struktur der jeweiligen Gesellschaft sowie die Stellung des betroffenen Gesellschafters zugrunde zu legen ist[665].[666] Aufgrund der weitgehenden Gestaltungsfreiheit im Personengesellschaftsrecht und der sich daraus ergebenden Heterogenität an Erscheinungsformen lässt sich nicht abstrakt bestimmen, welche Rechte einzubeziehen sind.[667]

Für Rechtsunsicherheit sorgt zudem der Umstand, dass trotz dieser Unterscheidungsmerkmale von Befürwortern des Regelungsinstruments praktisch

---

660 *Klöhn*, AcP 216 (2016), 282, 307.

661 *Haar*, Die Personengesellschaft im Konzern, S. 102 f.; *Immenga*, ZGR 1974, 385, 426; *Löffler*, NJW 1989, 2656, 2662; *Priester*, NZG 2015, 529, 530 f.

662 BGH, NJW 1995, 194, 195.

663 *Hofmann*, Minderheitsschutz, S. 199.

664 *Wertenbruch*, DB 2014, 2875, 2877.

665 Vgl. zu diesem Erfordernis BGH, NJW 1995, 194, 195.

666 BGHZ 203, 77, 90; *Hofmann*, Minderheitsschutz, S. 199.

667 *Hey*, Freie Gestaltung in Gesellschaftsverträgen, S. 238; *Ott*, WuB II G. § 119 HGB 1.95, 756, 757 f.; bezüglich der unterschiedlichen Erscheinungsformen siehe *Sigle*, FS Hüffer, S. 973, 977 ff.

sämtliche Mitgliedschaftsrechte in den Kernbereich einbezogen werden.[668] Durch ein solches Vorgehen werden nicht nur die selbst gesetzten Vorgaben missachtet, sondern auch der Minderheitenschutz über Gebühr ausgeweitet.

Zur Konturlosigkeit trägt ferner die Tatsache bei, dass Themenkomplexe wie die Zusammensetzung des Mitgliederbestandes oder der Gesellschaftszweck miteinbezogen werden, obwohl diese keinen Bezug zu Mitgliedschaftsrechten aufweisen. All diese Faktoren führen dazu, dass es keineswegs eindeutig ist, welche Rechte tatsächlich zum Kreis der unentziehbaren Rechte zu zählen sind.[669]

(bb) Eingriff in ein unentziehbares Recht

Ein weiteres Abgrenzungsproblem stellt sich sodann im Hinblick auf die Frage, ob ein Beschluss mittelbar oder unmittelbar in ein unentziehbares Recht eingreift. Denn nach der h.M. lösen nur unmittelbare Eingriffe einen Zustimmungsvorbehalt aus.[670] Eine solche Differenzierung dürfte die Praxis jedoch regelmäßig vor Schwierigkeiten stellen. Prominentestes Beispiel in diesem Zusammenhang ist die dem OTTO-Urteil[671] zugrunde liegende Frage, inwiefern die Gewinnthesaurierung in Form der Bildung offener Rücklagen einen Eingriff in das Gewinnrecht darstellt.[672] So lässt sich zum einen ins Feld führen, dass ein Thesaurierungsbeschluss nur mittelbar das Gewinnrecht tangiere, da lediglich die gegenwärtige Verfügung über den Gewinn entzogen wird.[673] Der jedem Gesellschafter zustehende Anteil am Gewinn wird nicht beeinträchtigt, sondern bleibt diesem in Form der Wertsteigerung seines Gesellschaftsanteils erhalten.[674] Andererseits lässt sich argumentieren, dass ein Thesaurierungsbeschluss unmittelbar das Gewinnrecht betrifft.[675] Denn aufgrund der jeweiligen gesellschaftsvertraglichen Regelungen ist nicht immer gewährleistet, dass der Gesellschafter die Wertsteigerung seines Anteils im Falle eines Austritts auch

668 *Hofmann*, Minderheitsschutz, S. 199; vgl. hierzu die Übersicht in 2. Teil: B. II. 1. c) bb).

669 Dies war das entscheidende Argument des BGH für seine Distanzierung vom Regelungsinstrument der unentziehbaren Rechte, siehe BGHZ 203, 77, 90; ebenso *Hofmann*, Minderheitsschutz, S. 199; *G. Roth*, JBl 2005, 80, 83.

670 Siehe hierzu 2. Teil: B. II. 1. c) cc).

671 BGHZ 170, 283 ff.

672 So auch Johannes Wertenbruch laut einem Diskussionsbericht bei der Jahrestagung der Gesellschaftsrechtlichen Vereinigung, vgl. *P. Scholz*, in: Gesellschaftsrechtliche Vereinigung, Gesellschaftsrecht in der Diskussion 2015, S. 67, 68 f.

673 *Priester*, DStR 2007, 28, 31; *Winter*, Mitgliedschaftliche Treuebindungen, S. 138.

674 *Priester*, DStR 2007, 28, 31.

675 *Schäfer*, ZGR 2013, 237, 256; *Ulmer*, FS Lutter, S. 935, 944.

realisieren kann.[676] Damit wird dem Gesellschafter bei Bildung einer offenen Rücklage der Gewinn de facto entzogen.

Ähnlich umstritten ist in diesem Zusammenhang, ob die Herabsetzung eines im Gesellschaftsvertrag festgelegten Quorums für die Beschlussfassung einen unmittelbaren Eingriff in das Stimmrecht darstellt.[677] Ungeklärt ist zudem auch, ob die Aufnahme eines neuen Gesellschafters und die damit einhergehende Verschiebung der Beteiligungsverhältnisse einen Eingriff in das Stimm- und Gewinnrecht darstellt.[678] Auf die Beispiele soll hier nicht näher eingegangen werden. Sie zeigen jedoch, dass das Abstellen auf das Unmittelbarkeitskriterium erhebliche Abgrenzungsschwierigkeiten bereiten kann.

(cc) Zustimmungspflicht

Schließlich besteht dahingehend Unsicherheit, ob bei einem gegebenen Vetorecht ausnahmsweise eine Zustimmungspflicht anzunehmen ist. Die hierbei relevante Frage, ob eine Maßnahme dringend erforderlich ist und den betroffenen Gesellschaftern zugemutet werden kann, ist keineswegs leicht zu beantworten. Bei beiden Kriterien handelt es sich um normative Rechtsbegriffe, die ausfüllungsbedürftig sind.

(dd) Zwischenergebnis

Als Ergebnis lässt sich feststellen, dass auf drei verschiedenen Ebenen komplizierte Abgrenzungsschwierigkeiten auftreten können. Das Argument, das Regelungsinstrument der unentziehbaren Rechte biete ein hohes Maß an Prognostizierbarkeit und Rechtssicherheit, geht insofern fehl. Die Abgrenzungsschwierigkeiten bezüglich der Frage, ob ein Vetorecht besteht, führen in der Praxis dazu, dass aus Sorgfaltserwägungen in mehrdeutigen Fällen von einem Zustimmungsvorbehalt ausgegangen wird. Daher kann von einer mittelbaren Überinklusion gesprochen werden. Dies widerspricht jedoch dem grundsätzlichen Begehren nach Mehrheitsentscheidungen der Beteiligten.

---

676 *Holler*, ZIP 2010, 1678, 1680.

677 So *Altmeppen*, in: Gesellschaftsrechtliche Vereinigung, Gesellschaftsrecht in der Diskussion 2015, S. 55, 60; *Priester*, NZG 2013, 321 ff.; dagegen *Schäfer*, in: Staub, § 119 Rn. 43; *Westermann*, in: Westermann/Wertenbruch, Personengesellschaften, § 24 Rn. 523.

678 *Schäfer*, ZGR 2013, 237, 256 f.

(c) Argument des hohen Schutzniveaus

Im Schrifttum wird das hohe Schutzniveau der unentziehbaren Rechte hervorgehoben. Daher soll zunächst die Wirkungsweise des Schutzmechanismus untersucht werden. Anschließend ist der Frage nachzugehen, ob das Regelungsinstrument tatsächlich einen effektiven Schutz vor Mehrheits-Opportunismus bieten kann.

(aa) Überinklusion

Das hohe Schutzniveau der unentziehbaren Rechte wird insbesondere dadurch erzielt, dass der Schutzbereich unabhängig von den Umständen des jeweiligen Einzelfalls eröffnet ist. Das Regelungsinstrument der unentziehbaren Rechte lässt sich deshalb als starre Schranke einordnen.[679] Zwar ist für die Beurteilung der Frage, welche Mitgliedschaftsrechte vom Regelungsinstrument der unentziehbaren Rechte erfasst werden, die konkrete Struktur der jeweiligen Gesellschaft sowie die Stellung des betroffenen Gesellschafters zugrunde zu legen. Dennoch ist die Schutzwirkung von kategorischer Natur.[680] Sofern ein Recht vom Schutzumfang erfasst wird, steht den betroffenen Gesellschaftern bei jeder einschlägigen Beschlussfassung ein Vetorecht zu. Die Umstände des jeweiligen Einzelfalls spielen für die Einräumung eines Zustimmungsvorbehalts keine Rolle. Das Institut der Zustimmungspflicht kann in dieser Hinsicht nur geringfügig als Korrektiv wirken, da lediglich Fallkonstellationen erfasst werden, in welchen der Bestand der Gesellschaft unmittelbar gefährdet ist.[681]

Der Nachteil von starren Schranken ist deren überschießende Wirkung, sofern nicht nahezu sämtliche Sachverhaltsvarianten von dem die Schranke rechtfertigenden Regelungsproblem betroffen sind. Aus regulatorischer Sicht ist von einer Überinklusion zu sprechen.[682] Für die vorliegende Abhandlung bedeutet dies, dass möglicherweise das Erfordernis einer antizipierten Zustimmung besteht bzw. ein Vetorecht eingeräumt wird, obwohl die Minderheit nicht der Gefahr von Mehrheits-Opportunismus ausgesetzt ist.

So ist die Gefahr einer Majorisierung als geringfügig zu erachten, wenn in einer Gesellschaft kein Verbandsmitglied alleine die erforderliche Stimmenmehrheit hält und zudem keine Koordination der Stimmrechtsausübung aufgrund von Stimmbindungsverträgen besteht. Die sich hieraus ergebende

---

679 Ebenso *Löffler*, NJW 1989, 2656, 2662; *G. Roth*, JBl 2005, 80, 82.

680 *G. Roth*, JBl 2005, 80, 82.

681 *Freitag*, in: Ebenroth/Boujong/Joost/Strohn, § 119 Rn. 38.

682 Siehe hierzu 2. Teil: B. I. 1. d) bb) (1).

wechselnde Zusammensetzung der Mehrheitsfraktion verhindert in der Regel einen Missbrauch von Mehrheitsmacht, da sich jeder Gesellschafter grundsätzlich in der Rolle der Minderheit oder der Mehrheit wiederfinden kann.[683]

Eine überschießende Wirkung des Regelungsinstruments der unentziehbaren Rechte ergibt sich jedoch selbst, wenn ein Gesellschafter alleine über die notwendige Stimmenmehrheit verfügt. Denn es ist nicht davon auszugehen, dass bei jeder Beschlussfassung die Mehrheitsmacht zu opportunistischen Zwecken ausgenutzt wird. Vielmehr ist das Gegenteil der Regelfall. Das Erfordernis einer antizipierten Zustimmung bzw. ein Vetorecht besteht jedoch auch dann, wenn ein Beschluss im Gesellschaftsinteresse liegt.[684]

Die überschießende Wirkung ist insofern dysfunktional, als aufgrund von Vetorechten anlasslos die Willensbildung erschwert und die Handlungs- und Funktionsfähigkeit der Gesellschaft beeinträchtigt wird. Zudem müssen die Gesellschafter Transaktionskosten für die Erstellung von antizipierten Zustimmungen aufwenden,[685] ohne dass zum Zeitpunkt des Vertragsschlusses absehbar ist, ob es in der Zukunft tatsächlich zu einem opportunistischen Verhalten der Mehrheit kommt. Mit anderen Worten entstehen Kosten denen kein äquivalenter Nutzen gegenüber steht.

Zusammenfassend lässt sich daher sagen, dass durch die Überinklusion des Regelungsinstruments der unentziehbaren Rechte über Gebühr in die Vertragsfreiheit der Parteien eingegriffen und aufgrund dessen dem Gebot nach minimalinvasiven Eingriffen nicht nachgekommen wird.

(bb) Unterinklusion

Ein hohes Schutzniveau des Regelungsinstruments der unentziehbaren Rechte wäre zu bejahen, wenn es einen effektiven Schutz vor Mehrheits-Opportunismus bieten kann. Aus regulatorischer Sicht gilt es daher eine Unterinklusion zu vermeiden. Von einer solchen spricht man dann, wenn der Anwendungsbereich eines Regelungsinstruments zu eng zugeschnitten ist und aufgrund dessen Bereiche des Regelungsanlasses nicht abgedeckt werden.[686] Im Hinblick auf das

683 *Klöhn*, AcP 216 (2016), 282, 305.

684 *Klöhn*, AcP 216 (2016), 282, 308.

685 Zu den Kosten für die Einführung des Mehrheitsprinzips unter den Vorgaben des Regelungsinstruments der unentziehbaren Rechte, siehe *Klöhn*, AcP 216 (2016), 282, 304.

686 Siehe hierzu auch *Schmolke*, Grenzen der Selbstbindung, S. 167 f.

Regelungsinstrument der unentziehbaren Rechte ist eine Unterinklusion festzustellen, wie die folgenden Beispiele zeigen.[687]

Unberücksichtigt bleiben zunächst Sachverhalte, in denen lediglich mittelbar in die vom Regelungsinstrument erfassten Rechte eingegriffen wird. Dass es sich hierbei ebenfalls um Maßnahmen mit erheblichen negativen Auswirkungen für die Minderheit handeln kann, zeigt das Beispiel der Gewinnthesaurierung in Form der Bildung offener Rücklagen.[688]

Des Weiteren bildet das Regelungsinstrument der unentziehbaren Rechte keinen Schutz, sofern es um Sachverhalte geht, welche keinen unmittelbaren Bezug zu Mitgliedschaftsrechten aufweisen. Solch ein Fall ist beispielsweise gegeben, wenn nachträglich beschlossen wird, dass der Mehrheitsgesellschafter, welcher zugleich Geschäftsführer ist, nur noch für grobe Fahrlässigkeit haften muss.[689]

Nicht erfasst ist zudem die Fallkonstellation, in welcher nachträglich ein Wettbewerbsverbot zugunsten eines Mehrheitsgesellschafters aufgehoben wird.[690]

Schließlich ist ein opportunistisches Verhalten eines Mehrheitsgesellschafters in der Hinsicht denkbar, dass dieser nach Bekanntwerden eines möglichen Austritts eines Gesellschafters aus dem Verband als Reaktion hierauf die im Gesellschaftsvertrag vereinbarte Kündigungsfrist erhöht. Nach h.M. der Befürworter des Regelungsinstruments der unentziehbaren Rechte wird ein solcher, das Kündigungsrecht betreffender Sachverhalt, nicht erfasst.[691]

Diese Beispielsfälle zeigen, dass der Bezugspunkt des unmittelbaren Eingriffs in ein Mitgliedschaftsrecht nicht ausreicht, um einen effektiven Schutz vor Mehrheits-Opportunismus zu gewährleisten. In diesem Umstand ist wohl die Begründung dafür zu sehen, dass Teile des Schrifttums neben dem Regelungsinstrument der unentziehbaren Rechte zusätzlich auf die Treuepflicht abstellen wollen.[692]

---

687 Dies gestehen auch Vertreter des Regelungsinstruments der unentziehbaren Rechte ein, vgl. *Schäfer*, ZGR 2013, 237, 263 ff.

688 Von verschiedenen Stimmen im Schrifttum wird die Bildung offener Rücklagen jedoch als unmittelbarer Eingriff gewertet, vgl. hierzu 2. Teil: B. II. 1. c) ff) (3) (b).

689 Beispiel übernommen von *Walz*, in: Ott/Schäfer, Ökonomische Analyse des Unternehmensrechts, S. 50, 66.

690 *Hellgardt*, FS Hopt, S. 765, 780; *Schäfer*, in: Staub, § 119 Rn. 52.

691 Siehe hierzu 2. Teil: B. II. 1. c) bb).

692 Paradigmatisch *Schäfer*, ZGR 2013, 237, 263 ff.

(d) Argument der Stärkung des Entscheidungsprozesses

Wie oben dargelegt wurde, lassen es die Vorgaben des Regelungsinstruments der unentziehbaren Rechte nicht zu, vollständig und umfassend das Mehrheitsprinzip einzuführen. In den Fällen, welche aufgrund der Unvorhersehbarkeit zukünftiger Entwicklungen und Eventualitäten nicht durch antizipierte Zustimmungen abgedeckt werden konnten, steht sämtlichen Gesellschaftern ein Vetorecht zu, sofern in ein unentziehbares Recht eingegriffen wird.

Mit Bezug hierauf wird vom Schrifttum hervorgehoben, dass das Regelungsinstrument der unentziehbaren Rechte aufgrund der Vetorechte zu mehr Verhandlungen führe und hierdurch den gesellschaftsinternen Entscheidungsmechanismus stärke. Denn die Gewährung von Widerspruchsrechten führt dazu, dass die Belange der Begünstigten im Rahmen der Willensbildung berücksichtigt werden müssen. Andernfalls ist davon auszugehen, dass diese gegen die jeweilige Maßnahme votieren. Damit ergeben sich jedoch im Kern die gleichen Problemstellungen wie bei Geltung des Einstimmigkeitsprinzips.[693]

So erschwert ein Mehr an zu berücksichtigenden Interessen die Kompromissfindung. Je nach Umfang des Verhandlungsprozesses können hierdurch hohe Entscheidungskosten entstehen.[694] Im schlimmsten Fall führt dies dazu, dass keine Verständigung auf eine Maßnahme erzielt werden kann. Dies ist umso wahrscheinlicher, je mehr Mitglieder ein Verband hat. Die Gewährung von Vetorechten wirkt sich damit negativ auf die Handlungs- und Funktionsfähigkeit einer Gesellschaft aus. Dies ist vor allem deshalb problematisch, da Gesellschaftsverträge typischerweise unvollständig sind und aufgrund dessen nachträglich angepasst werden müssen. Sofern dies nicht geschieht, kann hierunter die Wettbewerbsfähigkeit einer Gesellschaft leiden.

(e) Weitere Kritikpunkte

(aa) Minderheits-Opportunismus

Wie soeben dargestellt wurde, kann die sich aufgrund von Vetorechten erschwerte Willensbildung bereits einen erheblichen Nachteil darstellen. Nochmals verschärft wird die Problematik dadurch, dass diese Situation von Minderheitsgesellschaftern bewusst erpresserisch ausgenutzt werden kann. Denn diese können geneigt sein, mit der Blockade eines objektiv vernünftigen Beschlusses

---

693 Vgl. hierzu 1. Teil: B. IV.

694 *Oetker*, Das Dauerschuldverhältnis, S. 42 f.

zu drohen und ihre Zustimmung von der Gewährung von Sondervorteilen abhängig zu machen.[695]

Das Instrument der Zustimmungspflicht kann hinsichtlich Minderheits-Opportunismus nur bedingt Abhilfe verschaffen. Dies liegt zunächst daran, dass die Voraussetzungen einer Zustimmungspflicht sehr streng sind.[696] Eine Zustimmungspflicht ist daher nur in schwerwiegenden Ausnahmefällen anzunehmen.[697] Wie die einschlägigen Urteile zeigen, werden in der Regel nur Fälle erfasst, bei denen der Bestand der Gesellschaft unmittelbar gefährdet ist.[698] Ausgenommen bleiben damit Beschlusssachen, welche lediglich mittel- bzw. langfristig zur Bestandssicherung einer Gesellschaft beitragen. Beispielhaft sei etwa die Bildung von offenen Rücklagen für die Anschaffung einer neuen Produktionsstätte genannt. Für diese aus wirtschaftlicher Warte notwendigen Maßnahmen, um die Wettbewerbsfähigkeit der Gesellschaft zu gewährleisten, besteht somit kein Korrektiv, um der Gefahr von Minderheits-Opportunismus zu begegnen.

Hinzu kommt, dass eine etwaige Zustimmungspflicht eines Gesellschafters mittels einer Leistungsklage durchgesetzt werden muss. Dies bedeutet zunächst, dass die Ersetzung der Zustimmungserklärung mit Kosten verbunden ist. Des Weiteren besteht aufgrund unter Umständen langwieriger Gerichtsprozesse die Gefahr, dass die Urteilsverkündung und damit die Umsetzung der in Rede stehenden Maßnahme zu spät kommen.[699] Die Aussicht auf einen möglicherweise längerfristigen Schwebezustand kann ebenfalls von der Minderheit zu opportunistischen Zwecken ausgenutzt werden.[700]

(bb) Einseitige Begünstigung der Minderheit

Das Regelungsinstrument der unentziehbaren Rechte hat den Makel, dass es lediglich einseitig die Minderheit vor Mehrheits-Opportunismus zu schützen versucht.[701] Neben Mehrheits-Opportunismus stellt jedoch auch

695 Siehe zu Minderheits-Opportunismus bereits 1. Teil: B. IV. 3. c).

696 *Klöhn*, AcP 216 (2016), 282, 307.

697 BGH, NJW 1960, 434 f.; *Altmeppen*, NJW 2015, 2065, 2071.

698 Vgl. insoweit BGH, NJW 1985, 972 f.; BGHZ 183, 1 ff.

699 *Klöhn*, AcP 216 (2016), 282, 307 f.; *Köhler*, JA 1983, 168; *Leenen*, FS Larenz, S. 371, 384. Nach der hier vertretenen Ansicht ist eine Zustimmungsfiktion bei Grundlagenbeschlüssen abzulehnen, siehe hierzu 2. Teil: B. II. 1. c) dd) (3) (c) (bb).

700 *Klöhn*, AcP 216 (2016), 282, 308.

701 *Klöhn*, AcP 216 (2016), 282, 307; ähnlich auch *Walz*, in: Ott/Schäfer, Ökonomische Analyse des Unternehmensrechts, S. 50, 62 ff., 71.

Minderheits-Opportunismus im Rahmen der Beschlussfassung eine Gefährdung für die Funktionsfähigkeit der Gesellschaft dar. Sofern beispielsweise ein Minderheitsgesellschafter über eine Sperrminorität verfügt, kann dieser geneigt sein, seine für eine Abstimmung erforderliche Stimme als Druckmittel zur Erzielung von Sondervorteilen einzusetzen. Dieses Regelungsproblem wird jedoch durch das Institut der unentziehbaren Rechte nicht abgedeckt. Insofern kann von einer einseitigen Begünstigung der Minderheit gesprochen werden.[702] Aufgrund der ähnlichen Interessenlage wäre es jedoch sinnvoll, beiden Regelungsproblemen in vergleichbarer Weise zu begegnen.

gg) *Ergebnisse der Untersuchung zum Regelungsinstrument der unentziehbaren Rechte*

Gezeigt wurde, dass der Regelungszweck des Instruments der unentziehbaren Rechte in der Korrektivfunktion zum tendenziell fehlenden Selbstschutz der Minderheitsgesellschafter vor Mehrheits-Opportunismus zu sehen ist. Es bestehen jedoch erhebliche Einwände hinsichtlich der Einschränkung der Vertragsfreiheit durch das Institut der unentziehbaren Rechte. Im Rahmen der Untersuchung wurde festgestellt, dass das Regelungsinstrument der unentziehbaren Rechte zumindest teilweise die gleichen Defizite aufweist wie der Bestimmtheitsgrundsatz.[703]

Zunächst wurde festgestellt, dass sich das Regelungsinstrument aus zwei Gründen nicht als rationalitätsfördernde Wahlhilfe mit lediglich minimalinvasivem Eingriff in die Vertragsfreiheit einordnen lässt. Zum einen ist es nicht möglich, durch die Vereinbarung von antizipierten Zustimmungen vollständig und umfassend das Mehrheitsprinzip einzuführen. Damit verbleibt den Gesellschaftern gerade keine unbeschränkte Wahl darüber, für welche Gestaltungsvariante sie sich entscheiden. Zum anderen ist die rationalitätsfördernde Wirkung von antizipierten Zustimmungen zweifelhaft. Dies liegt an fehlenden Vorgaben bezüglich der Gestaltung von antizipierten Zustimmungen sowie Defiziten der Rezipienten hinsichtlich der Informationsaufnahme und -verarbeitung.

Des Weiteren wurde herausgearbeitet, dass es im Rahmen der Anwendung des Regelungsinstruments der unentziehbaren Rechte an drei verschiedenen Stellen zu komplizierten Abgrenzungsproblemen kommen kann, welche zu Rechtsunsicherheit in der Praxis führen. Dies betrifft zunächst die Frage, welche

702 *Klöhn*, AcP 216 (2016), 282, 307.

703 Dies betrifft zum einen die überschießende Wirkung des Regelungsinstruments und zum anderen die Bedenken hinsichtlich der rationalitätsfördernden Wirkung.

Rechte der Gesellschafter in den Schutzbereich einbezogen werden. Zudem kann die Unterscheidung zwischen unmittelbaren und mittelbaren Eingriffen Abgrenzungsschwierigkeiten bereiten. Schließlich ist die Frage des Bestehens einer etwaigen Zustimmungspflicht keineswegs einfach zu beantworten.

Ferner wurde dargelegt, dass das Regelungsinstrument der unentziehbaren Rechte sowohl zu einer Überinklusion als auch zu einer Unterinklusion führt. Ersteres hat zur Folge, dass die Vertragsfreiheit durch das Erfordernis einer antizipierten Zustimmung respektive die Gewährung eines Vetorechts über Gebühr beschränkt wird. Letzteres führt dazu, dass der Schutz des Regelungsinstruments der unentziehbaren Rechte lückenhaft ist, da nicht sämtliche denkbaren Sachverhaltsvarianten von Mehrheits-Opportunismus im Rahmen der Beschlussfassung abgedeckt werden.

Außerdem wurde gezeigt, dass Vetorechte die Handlungs- und Funktionsfähigkeit einer Gesellschaft beeinträchtigen können, da unter Umständen verschiedene Interessen zu einem Kompromiss geführt werden müssen. Besonders problematisch ist, dass das Regelungsinstrument der unentziehbaren Rechte Minderheits-Opportunismus begünstigt, indem Minderheitsgesellschafter ihr Vetorecht aus einer erpresserischen Absicht heraus zur Erzielung von Sondervorteilen einsetzen können.

Schließlich wurde festgestellt, dass das Regelungsinstrument einseitig die Minderheit begünstigt, da es keine Lösungsansätze für das Problem von Minderheits-Opportunismus bietet.

Aus den genannten Gründen lässt sich eine Einschränkung der Vertragsfreiheit durch das Erfordernis von antizipierten Zustimmungen bzw. die Gewährung von Vetorechten nicht rechtfertigen. Das Regelungsinstrument der unentziehbaren Rechte ist daher abzulehnen.

2. *Die Treuepflicht*

a) *Einleitung*

Neben dem Regelungsinstrument der unentziehbaren Rechte nimmt die Treuepflicht in Rechtsprechung und Literatur eine zentrale Rolle in Bezug auf eine Ausübungskontrolle des Stimmrechts ein. Bereits im OTTO-Urteil erwähnte der BGH, dass bei Mehrheitsentscheidungen zu prüfen sei, ob die Mehrheit „sich nicht etwa treuepflichtwidrig über beachtenswerte Belange der Minderheit hinweggesetzt hat“[704]. Fortan wurde der Treuepflicht neben den unentziehbaren

---

704 BGHZ 170, 283, 288.

Rechten eine stärkere Bedeutung zugemessen. Allerdings blieb die Frage des Verhältnisses der beiden Regelungsinstrumente zueinander zunächst ungeklärt.

In der Entscheidung vom 21. Oktober 2014 erklärte der BGH sodann, dass es bei Eingriffen in die individuelle Rechtsstellung eines Gesellschafters durch einen Beschluss nicht maßgeblich sei, ob dieser den Kernbereich eines Gesellschafters tangiere, sondern „ob der Eingriff im Interesse der Gesellschaft geboten und dem betroffenen Gesellschafter unter Berücksichtigung seiner eigenen schutzwerten Belange zumutbar“[705] sei. Hiermit angesprochen ist eine Verhältnismäßigkeitsprüfung, mittels derer die sich widerstreitenden Interessen der Beteiligten in einen schonenden Ausgleich gebracht werden sollen. Insofern wurde ein ähnlicher Weg eingeschlagen, wie er im Recht der Kapitalgesellschaften bereits seit Jahren Praxis ist.

Aufgrund dessen sind im Folgenden Inhalt und Bedeutung der Treuepflicht hinsichtlich des dieser Arbeit zugrunde liegenden Regelungsproblems zu untersuchen.

b) Inhalt der Treuepflicht

Die Treuepflicht als ungeschriebene Generalklausel ist ein Rechtsinstitut, welches in verschiedenen Rechtsgebieten existiert.[706] In der Vergangenheit waren die Treuepflicht und insbesondere ihr Geltungsgrund nicht unumstritten.[707] Mittlerweile ist jedoch ein Entwicklungsstand erreicht, bei dem von einer gewohnheitsrechtlichen Anerkennung der Treuepflicht als Generalklausel auszugehen ist.[708]

Im Gesellschaftsrecht wird zwischen der organschaftlichen Treuepflicht der Geschäftsführer und der mitgliedschaftlichen Treuepflicht der Verbandsmitglieder unterschieden.[709] Für die Fragestellung dieser Arbeit ist alleine Letztere von Relevanz.

Bezüglich der mitgliedschaftlichen Treuepflicht lassen sich wiederum zwei verschiedene Ebenen differenzieren. Zum einen besteht die Treuepflicht im

---

705 BGHZ 203, 77, 90. Allerdings vermeidet der BGH in der Entscheidung eine unmittelbare Bezugnahme auf die Treuepflicht.

706 Vgl. zu den Parallelen im Arbeitsrecht *Cahn*, FS Wiese, S. 71 ff.

707 Siehe hierzu *Hofmann*, Minderheitsschutz, S. 32 f.

708 *Schäfer*, in: Staub, § 105 Rn. 288; *Schmolke*, Grenzen der Selbstbindung, S. 262.

709 *Fleischer/Harzmeier*, NZG 2015, 1289, 1290; *Lieder*, in: Oetker, § 109 Rn. 25. Aufgrund des Grundsatzes der Selbstorganschaft im Personengesellschaftsrecht findet auf einen geschäftsführenden Gesellschafter sowohl die organschaftliche als auch die mitgliedschaftliche Treuepflicht gleichermaßen Anwendung.

Vertikalverhältnis zwischen den Gesellschaftern und der Gesellschaft.[710] Inhalt dieser Ausprägungsform ist die Pflicht der Gesellschafter, sich der Gesellschaft gegenüber loyal zu verhalten sowie schädigende Einflüsse von ihr fern zu halten.[711] Zum anderen besteht die Treuepflicht im Horizontalverhältnis zwischen den Gesellschaftern untereinander.[712] Diese Ausprägungsform verpflichtet die Gesellschafter eines Verbands, auf die Belange ihrer Mitgesellschafter Rücksicht zu nehmen.[713] Dazu gehört es, deren willkürliche Schädigung zu unterlassen sowie bei der Ausübung von Mitgliedschaftsrechten deren Interessen zu achten.[714] Dies gilt nicht nur für einen etwaigen Mehrheitsgesellschafter, sondern auch für Minderheitsgesellschafter.[715] Der Inhalt der beiden Ausprägungen der mitgliedschaftlichen Treuepflicht lässt sich daher als Förderpflicht gegenüber der Gesellschaft und als Rücksichtnahmepflicht gegenüber den Mitgesellschaftern zusammenfassen.[716] In beiden Fällen stellt die Treuepflicht einen Lösungsmechanismus für Binnenkonflikte dar. Ziel dieses Mechanismus ist es, die sich widerstreitenden Interessen innerhalb eines Verbands in einen angemessenen Ausgleich zu bringen.[717]

Da die Treuepflicht lediglich eine allgemeine und generalklauselhafte Verhaltensrichtlinie darstellt, lassen sich keine pauschalen Aussagen über Intensität und Reichweite der Förder- und Rücksichtnahmepflicht treffen.[718] Vielmehr bedarf es einer Konkretisierung unter Berücksichtigung der Verhältnisse im

---

710 *Schäfer*, in: MüKo BGB, § 705 Rn. 226 ff.; *ders.*, in: Staub, § 105 Rn. 234; *Schmidt*, in: MüKo HGB, § 105 Rn. 189.

711 *Hadding/Kießling*, in: Soergel, § 705 Rn. 60; *Wicke*, MittBayNot 2017, 125, 127.

712 *Schäfer*, in: MüKo BGB, § 705 Rn. 229 f.; *ders.*, in: Staub, § 105 Rn. 236 ff.; *Schmidt*, in: MüKo HGB, § 105 Rn. 189.

713 *Hadding/Kießling*, in: Soergel, § 705 Rn. 60; *Schäfer*, in: Staub, § 105 Rn. 236.

714 *Born*, in: Ebenroth/Boujong/Joost/Strohn, § 109 Rn. 20; *Emmerich*, in: Heymann, § 109 Rn. 6; *Schäfer*, in: Staub, § 105 Rn. 231; *Schmidt*, in: MüKo HGB, § 105 Rn. 191; *Schmolke*, Grenzen der Selbstbindung, S. 594.

715 *Hofmann*, Minderheitsschutz, S. 26; *Lieder*, in: Oetker, § 109 Rn. 26. Vgl. zur Diskussion einer Pflicht zur Zustimmung zu Beschlüssen 2. Teil: B. II. 1. c) dd) (3).

716 *Born*, in: Ebenroth/Boujong/Joost/Strohn, § 109 Rn. 20; *Lieder*, in: Oetker, § 109 Rn. 26.

717 *Hofmann*, Minderheitsschutz, S. 65.

718 *Emmerich*, in: Heymann, § 109 Rn. 5a.

jeweiligen Einzelfall.[719] Je nach Fallgestaltung können sich aus der Treuepflicht Unterlassungs- oder Handlungspflichten der Gesellschafter ergeben.[720]

Im Hinblick auf die Fragestellung dieser Arbeit ist die Funktion als Wahlbeschränkung bezüglich der Ausübung von Mitgliedschaftsrechten von Bedeutung.[721] Konkret steht die Ausübungskontrolle des Stimmrechts anhand der Treuepflicht im Mittelpunkt der Untersuchung.

c) Funktion der Treuepflicht

Bei der Treuepflicht handelt es sich, wie bereits erwähnt, um eine ungeschriebene Generalklausel. Es stellt sich dabei die Frage, warum es überhaupt eines solchen Regelungsinstruments im Horizontalverhältnis bedarf. Hierzu werden verschiedene Standpunkte vertreten, auf die im Einzelnen nicht einzugehen ist.[722] Nach der hier vertretenen Ansicht ist die Funktion der Treuepflicht im Zusammenhang mit den sich aus der Unvollständigkeit von Gesellschaftsverträgen ergebenden potentiellen Konfliktlagen zu sehen.[723] Wie bereits an anderer Stelle ausgeführt, sind Gesellschaftsverträge das Paradebeispiel für unvollständige Verträge.[724] Verschiedene Faktoren, insbesondere prohibitive Transaktionskosten sowie die begrenzte Rationalität der Akteure, führen dazu, dass nicht sämtliche Eventualitäten vertraglich festgehalten werden können. Dies führt dazu, dass abgesehen von den Beitragsleistungen nach § 705 BGB vage bleibt, welches Verhalten von den Verbandsmitgliedern geschuldet wird.[725] Dadurch

---

719 *Emmerich*, in: Heymann, § 109 Rn. 6; *Hadding/Kießling*, in: Soergel, § 705 Rn. 58; *Schäfer*, in: Staub, § 105 Rn. 232; *Schmidt*, in: MüKo HGB, § 105 Rn. 190; *Schmolke*, Grenzen der Selbstbindung, S. 595.

720 *Born*, in: Ebenroth/Boujong/Joost/Strohn, § 109 Rn. 20; *Hadding/Kießling*, in: Soergel, § 705 Rn. 61; *Schäfer*, in: Staub, § 105 Rn. 230.

721 Zum Begriff der Wahlbeschränkung siehe 1. Teil: C. IV. b).

722 Eine Übersicht zu den verschiedenen Ansätzen hinsichtlich des Geltungsgrunds der Treupflicht findet sich bei *G. Bachmann*, Private Ordnung, S. 210 ff.; *Cahn*, FS Wiese, S. 71, 76 ff.; *Schmolke*, Grenzen der Selbstbindung, S. 595 ff.

723 *G. Bachmann*, Private Ordnung, S. 210 ff.; *G. Bachmann/Eidenmüller/Engert/Fleischer/Schön*, Rechtsregeln für die geschlossene Kapitalgesellschaft, S. 48 f.; *Fleischer*, ZGR 2001, 1, 5 f.; *Janke*, Gesellschaftsrechtliche Treuepflicht, S. 151 ff.; *Schmolke*, Grenzen der Selbstbindung, S. 596 f.; *Wandrey*, Materielle Beschlusskontrolle im Aktienrecht, S. 194 ff.

724 Vgl. hierzu 1. Teil: B. IV. 3. a).

725 *Cahn*, FS Wiese, S. 71, 79.

eröffnen sich den Gesellschaftern Möglichkeiten zu opportunistischem Verhalten.[726] Im Hinblick auf die Willensbildung bedeutet dies etwa, dass sowohl Minderheits- als auch Mehrheitsgesellschafter geneigt sein können, ihr Stimmrecht zur Erzielung von Sondervorteilen einzusetzen.[727]

Da es den Gesellschaftern selbst nicht möglich ist für sämtliche mögliche Konfliktfälle vertragliche Regelungen festzuhalten, bedarf es eines verbindlichen Verhaltensstandards, welcher die Gefahr von Opportunismus begrenzt und die Funktionsfähigkeit der Gesellschaft gewährleistet.[728] Dieser Standard muss für die Beteiligten *ex ante* festlegen, wie die Gesellschafter sich künftig zu verhalten haben.[729]

Die Treuepflicht als Rücksichtnahme- und Förderpflicht lässt sich als ein solcher Verhaltensstandard verstehen.[730] Sie ist als Generalklausel bewusst allgemein formuliert, damit sie auf sämtliche *ex ante* kaum definierbaren Konfliktlagen Anwendung finden kann. Die Treuepflicht wirkt daher als richtunggebendes Prinzip (fokales Prinzip), welches aufgrund seiner Abstraktheit keine unmittelbare Konfliktschlichtungsregel darstellt, sondern aus dem sich je nach Konfliktlage Entscheidungsregeln ableiten lassen.[731] Welche Verhaltensregeln sich aus der Treuepflicht im Hinblick auf die Ausübung des Stimmrechts ergeben, ist im nächsten Abschnitt zu erörtern.

---

726 *G. Bachmann/Eidenmüller/Engert/Fleischer/Schön*, Rechtsregeln für die geschlossene Kapitalgesellschaft, S. 49; *Fleischer*, ZGR 2001, 1, 5; *Schmolke*, Grenzen der Selbstbindung, S. 596; *Wandrey*, Materielle Beschlusskontrolle im Aktienrecht, S. 196.

727 Vgl. zur Problematik von Minderheits-Opportunismus 1. Teil: B. IV. 3. c) und Mehrheits-Opportunismus 1. Teil: B. V.

728 *G. Bachmann*, Private Ordnung, S. 210; *Klöhn*, AcP 216 (2016), 282, 309; *Schmolke*, Grenzen der Selbstbindung, S. 596.

729 *G. Bachmann/Eidenmüller/Engert/Fleischer/Schön*, Rechtsregeln für die geschlossene Kapitalgesellschaft, S. 49; *Fleischer*, ZGR 2001, 1, 5; *Richter/Furubotn*, Neue Institutionenökonomik, IV.4.3, S. 191.

730 *G. Bachmann/Eidenmüller/Engert/Fleischer/Schön*, Rechtsregeln für die geschlossene Kapitalgesellschaft, S. 49; *Fleischer*, ZGR 2001, 1, 5; *Schmolke*, Grenzen der Selbstbindung, S. 596.

731 *G. Bachmann/Eidenmüller/Engert/Fleischer/Schön*, Rechtsregeln für die geschlossene Kapitalgesellschaft, S. 49; *Fleischer*, ZGR 2001, 1, 5; *Klöhn*, AcP 216 (2016), 282, 309; *Schmolke*, Grenzen der Selbstbindung, S. 596.

d) Maßstab der Ausübungskontrolle hinsichtlich des Stimmrechts

In der Entscheidung vom 21. Oktober 2014 hat sich der BGH für eine Verhältnismäßigkeitsprüfung (im Folgenden sachliche Rechtfertigung)[732] ausgesprochen.[733] Denkbar ist aber auch eine bloße Missbrauchskontrolle.[734] Die Differenzierung ist von Relevanz, da aus regulatorischer Sicht gemäß dem Gebot nach möglichst minimalinvasiven Eingriffen in die Vertragsfreiheit das jeweils schonendste Regelungsinstrument zu wählen ist. Insofern ist in diesem Abschnitt auf die verschiedenen Verhaltensmaßstäbe sowie deren Anwendungsbereiche einzugehen.

aa) Kontrollintensität der Ausübungskontrolle

Nach einer kurzen Darstellung der verschiedenen Maßstäbe soll deren Wirkungsweise anhand eines Beispiels veranschaulicht werden. Hierbei ist von einem Start-up-Unternehmen mit einem Gründer, welcher die Mehrheit der Anteile hält und der einzige Geschäftsführer ist, und drei Investoren auszugehen. Durch die Stimmen des Gründers wird dessen Geschäftsführervergütung um 5 % von 40.000 € auf 42.000 € angehoben.[735]

(1) Regelungsinstrument der sachlichen Rechtfertigung

Die Entwicklung des Regelungsinstruments der sachlichen Rechtfertigung nahm ihren Anfang mit dem Kali & Salz-Urteil aus dem Jahr 1978 zum Ausschluss des Bezugsrechts in einer AG. In dieser Entscheidung erklärte der BGH, dass der Bezugsrechtsausschluss einen Eingriff in die mitgliedschafts- und vermögensrechtliche Stellung darstellt und daher nur zulässig ist, sofern die Konsequenzen für die ausgeschlossenen Gesellschafter durch sachliche Gründe im Interesse der Gesellschaft gerechtfertigt sind.[736] Hierzu sind die Interessen der Beteiligten unter der Berücksichtigung von Mittel und Zweck gegeneinander abzuwägen.[737] In BGHZ 203, 77 knüpft der BGH an diese Erwägungen an.

---

732 Im Schrifttum werden für dieses Regelungsinstrument zum Teil auch die Bezeichnungen „materielle Beschlusskontrolle“, „Lehre vom sachlichen Grund“ oder „Inhaltskontrolle“ verwendet.

733 BGHZ 203, 77, 90.

734 Siehe *Hofmann*, Minderheitsschutz, S. 156.

735 Siehe hierzu auch 1. Teil: B. V. 3. e).

736 BGHZ 71, 40, 46.

737 BGHZ 71, 40, 46.

Wendet man diese Grundsätze auf das oben genannte Beispiel an, so ergibt sich folgendes. Der Mehrheitsgesellschafter müsste positiv darlegen, weshalb die Gehaltserhöhung gerechtfertigt ist. Dies könnte beispielsweise mit dem gestiegenen Tätigkeitsaufwand, der gestiegenen beruflichen Qualifizierung oder der Anpassung an die gestiegenen Lebenserhaltungskosten begründet werden. Sofern der Gründer keine plausiblen Argumente für die Gehaltserhöhung vorbringen kann, so verstößt er mit der Stimmrechtsausübung gegen die Treuepflicht[738].

(2) Regelungsinstrument der Missbrauchskontrolle

Das Gegenstück zum soeben aufgezeigten Maßstab bildet das Regelungsinstrument der Missbrauchskontrolle. Dessen Entwicklung nahm seinen Anfang mit einem Urteil zum Auflösungsbeschluss einer GmbH aus dem Jahr 1980, indem der BGH erklärte, dass dieser keiner sachlichen Rechtfertigung bedürfe, sondern seine Rechtfertigung bereits in sich trage.[739] Stattdessen wurde der Frage nachgegangen, ob ausnahmsweise besondere Umstände vorliegen, die den Beschluss als das Ergebnis einer missbräuchlichen Stimmrechtsausübung erscheinen ließen.[740] Damit handelt es sich bei der treuepflichtgestützten Missbrauchskontrolle dem Grunde nach um nichts anderes als dem allgemeinen Verbot rechtsmissbräuchlichen Verhaltens aus § 242 BGB.[741]

---

738 Teilweise wird im Schrifttum die Treuepflicht als Rechtsgrundlage der sachlichen Rechtfertigung bestritten, vgl. beispielsweise *Hofmann*, Minderheitsschutz, S. 182 f.; *Schmidt*, in: Großkommentar AktG, § 243 Rn. 47; *Schubert*, in: MüKo BGB, § 242 Rn. 547; *Verse*, Gleichbehandlungsgrundsatz, S. 36 ff.; *Wandrey*, Materielle Beschlusskontrolle im Aktienrecht, S. 299. Auch in BGHZ 203, 77 wird eine unmittelbare Bezugnahme auf die Treuepflicht vermieden. Da jedoch der Zweck beider Rechtsinstitute identisch ist, gibt es keinen Grund, an einer Ableitung aus der Treuepflicht zu zweifeln. Jeweils geht es darum, opportunistischem Verhalten aufgrund der Unvollständigkeit des Gesellschaftsvertrages einzuhegen. Mit der h.M. ist daher die Treuepflicht als Rechtsgrundlage des Regelungsinstruments der sachlichen Rechtfertigung zu bejahen. So etwa *Haas*, in: Röhricht/Graf von Westphalen/Haas, § 109 Rn. 13; *Henze/Notz*, in: Großkommentar AktG, Anh. § 53a Rn. 23; *Hüffer/Schäfer*, in: MüKo AktG, § 243 Rn. 53; *Koch*, in: Hüffer/Koch, § 243 Rn. 24; *Lieder*, in: Oetker, § 109 Rn. 25; *Schäfer*, ZGR 2013, 237, 266.

739 BGHZ 76, 352, 353.

740 BGHZ 76, 352, 353.

741 *Bezzenberger*, ZIP 2002, 1917, 1926; *Mayer*, Materielle Beschlusskontrolle im Kapitalgesellschaftsrecht, S. 113.

Der Unterschied zwischen den beiden Ansätzen besteht maßgeblich im Regel-Ausnahme-Verhältnis.[742] Beim Maßstab der sachlichen Rechtfertigung ist für jeden Einzelfall eine positive sachliche Rechtfertigung erforderlich. Dagegen wird bei der Missbrauchskontrolle die Rechtmäßigkeit des Beschlusses unterstellt. Nur in Ausnahmefällen ist ein Verstoß gegen die Treuepflicht anzunehmen.[743] Die Intensität des Prüfungsmaßstabs der Missbrauchskontrolle fällt damit deutlich niedriger aus.[744]

In Bezug auf das eingangs erwähnte Beispiel ergeben sich unter Berücksichtigung der Missbrauchskontrolle folgende Konsequenzen. Eine Anhebung der Vergütung um 5 % erscheint nicht ungewöhnlich. Daher ist von der Rechtmäßigkeit des Beschlusses auszugehen. Es ist Aufgabe der Investoren darzulegen, warum die Stimmrechtsausübung des Gründers offensichtlich rechtmissbräuchlich sein soll. Ein evidenter Verstoß könnte beispielsweise gegeben sein, wenn der Umfang der Geschäftsführungstätigkeit beschränkt ist, weil die Gesellschaft noch gar nicht nach außen tätig geworden ist.

bb) Anwendungsbereiche der Ausübungskontrolle

Ohne bereits an dieser Stelle der Frage nach der konkreten Ausgestaltung der jeweiligen Maßstäbe nachzugehen, soll nachfolgend erörtert werden, in welchen Fällen eine reine Missbrauchskontrolle und wann eine intensivere Kontrolle anhand des Regelungsinstruments der sachlichen Rechtfertigung zur Anwendung kommen sollte.

Die Beantwortung der Eingangsfrage hat maßgeblichen Einfluss auf die Intensität des regulatorischen Eingriffs in die Vertragsfreiheit der Beteiligten. Der Anwendungsbereich sollte daher so gewählt werden, dass das dieser Arbeit zugrunde liegende Regelungsproblem abgedeckt wird, ohne dass es zu einer Überinklusion kommt.

---

742 *Mayer*, Materielle Beschlusskontrolle im Kapitalgesellschaftsrecht, S. 128; *Schmidt*, in: Großkommentar AktG, § 243 Rn. 47; *Schubert*, in: MüKo BGB, § 242 Rn. 547; *Verse*, Gleichbehandlungsgrundsatz, S. 46.

743 *Hofmann*, Minderheitsschutz, S. 156 f.; *Mayer*, Materielle Beschlusskontrolle im Kapitalgesellschaftsrecht, S. 128; *Verse*, Gleichbehandlungsgrundsatz, S. 46.

744 *Mayer*, Materielle Beschlusskontrolle im Kapitalgesellschaftsrecht, S. 128; *Schubert*, in: MüKo BGB, § 242 Rn. 547; *Verse*, Gleichbehandlungsgrundsatz, S. 45.

(1) Lehre der vorgeprägten Beschlussgegenstände

In Bezug auf das Verhältnis der beiden Verhaltensmaßstäbe im Recht der Kapitalgesellschaften gab der BGH zu erkennen, dass eine sachliche Rechtfertigung in den Fällen nicht erforderlich sei, in denen der Gesetzgeber bereits selbst die erforderliche Abwägung zwischen den widerstreitenden Interessen vorweggenommen habe.[745] In solchen Sachverhaltskonstellationen genüge eine Missbrauchskontrolle. Diese Ansicht, welche im Recht der Kapitalgesellschaften als herrschend bezeichnet werden kann,[746] möchte eine Stimme in der Literatur auf das Recht der Personengesellschaften übertragen.[747]

Anhand welcher Kriterien eine solche gesetzliche „Vorprägung“[748] zu beurteilen ist, ist nicht abschließend geklärt. Als Indiz für eine entsprechende Wertung des Gesetzgebers werden teilweise erhöhte Beschlussquoren[749] sowie gesetzliche Abfindungs- und Ausgleichsansprüche angesehen.[750]

(2) Theorie des Interessengleichlaufs

Ein anderer Ansatz versucht die Antwort auf die Frage des richtigen Kontrollmaßstabes anhand der Funktionsvoraussetzungen des Mehrheitsprinzips zu geben.[751] Die Voraussetzung für die Funktionsfähigkeit der Willensbildung durch Mehrheitsentscheidungen sei der grundsätzliche Interessengleichlauf der Gesellschafter.[752]

Nach der Theorie des Interessengleichlaufs bedarf es alleine in den Fällen, in denen die Funktionsfähigkeit der Willensbildung durch Mehrheitsbeschluss

---

745 BGHZ 71, 40, 45.

746 *Hüffer/Schäfer*, in: MüKo AktG, § 243 Rn. 57; *Koch*, in: Hüffer/Koch, § 243 Rn. 24; *Lutter*, ZGR 1981, 171, 176; *Schmidt*, in: Großkommentar AktG, § 243 Rn. 46; *Timm*, JZ 1980, 665, 668; *Winter*, Mitgliedschaftliche Treuebindungen, S. 163 ff.

747 *Schäfer*, ZGR 2013, 237, 266.

748 So die Formulierung bei *Mayer*, Materielle Beschlusskontrolle im Kapitalgesellschaftsrecht, S. 110; *Semler*, BB 1983, 1567, 1569; *Verse*, Gleichbehandlungsgrundsatz, S. 41.

749 *Semler*, BB 1983, 1567, 1569; *Timm*, ZGR 1987, 403, 436; *Vorwerk/Wimmers*, GmbHR 1998, 717, 722.

750 *Lutter*, ZGR 1981, 171, 181; *Semler*, BB 1983, 1567, 1569; *Timm*, JZ 1980, 665, 668; *Vorwerk/Wimmers*, GmbHR 1998, 717, 722; *Winter*, Mitgliedschaftliche Treuebindungen, S. 163 ff.

751 *Fastrich*, Funktionales Rechtsdenken, S. 19 ff. Ihm folgend *Verse*, Gleichbehandlungsgrundsatz, S. 56 f.; *Wandrey*, Materielle Beschlusskontrolle im Aktienrecht, S. 17 ff.

752 Vgl. hierzu bereits 1. Teil: B. V. 2.

aufgrund eines fehlenden Interessengleichlaufs versagt, einer Korrektur anhand des Maßstabs des Sachgrunderfordernisses.[753]

(3) *Stellungnahme*

(a) *Lehre der vorgeprägten Beschlussgegenstände*

An der Lehre der vorgeprägten Beschlussgegenstände lässt sich kritisieren, dass bisher nicht abschließend geklärt ist, anhand welcher Kriterien eine vorweggenommene Interessenabwägung zu bestimmen ist.[754] Unabhängig von diesen grundlegenden Bedenken spricht gegen eine Differenzierung anhand der Lehre der vorgeprägten Beschlussgegenstände, dass die genannten Kriterien im Recht der Personengesellschaften nicht greifen.[755] Denn weder sieht das Gesetz besondere Mehrheitserfordernisse für bestimmte Beschlussgegenstände vor[756] noch existieren gesetzliche Abfindungs- und Ausgleichsansprüche. Das Recht der Personengesellschaften bietet daher, nach den Maßstäben der Lehre der vorgeprägten Beschlussgegenstände, keine Anhaltspunkte für eine vorweggenommene Interessenabwägung durch den Gesetzgeber. Aufgrund dessen ist eine Übertragung der Lehre der vorgeprägten Beschlussgegenstände auf das Recht der Personengesellschaften abzulehnen.

(b) *Theorie des Interessengleichlaufs*

Den richtigen Ansatz, um den Anwendungsbereich der beiden Regelungsinstrumente zu finden, liefert hingegen die Theorie des Interessengleichlaufs. Eines Eingriffs in die Privatautonomie bedarf es nur, wenn die Selbstregulierung durch die Beteiligten versagt. Richtschnur für die Funktionsfähigkeit der Selbstregulierung in Bezug auf die Willensbildung ist der Interessengleichlauf der Verbandsmitglieder. Solange ein Abstimmungsverhalten im Einklang mit dem Gesellschaftszweck liegt, bedarf es keiner Korrektur von außen. Es mag zwar im Einzelfall streitig sein, welche von verschiedenen Maßnahmen am geeignetsten zur Verfolgung des gemeinsamen Gesellschaftszwecks ist. Jedoch wird alleine

---

753 *Fastrich*, Funktionales Rechtsdenken, S. 19 ff., 50 ff.; *Röhricht*, ZGR 1999, 445, 474. In diese Richtung, aber mit anderen Schlussfolgerungen *Wandrey*, Materielle Beschlusskontrolle im Aktienrecht, S. 25 ff.

754 *Verse*, Gleichbehandlungsgrundsatz, S. 41.

755 Dies erkennt auch *Schäfer*, ZGR 2013, 237, 266 und spricht sich gleichwohl für eine Übertragung der Lehre der vorweggenommenen Interessenabwägung aus.

756 Eine Ausnahme in dieser Hinsicht stellen die Vorschriften des UmwG dar, vgl. insoweit §§ 43 Abs. 2, 217 Abs. 1 UmwG.

aufgrund des investierten Kapitals und des bestehenden Gewinnanspruchs jeder Gesellschafter aus Selbstbetroffenheit versuchen, den Gesellschaftszweck optimal zu fördern.[757]

Nachfolgend soll dargelegt werden, in welchen Situationen ein Interessengleichlauf nicht gegeben ist und welche Konsequenzen sich hieraus hinsichtlich des Anwendungsbereichs der beiden Verhaltensmaßstäbe ergeben, um sowohl eine Über- als auch eine Unterinklusion möglichst zu vermeiden. Hierzu soll zum einen auf Maßnahmen der Geschäftsführung und zum anderen auf Grundlagengeschäfte eingegangen werden.

(aa) Maßnahmen der Geschäftsführung

Sofern im Ausnahmefall über Maßnahmen der Geschäftsführung ein Gesellschafterbeschluss gefasst wird, ist von einem Interessengleichlauf der Beteiligten auszugehen. Denn Geschäftsführungsmaßnahmen können unmittelbar zur Förderung des Gesellschaftszwecks beitragen.[758]

Es kann jedoch bei Abstimmungen über Maßnahmen der Geschäftsführung Konstellationen geben, in denen sich ein Gesellschafter bei seinem Abstimmungsverhalten gegen die Förderung des Gesellschaftszwecks entscheidet, da er hierdurch außerhalb der Gesellschaft ein Gewinn erzielen kann, welcher größer ist als der anteilig zu tragende Verlust innerhalb der Gesellschaft. Hierzu zählen beispielsweise unausgewogene Drittgeschäfte.[759]

Das Auftreten solcher Möglichkeiten und die Wahrnehmung dergleichen durch einen Gesellschafter wird allerdings der Ausnahmefall sein.[760] Im Regelfall ist vielmehr vom bestehenden Interessengleichlauf bei Maßnahmen der Geschäftsführung auszugehen. Dieses Regel-Ausnahme-Verhältnis gebietet es, einen weiten Verhaltensmaßstab anzuwenden und die getroffene Entscheidung nur beim Vorliegen besonderer Umstände zu überprüfen. Daher ist, sofern Maßnahmen der Geschäftsführung zum Gegenstand eines Gesellschafterbeschlusses gemacht werden, lediglich eine Missbrauchskontrolle anzuwenden. Die demnach für einen Verstoß gegen die Treuepflicht geforderten besonderen

757 *Fastrich*, Funktionales Rechtsdenken, S. 20 f.

758 *Barbasch*, Familien KG, S. 100; *Mayer*, Materielle Beschlusskontrolle im Kapitalgesellschaftsrecht, S. 186.

759 Vgl. hierzu 1. Teil: B. V. 3. c).

760 *Wandrey*, Materielle Beschlusskontrolle im Aktienrecht, S. 27; *Fastrich*, Funktionales Rechtsdenken, S. 51.

Umstände können ein krasses Missverhältnis zwischen Leistung und Gegenleistung sowie die Beteiligung eines Gesellschafters sein.

(bb) Grundlagengeschäfte

Anders ist hingegen die Sachlage bei Grundlagenbeschlüssen. Hier gibt es teilweise Beschlussgegenstände, die sich nicht oder nur zu einem geringen Maße am Gesellschaftszweck messen lassen.[761] Dies trifft sowohl auf Änderungen des Gesellschaftsvertrages als auch auf sonstige Grundlagenbeschlüsse zu. So ist es beispielsweise im Hinblick auf das Gesellschaftsinteresse weder vor- noch nachteilhaft, wenn der Gesellschaftsvertrag nachträglich um eine Nachfolgeklausel oder eine Ausschlussfrist für Feststellungsklagen[762] ergänzt wird.

Teilweise fehlt die Richtschnur des Gesellschaftszwecks auch bei sonstigen Grundlagengeschäften. So lässt sich etwa aus der Perspektive des Gesellschaftsinteresses die Entscheidung über die Auflösung der Gesellschaft nicht beurteilen. Man kann insoweit zur Abgrenzung von zweckbezogenen und zweckneutralen Beschlussgegenständen sprechen.[763]

Des Weiteren gibt es Grundlagenentscheidungen die zwar im Gesellschaftsinteresse liegen, bei denen jedoch trotzdem nicht von einem Interessengleichlauf gesprochen werden kann, da sie gleichzeitig zu einer Beeinträchtigung der Rechtsposition einiger Gesellschafter führen.[764] Dies gilt etwa für Beschlüsse über die Gewinnverwendung oder die Aufnahme eines neuen Gesellschafters. So kann beispielsweise die Bildung von offenen Rücklagen für zukünftige Investitionen, wie neue Produktionsmittel, der Förderung des Gesellschaftszwecks zuträglich sein.[765] Dasselbe gilt für die Aufnahme eines neuen Gesellschafters, wenn damit zum Beispiel ein Kompetenzgewinn im Gesellschafterkreis einhergeht.

---

761 *Bischoff*, BB 1987, 1055, 1061; *Boese*, Anwendungsgrenzen des Erfordernisses sachlicher Rechtfertigung, S. 71; *Heinrichs*, Mehrheitsbeschlüsse, S. 227; *Immenga*, FS 100 Jahre GmbHG, S. 189, 193; *Lutter*, ZGR 1981, 171, 177; *Mayer*, Materielle Beschlusskontrolle im Kapitalgesellschaftsrecht, S. 186; *Wandrey*, Materielle Beschlusskontrolle im Aktienrecht, S. 27 f.; *Wiedemann*, Gesellschaftsrecht I, § 8 II. 3. b), S. 435; *Zöllner*, Schranken mitgliedschaftlicher Stimmrechtsmacht, S. 355.

762 *Immenga*, FS 100 Jahre GmbHG, S. 189, 193 mit einem ähnlichen Beispiel.

763 *Lutter*, ZGR 1981, 171, 177; zustimmend *Mayer*, Materielle Beschlusskontrolle im Kapitalgesellschaftsrecht, S. 186; *Wandrey*, Materielle Beschlusskontrolle im Aktienrecht, S. 28.

764 *Immenga*, FS 100 Jahre GmbHG, S. 189, 193.

765 *Hofmann*, Minderheitsschutz, S. 681 f.

Auch wenn die beschriebenen Maßnahmen im Einklang mit dem Gesellschaftsinteresse zu sehen sind, kann gleichwohl nicht pauschal von einem Interessengleichlauf der Gesellschafter gesprochen werden. Denn durch die Bildung von offenen Rücklagen wird der den Gesellschaftern auszuschüttende Gewinn reduziert oder vollständig vorenthalten. Dies kann dem Interesse einzelner Gesellschafter an einer jährlichen Einkommensquelle widersprechen. Die Aufnahme eines neuen Gesellschafters kann insofern konträr zu Belangen einzelner Gesellschafter seien, als ein solcher Vorgang regelmäßig zur Verschiebung der Beteiligungsquoten führt und damit Auswirkungen auf das Stimmgewicht und den Gewinnanspruch der Verbandsmitglieder hat. Die Beispiele zeigen, dass bei sonstigen Grundlagenbeschlüssen, welche zwar einen Bezug zum Gesellschaftszweck aufweisen, jedoch zugleich Mitgliedschaftsrechte betreffen, keineswegs zwangsläufig von einem Interessengleichlauf der Gesellschafter auszugehen ist.[766]

Das mögliche Fehlen eines Interessengleichlaufs bei Grundlagengeschäften spricht dafür, dass eine dauerhafte Selbstregulierung in diesem Bereich durch Mehrheitsbeschlüsse nicht möglich ist. Vielmehr besteht hier die Gefahr, dass sich ein Mehrheitsgesellschafter opportunistisch verhält. Diesen Standpunkt vertritt anscheinend auch der BGH, da dieser annimmt, dass bei Eingriffen in die individuelle Rechtsstellung „regelmäßig eine treupflichtwidrige Ausübung der Mehrheitsmacht" gegeben ist.[767]

Es ist daher sinnvoll, das Regelungsinstrument der sachlichen Rechtfertigung auf sämtliche Grundlagenbeschlüssen zu erstrecken.[768]

cc) Zwischenergebnis

Bezüglich der Ausübungskontrolle anhand der Treuepflicht ist zwischen zwei verschiedenen Maßstäben zu differenzieren. Sofern eine Missbrauchskontrolle zum Tragen kommt, ist grundsätzlich von der Rechtmäßigkeit des Beschlusses auszugehen. Sollten jedoch besondere Umstände gegeben sein, kann im Einzelfall die Stimmrechtsausübung missbräuchlich sein. Eine weitaus intensivere Kontrolle stellt der Maßstab der sachlichen Rechtfertigung dar, nachdem jeder einzelne Beschluss durch sachliche Gründe gerechtfertigt sein muss.

Nach der hier vertretenen Auffassung ist bezüglich des Anwendungsbereichs der beiden Maßstäbe danach zu unterscheiden, ob ein Interessengleichlauf

766 *Immenga*, FS 100 Jahre GmbHG, S. 189, 193.

767 BGHZ 203, 77, 84.

768 *Bischoff*, BB 1987, 1055, 1061.

zwischen den Beteiligten besteht. Ein solcher ist grundsätzlich bei Beschlüssen über Geschäftsführungsmaßnahmen gegeben, da diese sich am Gesellschaftszweck messen lassen. Aufgrund des bestehenden Interessengleichlaufs ist in diesem Bereich eine Selbstregulierung möglich. Dies rechtfertigt die Annahme, dass nur in besonders gelagerten Ausnahmefällen anhand der Missbrauchskontrolle korrigierend in die Privatautonomie der Parteien einzugreifen ist.

Bei Grundlagenbeschlüssen kann dagegen nicht von einem grundsätzlichen Interessenausgleich ausgegangen werden, da entweder die Beschlussgegenstände keinen Bezug zum Gesellschaftszweck aufweisen oder aufgrund eines Eingriffs in Mitgliedschaftsrechte die Interessen divergieren. Daher ist in diesem Bereich opportunistischem Verhalten durch den strengeren Maßstab der sachlichen Rechtfertigung zu begegnen.

e) Der Inhalt des Regelungsinstruments der sachlichen Rechtfertigung

Wie soeben gezeigt wurde, bedürfen Grundlagenentscheidungen aufgrund der gesteigerten Gefahr von Mehrheits-Opportunismus einer sachlichen Rechtfertigung. Nachfolgend soll nun ausführlich auf die Anforderungen einer sachlichen Rechtfertigung anhand des Verhältnismäßigkeitsprinzips eingegangen werden. Der BGH spricht davon, dass der Beschluss im Interesse der Gesellschaft geboten und den betroffenen Gesellschaftern zumutbar sein muss.[769] Hinter dieser Formulierung verbirgt sich, wie bereits erwähnt, eine Verhältnismäßigkeitsprüfung.

Entsprechend dem Erkenntnisstand im Recht der Kapitalgesellschaften setzt sich diese Prüfung aus drei Schritten zusammen. Erstens dem Vorliegen eines sachlichen Grundes, zweitens der Erforderlichkeit und drittens der Angemessenheit. Durch ein solches Vorgehen wird das Regelungsinstrument der sachlichen Rechtfertigung zu einem rechtsformübergreifenden Prinzip.[770]

Während das Kernstück der Verhältnismäßigkeitsprüfung die Abwägungsentscheidung auf Ebene der Angemessenheit ist, dienen die beiden vorhergehenden Prüfungsschritten dazu, die jeweiligen Interessen der Beteiligten herauszuarbeiten. Ein solch strukturiertes Vorgehen dient der Übersichtlichkeit des Verfahrens.

Die genannten Prüfungspunkte erinnern an die im öffentlichen Recht aus dem Rechtsstaatsprinzip abgeleiteten Maßstäbe.[771] Dies ist insofern nicht verwunderlich, als es hier wie dort darum geht, die sich widerstreitenden Interessen

---

769 BGHZ 203, 77, 90.
770 *Hofmann*, Minderheitsschutz, S. 202.
771 *Winter*, Mitgliedschaftliche Treuebindungen, S. 144.

in einen schonenden Ausgleich zu bringen. Bei Grundlagenbeschlüssen im Personengesellschaftsrecht können dies zum einen das Interesse, die Unvollständigkeit des Gesellschaftsvertrages nachträglich schließen zu können, und zum anderes das Interesse, nicht übervorteilt zu werden, sein.

aa) Sachlicher Grund

Im Rahmen der Prüfung des sachlichen Grundes sollen die Interessen der Befürworter der jeweils in Rede stehenden Maßnahme dargelegt werden. Wie der Begriff „sachlich" vorgibt, geht es zugleich darum, sachfremde Erwägungen auszuschließen. Da die Abwägung der widerstreitenden Interessen den Schwerpunkt der Verhältnismäßigkeitsprüfung bildet, kann es allerdings nur darum gehen, evident abwegige Gründe auszumustern. Als Maßstab für diese Beurteilung bietet sich primär der Gesellschaftszweck, als gemeinsames Interesse aller Gesellschafter, an.

(1) Das Gesellschaftsinteresse als Ausgangslage

(a) Der Begriff des Gesellschaftsinteresses

Zunächst muss für die Beschlussfassung der jeweiligen Maßnahme ein sachlicher Grund bestehen. Dieser muss grundsätzlich im Einklang mit dem Gesellschaftsinteresse stehen.[772] Ein Beschluss liegt dann im Gesellschaftsinteresse, wenn er zur Förderung des Gesellschaftszwecks beiträgt.[773] Die Begriffe Gesellschaftsinteresse und Gesellschaftszweck sind synonym zu verstehen.[774] Mit der Bezeichnung Gesellschaftsinteresse wird lediglich die Anwendung des Gesellschaftszwecks auf den konkreten Einzelfall umschrieben.[775] Das Gesellschaftsinteresse wird daher als Bezugspunkt gewählt, da sich sämtliche Gesellschafter zur Förderung des Gesellschaftszwecks verpflichtet haben und dieser somit einen gemeinsamen Nenner sämtlicher Verbandsmitglieder darstellt.[776]

Entscheidend ist daher, was unter dem Begriff Gesellschaftszweck zu verstehen ist. Zu dessen Konkretisierung lässt sich an eine im Recht der

---

772 BGHZ 203, 77, 90; *Schäfer*, in: Staub, § 119 Rn. 52; *Martens*, in: Schlegelberger, § 119 Rn. 30 f.

773 *Schockenhoff*, Gesellschaftsinteresse, S. 16; *Verse*, Gleichbehandlungsgrundsatz, S. 254; *Wandrey*, Materielle Beschlusskontrolle im Aktienrecht, S. 143.

774 *Schulte*, Schrankenproblematik, S. 4; *Wandrey*, Materielle Beschlusskontrolle im Aktienrecht, S. 143.

775 *Verse*, Gleichbehandlungsgrundsatz, S. 254.

776 *Hofmann*, Minderheitsschutz, S. 134.

Kapitalgesellschaften gebräuchliche Differenzierung anknüpfen. Nach dieser setzt sich der Zweck einer Gesellschaft aus einem Formalziel und einem Sachziel (Unternehmensgegenstand) zusammen.[777]

Das Formalziel gibt Antwort auf die Frage, wozu die Gesellschaft gegründet wurde.[778] Die Antwort hierauf entscheidet über die finale Ausrichtung der Gesellschaft.[779] Bei den Personenhandelsgesellschaften geschieht dies regelmäßig zur Erzielung von Gewinnen. Dies ist jedoch nicht zwingend der Fall, da ein Handelsgewerbe auch ohne Gewinnerzielungsabsicht betrieben werden kann.[780] Für die GbR kommen neben finanziellen auch ideelle, karitative oder vermögensverwaltende Gründe in Betracht.[781]

Das Sachziel beschreibt den konkreten Bereich und die Art der Tätigkeit der Gesellschaft, womit das Formalziel erreicht werden soll. Bei Personenhandelsgesellschaften muss das Sachziel nach § 105 HGB zwingend der Betrieb eines Handelsgewerbes sein. Bei der GbR ist grundsätzlich jede Tätigkeit, welche nicht gegen die guten Sitten nach § 138 BGB oder ein gesetzliches Verbot verstößt, denkbar.[782] Das jeweilige Sachziel der Gesellschaft ist die Haupterkenntnisquelle für die Ermittlung des Gesellschaftsinteresses.[783]

(b) Das Gesellschaftsinteresse als Schranke

Nachdem erörtert wurde, was unter dem Gesellschaftsinteresse zu verstehen ist, bleibt die abschließende Frage, inwiefern das Gesellschaftsinteresse eine Schranke für Mehrheitsbeschlüsse darstellen kann. Wie bereits oben erwähnt, ist das Gesellschaftsinteresse insbesondere von Bedeutung bei Maßnahmen der Geschäftsführung.[784] In Bezug auf Grundlagenbeschlüsse gilt es zu differenzieren. Bei Beschlüssen, die zweckneutral sind, scheidet das Gesellschaftsinteresse als Schranke aus.[785] Es gibt daneben jedoch zahlreiche Grundlagenbeschlüsse,

---

777 *Pentz*, in: MüKo AktG, § 23 Rn. 76; *Verse*, Gleichbehandlungsgrundsatz, S. 254 f.; *Wandrey*, Materielle Beschlusskontrolle im Aktienrecht, S. 143 ff.; *Zöllner*, Schranken mitgliedschaftlicher Stimmrechtsmacht, S. 27. Eine solche Unterscheidung ist allerdings nicht unumstritten, vgl. *Pentz*, in: MüKo AktG, § 23 Rn. 70 ff.

778 *Pentz*, in: MüKo AktG, § 23 Rn. 74.

779 *Verse*, Gleichbehandlungsgrundsatz, S. 254 f.

780 *Schäfer*, in: Staub, § 105 Rn. 23; *Schmidt*, in: MüKo HGB, § 1 Rn. 31.

781 *Schäfer*, in: MüKo BGB, § 705 Rn. 144.

782 *Schäfer*, in: MüKo BGB, § 705 Rn. 146.

783 *Fastrich*, in: Baumbach/Hueck, § 1 Rn. 5; *Pentz*, in: MüKo AktG, § 23 Rn. 76.

784 Vgl. hierzu 2. Teil: B. II. 2. d) bb) (3) (b) (aa).

785 Siehe hierzu 2. Teil: B. II. 2. d) bb) (3) (b) (bb).

welche einen Bezug zum Gesellschaftsinteresse aufweisen.[786] Hier hat das Gesellschaftsinteresse eine Art Kompromissfunktion und ist als gemeinsamer Nenner aller Gesellschafter zu berücksichtigen. Dies gilt beispielsweise für die Bildung von Rücklagen um spätere Investitionen zu ermöglichen,[787] die Verlegung des Gesellschaftssitzes in eine wirtschaftlich attraktivere Region oder die Bestellung eines kompetenten Geschäftsführers. Das Gesellschaftsinteresse stellt daher bei allen Beschlüssen, welche zweckbezogen sind, eine Schranke dar.

Zur Beantwortung der Eingangsfrage lässt sich daher sagen, dass es einem mehrheitlichen Grundlagenbeschluss dann an einem sachlichen Grund fehlt, wenn der Vollzug der jeweiligen Maßnahme negative Auswirkungen auf die Verfolgung des Gesellschaftszwecks hat.

Da sich jedoch in den meisten Fällen ein positiver Bezug zum Gesellschaftsinteresse herstellen lassen wird, werden zweckbezogene Abstimmungen nur in den seltensten Fällen bereits an der Schranke des sachlichen Grundes scheitern.[788] Dies ist jedoch nicht weiter hinderlich, da der erste Prüfungsschritt, neben der Funktion als Schranke, vornehmlich dazu dient, die Gründe für die Beschlussfassung herauszuarbeiten, welche im Rahmen der Abwägung auf der Ebene der Angemessenheit zu berücksichtigen sind.

Ein Fall für einen evidenten Verstoß gegen das Gesellschaftsinteresse stellt das folgende Beispiel dar: Der gute Freund X des Mehrheitsgesellschafters einer aus drei Gesellschaftern bestehenden OHG, welche Apps entwickelt, ist in Geldschwierigkeiten geraten. Um X, welcher von Beruf Schreiner ist, aus der finanziell schwierigen Situation zu helfen, wird X mit den Stimmen des Mehrheitsgesellschafters zu einem zusätzlichen Geschäftsführer berufen. Da X erkennbar ungeeignet ist und zudem kein Bedarf für einen weiteren Geschäftsführer besteht, steht diese Geschäftsführerbestellung im Widerspruch zum Gesellschaftsinteresse.

---

786 *Zöllner*, Schranken mitgliedschaftlicher Stimmrechtsmacht, S. 355 spricht insoweit von einer mittelbaren Bindung an den Gesellschaftszweck.

787 BGH, NJW 1996, 1678, 1681 („Zukunftssicherung der Gesellschaft"); *Immenga*, FS 100 Jahre GmbHG, S. 189, 193.

788 Dies liegt nicht nicht zuletzt an dem den Gesellschaftern in dieser Hinsicht eingeräumten Ermessensspielraum, vgl. hierzu den nächsten Abschnitt. Ebenso *Winter*, Mitgliedschaftliche Treuebindungen, S. 144.

(c) *Die Problematik der Bewertung von unternehmerischen Entscheidungen*

(aa) *Problemstellung*

Zu beachten ist, dass Beschlüsse die einen Bezug zur Förderung des Gesellschaftszwecks aufweisen, zugleich unternehmerische Entscheidungen darstellen, welche von einem gewissen Prognosecharakter geprägt sind.[789] Derartige Entscheidungen zeichnen sich dadurch aus, dass sie regelmäßig zukunftsbezogen und somit erheblichen Unsicherheitsfaktoren ausgesetzt sind und dabei zudem eine hohe Komplexität aufweisen.[790] Der Erfolg solcher Maßnahmen hängt nämlich mitunter von externen Umständen ab, die häufig weder vorhersehbar noch berechenbar sind. Dies kann dazu führen, dass sich eine Maßnahme, die bei Beschlussfassung zunächst objektiv zweckmäßig erscheint, im Nachhinein als zweckwidrig erweist. Aufgrund dieser Faktoren wird die Beurteilung darüber, welche Maßnahmen tatsächlich den Gesellschaftszweck fördern, häufig selbst unter sachkundigen, objektiven Dritten nicht unumstritten sein.[791]

Aufgrund der schwierigen Prognostizierbarkeit von unternehmerischen Entscheidungen wäre bei einer vollumfänglichen judiziellen Kontrolle die Entscheidungsfindung erschwert. Vor dem Hintergrund einer möglichen Klage gegen den Beschluss würde für die Gesellschafter ein Anreiz bestehen, unternehmerische Risiken (welche zugleich Chancen darstellen) zu minimieren. Eine solche Paralyse der unternehmerischen Initiative wäre unter volkswirtschaftlichen Gesichtspunkten zu kritisieren.[792]

(bb) *Lösungsansätze*

Es stellt sich in diesem Zusammenhang die Frage, in welchem Umfang die Gerichte befugt sind, zu überprüfen, ob eine Maßnahme tatsächlich im Gesellschaftsinteresse liegt. Während der BGH im Personengesellschaftsrecht zu dieser

---

789 *Beckerhoff*, Treupflichten bei der Stimmrechtsausübung, S. 74. Grundlegend hierzu *Paefgen*, Unternehmerische Entscheidung, S. 171 ff.; skeptisch allerdings *Ekkenga*, in: Kölner Kommentar, § 186 Rn. 73.

790 *Beckerhoff*, Treupflichten bei der Stimmrechtsausübung, S. 74 ff.; *Mutter*, Unternehmerische Entscheidungen, S. 23; *Verse*, Gleichbehandlungsgrundsatz, S. 270; *Wandrey*, Materielle Beschlusskontrolle im Aktienrecht, S. 157.

791 *Verse*, Gleichbehandlungsgrundsatz, S. 270.

792 *Fleischer*, FS Wiedemann, S. 827, 829 f.; *Mertens/Cahn*, in: Kölner Kommentar, § 93 Rn. 13.

Fragestellung schweigt,[793] hat er für das Recht der Kapitalgesellschaften die Problematik erkannt, dass sich der tatsächliche Eintritt der mit einer Maßnahme bezweckten Ziele selten mit völliger Sicherheit vorhersagen lässt.[794]

Als Reaktion auf diesen Umstand kommen bei der Überprüfung zwei Grundsätze zum Tragen.

α) ex-ante-Sicht

Zunächst ist für die Beurteilung der Zweckdienlichkeit einer Maßnahme auf eine *ex-ante*-Sicht abzustellen. Maßgeblich für die Überprüfung ist somit die Faktenlage, welche sich den Gesellschaftern zum Zeitpunkt der Beschlussfassung darbot.[795] Dies bedeutet, dass bei einer zeitlich nachfolgenden gerichtlichen Kontrolle lediglich die ursprünglich vorhandenen, relevanten und verfügbaren Informationen bei der Entscheidung berücksichtigt werden dürfen.[796] Sollte sich nachträglich aufgrund einer neuen Informationslage der Beschluss als zweckwidrig herausstellen, so ist dies unerheblich.

β) Ermessensspielraum

Darüber hinaus wird den Gesellschaftern bei der Ausübung des Stimmrechts zudem ein nur eingeschränkt justiziabler Ermessensspielraum gewährt. Als Begründung hierfür taugt allerding nicht das Argument der Gefahr eines *hindsight bias*.[797] Dieser Begriff aus der psychologische Verhaltensforschung beschreibt das Phänomen, dass Menschen, welche den Ausgang einer Entscheidung kennen, tendenziell nachträglich die Wahrscheinlichkeit überschätzen, mit der sie den Eintritt dieses Ereignisses ursprünglich vorhergesagt hätten.[798] Insofern besteht die Möglichkeit, dass Richter unterbewusst statt eines *ex-ante*-Standpunktes eine *ex-post*-Perspektive einnehmen. Dieses Phänomen ist jedoch nicht auf unternehmerische Entscheidungen beschränkt. Es ist daher nicht ersichtlich, warum bei unternehmerischen Entscheidungen im Gegensatz zu anderen Ermessensentscheidungen ein Ermessensspielraum einzuräumen ist.[799]

---

793 Vgl. exemplarisch BGHZ 203, 77, 90.

794 BGHZ 71, 40, 49 f.; BGHZ 125, 239, 246.

795 BGHZ 71, 40, 49 f.

796 *Paefgen*, Unternehmerische Entscheidung, S. 139.

797 *Kuntz*, GmbHR 2008, 121, 122; a.A. *Fleischer*, FS Wiedemann, S. 827, 832; *Spindler*, in: MüKo AktG, § 93 Rn. 43.

798 *Schäfer/Ott*, Ökonomische Analyse des Zivilrechts, 4.2.2.1, S. 106 f.

799 *Kuntz*, GmbHR 2008, 121, 122.

Aufschlussreicher ist hingegen das Argument, den zur Entschlussfassung von unternehmerischen Entscheidungen berufenen Personen müsse ein Ermessensspielraum gewährt werden, damit diese auch risikoreichere und aufgrund dessen regelmäßig gewinnbringendere Maßnahmen beschließen können. Denn andernfalls würde ein dem Florieren der Gesellschaft abträgliches risikoaverses Verhalten gefördert.[800]

Nach Ansicht des BGH ist es daher ausreichend, wenn die Gesellschafter „aufgrund sorgfältiger, von gesellschaftsfremden Erwägungen freier Abwägung davon ausgehen durften, [die Maßnahme] sei zum Besten der Gesellschaft".[801] Dieser Ermessensspielraum ist erst überschritten bei bösgläubigen oder schlichtweg sinnlosen Entscheidungen.[802] Die Einräumung einer solchen Einschätzungsprärogative wird vom Schrifttum auch für das Recht der Personengesellschaften befürwortet.[803]

Trotz der soeben genannten Formulierung des BGH haben sich bisher keine festen Voraussetzungen ergeben, von denen die Gewährung eines Ermessensspielraums abhängt.[804] Aufgrund der vergleichbaren Konstellation bietet es sich an, die bei unternehmerischen Entscheidungen des Vorstands einer AG nach § 93 Abs. 1 S. 2 AktG zum Tragen kommende *business judgment rule* auch auf die Stimmrechtsausübung der Gesellschafter bei zweckbezogenen Beschlüssen zu übertragen.[805] In beiden Fällen bereitet die Überprüfung von unternehmerischen Entscheidungen gewisse Probleme, sodass die vollumfängliche judizielle Kontrolle auf Sachverhalte beschränkt werden sollte, in denen die Wahrung des Gesellschaftsinteresses gefährdet erscheint.[806] Hier wie dort bietet die *business judgment rule* hierfür den geeigneten Maßstab.[807] In entsprechender

---

800 *Kuntz*, GmbHR 2008, 121, 122; *Spindler*, in: MüKo AktG, § 93 Rn. 43.

801 Grundlegend BGHZ 71, 40, 49 f.; ähnlich BGHZ 125, 239, 246.

802 *Kuntz*, GmbHR 2008, 121; *Paefgen*, Unternehmerische Entscheidung, S. 177.

803 *Heinrichs*, Mehrheitsbeschlüsse, S. 226; *Martens*, in: Schlegelberger, § 119 Rn. 30 f.; *Schäfer*, ZGR 2013, 237, 265 f.; *ders.*, in: Staub, § 119 Rn. 52; *Winter*, GesRZ 1986, 74, 86.

804 Dies liegt unter anderem daran, dass der BGH sich in BGHZ 71, 40 mit seinen eigenen Äußerungen in Widerspruch gesetzt hat. Dies ebenfalls betonend *Verse*, Gleichbehandlungsgrundsatz, S. 271.

805 Hierfür *Hofmann*, Minderheitsschutz, S. 187 f.; *Paefgen*, Unternehmerische Entscheidung, S. 183 f.; *Verse*, Gleichbehandlungsgrundsatz, S. 274 ff.; *Wandrey*, Materielle Beschlusskontrolle im Aktienrecht, S. 163 ff.; *Zöllner*, AG 2000, 145, 153.

806 *Fleischer*, FS Wiedemann, S. 827, 831 f.; *Verse*, Gleichbehandlungsgrundsatz, S. 276.

807 *Verse*, Gleichbehandlungsgrundsatz, S. 276.

Anwendung hängt die Einräumung eines Ermessensspielraums daher davon ab, dass die Gesellschafter zum Wohle der Gesellschaft und auf der Grundlage angemessener Informationen handeln.

αα) Handeln zum Wohle der Gesellschaft

Angelehnt an die *business judgment rule* ist es zunächst erforderlich, dass der jeweilige Gesellschafter vernünftigerweise annehmen durfte, dass die jeweilige Maßnahme im Gesellschaftsinteresse liegt. Diese Vorgabe ist erst überschritten, wenn das mit der Maßnahme verbundene Risiko in völlig unverantwortlicher Weise falsch beurteilt worden ist.[808] In der Wahl eines solchen weiten Prüfungsmaßstabs ist die Einräumung eines Ermessensspielraums zu sehen.[809]

Darüber hinaus erfordert das Handeln zum Wohle der Gesellschaft, dass die Mitglieder bei der Stimmrechtsausübung frei von Fremdeinflüssen und ohne unmittelbaren Eigennutz handeln.[810] Ein solcher Interessenkonflikt bei der Stimmrechtsausübung liegt vor, wenn bei einem Gesellschafter im Zusammenhang mit der zu beschließenden Maßnahme zumindest auch Interessen bestehen, welche dem Gesellschaftsinteresse entgegenstehen, und man daher nicht sicher sein kann, dass dieser dennoch alleine die Interessen der Gesellschaft vertritt.[811] Von einem solchen Interessenkonflikt ist zudem auszugehen, wenn die entgegenstehenden Interessen nicht beim Gesellschafter selbst, sondern bei einer Person, welche mit diesem in einer geschäftlichen, finanziellen oder einer familiären Beziehung steht, vorliegen.[812] Die Voraussetzung des Fehlens eines Interessenkonflikts verhindert, dass ein Gesellschafter, bei dem die Gefahr von Opportunismus bei der Stimmrechtsausübung besteht, weil dieser möglicherweise Sonderinteressen verfolgt, das Privileg eines Ermessensspielraums erhält. Vielmehr ist in einem solchen Falle eine vollumfängliche Kontrolle durch die Gerichte erforderlich.[813]

---

808 *Fleischer*, in: Spindler/Stilz, § 93 Rn. 73 ff.; *Koch*, in: Hüffer/Koch, § 93 Rn. 23.
809 *Koch*, in: Hüffer/Koch, § 93 Rn. 23.
810 *Fleischer*, in: Spindler/Stilz, § 93 Rn. 72 ff.; *Koch*, in: Hüffer/Koch, § 93 Rn. 24; *Paefgen*, Unternehmerische Entscheidung, S. 175 f.
811 *Fleischer*, in: Spindler/Stilz, § 93 Rn. 72; *Lutter*, FS Priester, S. 417, 423; ähnlich *Paefgen*, Unternehmerische Entscheidung, S. 215.
812 *Fleischer*, in: Spindler/Stilz, § 93 Rn. 72; *Lutter*, FS Priester, S. 417, 423.
813 *Verse*, Gleichbehandlungsgrundsatz, S. 271.

ββ) Auf der Grundlage angemessener Information

Des Weiteren müssen die Gesellschafter ihr Stimmrecht auf der Grundlage angemessener Informationen ausüben.[814] Dies bedeutet, dass die Gesellschafter sich unter Berücksichtigung des vorhandenen zeitlichen Rahmens mit den zur Verfügung stehenden Informationen auseinandersetzen müssen. Diesem Voraussetzungsmerkmal kommt allerdings im Vergleich zur Vorstandshaftung aus zwei Gründen ein geringerer Stellenwert zu.

Zunächst unterscheiden sich die Konstellationen des Handelns des Vorstands und die Stimmrechtsausübung der Gesellschafter insofern, als in Ersterer ein treuhänderischer Verwalter (Agent) und bei Letzterer der Eigentümer (Prinzipal) handelt. Die Gesellschafter werden aber bereits aus Selbstbetroffenheit (das Fehlen eines Interessenkonflikts unterstellt) bemüht sein, sachgerechte Entscheidungen zu treffen.[815]

Darüber hinaus besteht in Verbänden mit großer Gesellschafterzahl das Phänomen der rationalen Apathie.[816] Wie bereits erörtert, verursacht die Informationsbeschaffung und -verwertung Kosten.[817] Bei Gesellschaftern mit geringer quotaler Beteiligung können diese Informationskosten außer Verhältnis zur Partizipation am Gewinn stehen. Ein Gesellschafter handelt aufgrund dessen in einer solchen Situation durchaus rational, wenn er eine uninformierte Entscheidung trifft.[818] Bei der Beurteilung, ob ein Gesellschafter bei der Stimmrechtsausübung angemessen informiert ist, sind daher auch Kosten/Nutzen-Abwägungen bezüglich der Informationsbeschaffung zu berücksichtigen.[819]

Aufgrund der vorgenannten Gründe sind nicht zu hohe Ansprüche an die angemessene Informationsgrundlage zu stellen. Ein Verstoß ist daher erst zu bejahen, wenn die Gesellschafter zugängliche Information, deren Auswertung im Rahmen einer zumutbaren Anstrengung möglich ist, nicht berücksichtigen.

---

814 *Paefgen*, Unternehmerische Entscheidung, S. 177 ff.

815 Vgl. zu diesem Argument *Fastrich*, Funktionales Rechtsdenken, S. 21.

816 *Janke*, Gesellschaftsrechtliche Treuepflicht, S. 165 ff.; *Wandrey*, Materielle Beschlusskontrolle im Aktienrecht, S. 166 f.

817 Siehe hierzu 2. Teil: B. I. 1. d) bb) (2) (c).

818 *Janke*, Gesellschaftsrechtliche Treuepflicht, S. 166.; *Wandrey*, Materielle Beschlusskontrolle im Aktienrecht, S. 166 f.

819 *Fleischer*, in: Spindler/Stilz, § 93 Rn. 70; *Mertens/Cahn*, in: Kölner Kommentar, § 93 Rn. 33.

(cc) Zwischenergebnis

Gezeigt wurde, dass aufgrund des Prognosecharakters von unternehmerischen Entscheidungen Schwierigkeiten bei der Kontrolle durch die Gerichte bestehen. Vor diesem Hintergrund ist zum einen von den Richtern eine *ex-ante*-Sicht bei der Überprüfung einzunehmen. Zum anderen wird den Gesellschaftern ein Ermessensspielraum gewährt, sofern entsprechend dem Gedanken der *business judgment rule* gewisse Mindestvoraussetzungen erfüllt werden. Sofern Letzteres nicht der Fall ist, findet eine vollumfängliche judizielle Kontrolle dahingehend statt, ob die fragliche Maßnahme im Gesellschaftsinteresse liegt.

(2) Sonstige berechtigte Interessen der Mehrheit

Bei zweckneutralen Beschlussgegenständen stellt sich die Frage, worauf im Rahmen der Prüfung des sachlichen Grundes abzustellen ist. Da eine Bezugnahme auf das Gesellschaftsinteresse ausscheidet, sind stattdessen die Beweggründe der Mehrheit für die Beschlussfassung einer Maßnahme heranzuziehen.[820] Da das Spektrum an möglichen Motiven sehr breit gefächert sein kann, werden zweckneutrale Beschlussgegenstände nur in Extremfällen, wie beispielsweise einem Verstoß gegen die guten Sitten, bereits an der Prüfungsstufe des sachlichen Grundes scheitern. Vielmehr dient dieser erste Prüfungsschritt der Sondierung der betroffenen Interessen. Mit anderen Worten geht es um die Ermittlung des „warum“ der Beschlussfassung. Eine Gewichtung der Beweggründe der Mehrheit erfolgt erst im Rahmen der Angemessenheit der Stimmrechtsausübung.

Ein mögliches Motiv kann die Anpassung der Gesellschaft an veränderte Umstände sein. Aufgrund der zwingenden Unvollständigkeit von Gesellschaftsverträgen ist es erforderlich, dass diese von Zeit zu Zeit nachträglich angepasst werden.[821] So kann etwa nach Vertragsschluss das Interesse entstehen, die Gesellschaft im Todesfall eines Gesellschafters fortzuführen (Fortsetzungsklausel)[822] oder einen bestimmten Erben des verstorbenen Gesellschafters in die

---

820 *Bischoff*, BB 1987, 1055, 1061; *Boese*, Anwendungsgrenzen des Erfordernisses sachlicher Rechtfertigung, S. 84; *Sonnenberg*, Die Änderung des Gesellschaftszwecks, S. 138 f.; *Wandrey*, Materielle Beschlusskontrolle im Aktienrecht, S. 205. In BGH, WM 1991, 1951, 1952 ist ebenfalls von der sachlichen Rechtfertigung eines sonstigen Grundlagebeschlusses die Rede, ohne dass dabei auf das Gesellschaftsinteresse Bezug genommen wird.

821 Siehe hierzu 1. Teil: B. IV. 3.

822 Nach der gesetzlichen Ausgangslage wird gem. § 727 Abs. 1 BGB eine GbR im Todesfall eines Gesellschafters aufgelöst.

Gesellschafterstellung nachrücken zu lassen (qualifizierte Nachfolgeklausel). Des Weiteren kann beispielsweise eine nachträgliche Anpassung der Geschäftsführervergütung erforderlich werden, wenn mit der wirtschaftlichen Entwicklung der Gesellschaft eine erhöhte Arbeitsbelastung einhergeht.

In diesem Zusammenhang spielt auch das Interesse an der Erhaltung der Funktionsfähigkeit der Gesellschaft eine erhebliche Rolle. Sofern etwa nach Vertragsschluss zwischen den Gesellschaftern Spannungen auftreten, kann etwa die nachträgliche Einführung einer Ausschlussfrist für die Erhebung von Feststellungklagen, die Rechtssicherheit der Gesellschafter insoweit erhöhen, als innerhalb einer überschaubaren Frist Gewissheit darüber herrscht, ob Mehrheitsbeschlüsse endgültige Verbindlichkeit haben und für die künftige Zusammenarbeit zu berücksichtigen sind.[823]

Ferner kann etwa ein nachträglicher Zuwachs an Gesellschaftern die Beschlussfindung erschweren. In diesem Zusammenhang kann die nachträgliche Reduzierung des vertraglichen Beschlussquorums die Willensbildung innerhalb der Gesellschaft erleichtern.[824]

(3) Abgrenzung zwischen Gesellschaftsinteresse und sonstigen berechtigten Interessen

Es ist darauf hinzuweisen, dass sich die Dichotomie zwischen zweckneutralen und zweckbezogenen Beschlüssen nicht abstrakt nach Beschlussgegenständen vollziehen lässt. Vielmehr bedarf es jeweils einer Prüfung im Einzelfall, ob die konkret zu beschließende Maßnahme einen Bezug zum Gesellschaftszweck aufweist. So kann etwa die Sitzverlegung der Gesellschaft zur Förderung des Gesellschaftszwecks beitragen, wenn der neue Standort aufgrund eines größeren potentiellen Kundenkreises wirtschaftlich attraktiver erscheint. Eine Beurteilung anhand des Gesellschaftszwecks ist aber dann nicht möglich, wenn die wirtschaftlichen Bedingungen zwischen beiden Standorten identisch sind (weil die Gesellschaft beispielsweise einen Onlineshop betreibt). In einem solchen Fall ist stattdessen auf die sonstigen berechtigten Interessen der Mehrheit abzustellen. Diese können auch aus reinen Praktikabilitätserwägungen bestehen. So etwa, wenn zwei von drei Gesellschaftern nach der Gründung umziehen und der neue Standort daher in der Mitte von allen drei Wohnsitzen liegen soll.

Hervorzuheben ist allerdings, dass jeweils primär zu prüfen ist, ob die Beschlussmaßnahme im konkreten Einzelfall einen Bezug zum Gesellschaftsinteresse

---

823 Vgl. hierzu BGH, NJW 1995, 1218, 1219.

824 Vgl. hierzu BGH, NJW 1988, 411 ff.

aufweist. Denn das Gesellschaftsinteresse verkörpert das gemeinsame Interesse aller Gesellschafter und stellt damit die vorrangige Bezugsgröße dar. Nur sofern eine Verbindung zum Gesellschaftsinteresse nicht gegeben ist, kann subsidiär auf die sonstigen berechtigten Interessen der Mehrheit abgestellt werden.

bb) Erforderlichkeit

Weitere Voraussetzung ist die Erforderlichkeit des jeweiligen Beschlusses.[825] Der BGH spricht in diesem Zusammenhang davon, dass die Maßnahme geboten sein muss.[826] Die Erforderlichkeit eines Beschlusses ist gegeben, wenn keine alternative Maßnahme denkbar ist, welche in gleicher Weise zur Zielverfolgung geeignet ist und die Interessen der Minderheit weniger beeinträchtigt.[827] Die Überprüfung der Erforderlichkeit setzt sich demnach aus zwei Prüfungsschritten zusammen. In einem ersten Schritt ist zu untersuchen, welche Interessen der Minderheit beeinträchtigt sind. Danach ist festzustellen, ob es Alternativmaßnahmen gibt, welche weniger belastend aber ebenso effizient sind. Auf diese Weise kann auch ohne eine – mitunter schwierige – Abwägungsentscheidung durchführen zu müssen, opportunistisches Verhalten der Mehrheit sanktioniert werden.

(1) Die beeinträchtigten Interessen der Minderheit

Zunächst ist zu untersuchen, welche Interessen der Minderheit durch den Beschluss betroffen sind.[828] Zu berücksichtigen sind nach Ansicht des BGH jedoch nur schutzwerte Belange.[829] Damit stellt sich die Frage, welche Interessen der Minderheit im Rahmen der Erforderlichkeit als schützenswert einzuordnen sind. Hierauf ist im Folgenden einzugehen.

Bereits an dieser Stelle sei erwähnt, dass die Herausarbeitung der beeinträchtigen Interessen nicht nur für die Beantwortung der Erforderlichkeit einer

---

825 *Heinrichs*, Mehrheitsbeschlüsse, S. 227; *Martens*, in: Schlegelberger, § 119 Rn. 30 f.; *Schäfer*, ZGR 2013, 237, 266.; *ders.*, in: Staub, § 119 Rn. 52; *Winter*, GesRZ 1986, 74, 86.

826 BGHZ 203, 77, 90.

827 BGH, NJW 1995, 194, 195 f. (allerdings noch bezüglich einer etwaigen Zustimmungspflicht zu einem Eingriff in ein unentziehbares Recht); *Heinrichs*, Mehrheitsbeschlüsse, S. 227; *Schäfer*, in: Staub, § 119 Rn. 52; *Winter*, GesRZ 1986, 74, 86; *ders.*, Mitgliedschaftliche Treuebindungen, S. 147; *Zöllner*, Schranken mitgliedschaftlicher Stimmrechtsmacht, S. 351.

828 *Lawall*, DStR 1997, 331, 335; *Winter*, Mitgliedschaftliche Treuebindungen, S. 147 f.

829 BGHZ 203, 77, 90.

Maßnahme, sondern auch als Grundlage für die auf der Ebene der Angemessenheit folgende Abwägungsentscheidung von Relevanz ist.

(a) Explizite und implizite Vereinbarungen

(aa) Problemstellung

In Bezug auf die Eingangsfrage vertritt eine Ansicht die Auffassung, dass nur solche Interessen der Minderheit schützenswert sind, welche als Regelungen explizit Bestandteil des Gesellschaftsvertrages wurden.[830] Die Gegenansicht spricht sich hingegen dafür aus, zusätzlich auch berechtigte Erwartungen und implizite Vereinbarungen zwischen den Gesellschaftern in den Schutzbereich einzubeziehen.[831] Nach dieser Auffassung kann etwa, wenn bekannt ist, dass die Gewinne aus der Gesellschaft eine essentielle Einkommensquelle für bestimmte Gesellschafter bilden, dies als schützenswertes Interesse der Minderheit bei einem Mehrheitsbeschluss über die Bildung von offenen Rücklagen zu berücksichtigen sein.

(bb) Stellungnahme

Für erstere Ansicht spricht zunächst das grundsätzliche Argument des Selbstschutzes. Die den Gesellschaftern eingeräumte Vertragsfreiheit schließt als Kehrseite die Verantwortlichkeit für das eigene Handeln mit ein.[832] Die Gesellschafter sollen die geschützten Interessen selbst im Vertrag regeln und somit die Balance zwischen Anpassungsfähigkeit und Minderheitenschutz festlegen.[833] So hätten die Gesellschafter im oben genannten Beispiel eine Vereinbarung in den Vertrag aufnehmen können, welche vorsieht, dass zwingend ein prozentualer Mindestbetrag auszuschütten ist.

---

830 *Molitor*, Fordham J. Corp. & Fin. L. 14 (2009), 491, 554 f.; *O'Kelly*, Nw. U. L. Rev. 87 (1992), 216, 246 f.

831 BGH, NJW 2011, 1667, 1669; *G. Bachmann/Eidenmüller/Engert/Fleischer/Schön*, Rechtsregeln für die geschlossene Kapitalgesellschaft, S. 51 f.; *Eisenberg*, Colum. L. Rev 89 (1989), 1461, 1465 ff.; *Johnston*, Wash. U. L. Q 70 (1992), 291, 333 ff.; *Klöhn*, AcP 216 (2016), 282, 312; *Means*, Fordham L. Rev. 79 (2011), 1161, 1194 ff.

832 Siehe hierzu 1. Teil: C. III. 1. a).

833 *G. Bachmann/Eidenmüller/Engert/Fleischer/Schön*, Rechtsregeln für die geschlossene Kapitalgesellschaft, S. 51; *O'Kelly*, Nw. U. L. Rev. 87 (1992), 216, 247; *Schmolke*, Grenzen der Selbstbindung, S. 621.

Zudem besteht die Gefahr, dass es durch die Ausweitung des Schutzbereiches zu einem Anstieg der Prozesskosten kommt, da praktisch das gesamte Verhältnis zwischen den Gesellschaftern entscheidungsrelevant wird und somit ein Anschwellen des Streitstoffes zu befürchten ist.[834]

Gegen das erste Argument lässt sich jedoch einwenden, dass – wie bereits an anderer Stelle erörtert – die Möglichkeiten des Selbstschutzes begrenzt sind.[835] Hierfür kann beispielsweise neben mangelnden finanziellen Ressourcen für eine Rechtsberatung auch die Angst eines Verhandlungsabbruchs eine Rolle spielen. Da Gesellschaftsverträge zwingend unvollständig sind, ist es gerade nicht möglich, minutiös den Minderheitenschutz im Gesellschaftsvertrag auszuformulieren.[836] Dieser Umstand ist der entscheidende Grund, warum es erforderlich ist, auch berechtigte Erwartungen und implizite Vereinbarungen in den Schutzbereich miteinzubeziehen. Würde man dies nicht tun, wäre die Minderheit angesichts von Selbstschutzdefiziten der Gefahr von Mehrheits-Opportunismus ausgesetzt.[837]

Des Weiteren darf der Gewinn an Rechtssicherheit, der von einem bis ins Detail ausbuchstabierten Minderheitsschutz ausgeht, nicht überschätzt werden. Denn in der Spruchpraxis gibt es viele Entscheidungen, in denen die tatsächliche Auslegung durch die Gerichte unter Berufung auf den gemeinsamen Willen der Beteiligten von scheinbar eindeutigen Vereinbarungen abweicht.[838]

(b) Mitgliedschaftliche und private Interessen

(aa) Problemstellung

Eng verbunden mit der Problematik, inwiefern implizite Vereinbarungen zu beachten sind, ist die Frage, ob grundsätzlich auch private Interessen berücksichtigt werden können. So lässt sich beispielsweise argumentieren, der Umstand, dass die Gewinne aus der Gesellschaft eine essentielle Einkommensquelle für

---

834 *G. Bachmann/Eidenmüller/Engert/Fleischer/Schön*, Rechtsregeln für die geschlossene Kapitalgesellschaft, S. 52 f.; *Schmolke*, Grenzen der Selbstbindung, S. 621.

835 Vgl. hierzu 1. Teil: C. III. 1. b). Hierauf ebenfalls hinweisend *G. Bachmann/Eidenmüller/Engert/Fleischer/Schön*, Rechtsregeln für die geschlossene Kapitalgesellschaft, S. 51; *Schmolke*, Grenzen der Selbstbindung, S. 620 f.

836 *Klöhn*, AcP 216 (2016), 282, 312.

837 *G. Bachmann/Eidenmüller/Engert/Fleischer/Schön*, Rechtsregeln für die geschlossene Kapitalgesellschaft, S. 53.

838 *Klöhn*, AcP 216 (2016), 282, 312.

bestimmte Gesellschafter bilden, sei eine rein private Angelegenheit, welche im Rahmen des Regelungsinstruments der sachlichen Rechtfertigung nicht zu berücksichtigen sei.

Eine Ansicht will dementsprechend den Schutzbereich lediglich auf mitgliedschaftliche Interessen der Minderheit beschränkt wissen.[839] Da sich die Treuepflicht zwischen den Gesellschaftern aus der Mitgliedschaft in der Gesellschaft ergebe, sei die Rücksichtnahmepflicht auch nur auf den mitgliedschaftlichen Bereich zu beschränken.[840] Die Gegenansicht will hingegen grundsätzlich auch private Interessen in den Schutzbereich einbeziehen.[841]

(bb) Stellungnahme

Vorzugswürdig ist die Ansicht, welche grundsätzlich auch private Interessen als schutzwürdig erachtet. So ist in der Rechtsprechung zu § 140 HGB anerkannt, dass auch Gründe aus dem privaten Lebensbereich einen Ausschlussgrund darstellen können, sofern diese zu einer Zerstörung der für die Zusammenarbeit erforderlichen Vertrauensgrundlage führen.[842] Dabei ist nicht ersichtlich, warum für den entgegensetzten Fall, beispielsweise die nachträgliche Vereinbarung einer qualifizierten Nachfolgeklausel, durch welche ein bestimmter Erbe in die Gesellschafterstellung eintritt, etwas anderes gelten sollte. Denn auch hier kann durch Ereignisse im privaten Lebensbereich bereits im Vorfeld die Vertrauensgrundlage zwischen Erben und den anderen Gesellschaftern zerstört sein.

Ein weiterer Beispielsfall ist die Sitzverlegung der Gesellschaft. Hier ist es nicht plausibel begründbar, warum bei einem in der Gesellschaft tätigen Gesellschafter der mit der Sitzverlegung einhergehende neue, außergewöhnlich lange Arbeitsweg nicht eine Beeinträchtigung der schützenswerten Belange des Mitglieds darstellen soll.

---

839 So *Wandrey*, Materielle Beschlusskontrolle im Aktienrecht, S. 206 für das Aktienrecht; offengelassen in BGH, NJW 1992, 3167, 3171. *Verse*, Gleichbehandlungsgrundsatz, S. 295 für den Gleichbehandlungsgrundsatz.

840 *Hofmann*, Minderheitsschutz, S. 185.

841 *Hadding/Kießling*, in: Soergel, § 705 Rn. 60; *Hofmann*, Minderheitsschutz, S. 185 f.; *Lutter*, AcP 180 (1980), 94, 128 f.; *Schäfer*, in: MüKo BGB, § 705 Rn. 229; *ders.*, in: Staub, § 105 Rn. 238; *Schmidt*, in: MüKo HGB, § 105 Rn. 189; *Zöllner*, Schranken mitgliedschaftlicher Stimmrechtsmacht, S. 349.

842 BGH, NJW 1973, 92 f.; OLG Bremen, BB 1972, 811, 813.

Neben dem soeben genannten praktischen Bedürfnis spricht für den hier vertretenen Standpunkt auch, dass eine strikte Trennung zwischen mitgliedschaftlichem und privatem Bereich nicht immer möglich sein wird.[843]

Dem möglichen Argument, dass mit einer solchen Sichtweise eine uferlose Ausweitung an zu berücksichtigen Faktoren bei der Beschlussfassung verbunden sei, lässt sich damit begegnen, dass die Beeinträchtigung der privaten Belange sich zumindest mittelbar auf die mitgliedschaftliche Sphäre auswirken muss.[844]

Zudem sei darauf hingewiesen, dass es hier zunächst um die Ermittlung der grundsätzlich schützenswerten Belange geht. Die Gewichtung der betroffenen Interessen erfolgt an anderer Stelle.[845]

(2) Alternativmaßnahmen

In einem zweiten Schritt ist zu untersuchen, ob hinsichtlich der beschlossenen Maßnahme Handlungsalternativen bestanden. Sofern eine solche Alternativmaßnahme hinsichtlich der betroffenen Interessen der Minderheit weniger belastend wirkt, aber ebenso effizient zur Verfolgung des angestrebten Ziels beiträgt, liegt ein Verstoß gegen den Grundsatz der Erforderlichkeit einer Maßnahme vor.[846] Hierdurch soll verhindert werden, dass die Minderheit unnötigen Belastungen ausgesetzt wird.[847]

(a) Milderes Mittel

Demnach ist zunächst zu eruieren, ob für die Minderheit weniger belastende Mittel zur Verfügung standen. Dieser Prüfungspunkt ist in der Regel für die Gerichte ohne größere Schwierigkeiten nachprüfbar.[848] Ein anschauliches Beispiel hierzu bietet der vom BGH entschiedene Fall, in welchem nachträglich ein über §§ 118, 166 HGB hinausgehendes vertragliches Informationsrecht alleine zulasten eines Gesellschafters aufgehoben werden sollte, weil dieser an einem Konkurrenzunternehmen beteiligt war.[849] Das Gericht urteilte, dass in einer

---

843 *Hofmann*, Minderheitsschutz, S. 185.

844 *Lutter*, AcP 180 (1980), 94, 129.

845 Des Weiteren ist den Gesellschaftern bei der Beurteilung der Erforderlichkeit von zweckbezogenen Beschlüssen ein Ermessensspielraum zu gewähren (hierzu sogleich).

846 *Winter*, Mitgliedschaftliche Treuebindungen, S. 147 f.

847 *Winter*, Mitgliedschaftliche Treuebindungen, S. 149.

848 *Verse*, Gleichbehandlungsgrundsatz, S. 292.

849 BGH, NJW 1995, 194, 195 f. (allerdings noch bezüglich einer etwaigen Zustimmungspflicht zu einem Eingriff in ein unentziehbares Recht).

solchen Konstellation im Vergleich zur vollständigen Aufhebung des vertraglichen Informationsrechts etwa eine an § 51a GmbHG angelehnte Regelung, welche ein Weigerungsrecht der Geschäftsführung im Einzelfall vorsieht, ein milderes Mittel darstellt.[850]

(b) Ebenso effizientes Mittel

Zusätzlich ist es jedoch erforderlich, dass die Alternativmaßnahme mindestens gleich geeignet ist, das verfolgte Ziel zu erreichen. Bei der Beurteilung dieser Frage stellt sich bei zweckbezogenen Beschlüssen erneut die Problematik der Bewertung von unternehmerischen Entscheidungen.[851] Der Prognosecharakter von unternehmerischen Entscheidungen macht es für Gesellschafter schwierig, *ex ante* die Effizienz verschiedener Maßnahmen zu vergleichen. Dies kann dazu führen, dass sich trotz sorgfältiger Analyse der Gesellschafter nachträglich herausstellt, dass eine weniger belastende Maßnahme ebenso wirksam gewesen wäre. Damit dieser Unsicherheitsfaktor nicht zur Blockade der Entscheidungsfindung einer Gesellschaft führt, ist es notwendig, den Gesellschaftern bei der Beurteilung der Effizienz verschiedener Maßnahmen ebenfalls einen nur eingeschränkt justiziablen Ermessensspielraum zu gewähren.[852] Es bietet sich erneut an, die Einräumung einer solchen Einschätzungsprärogative von dem Vorliegen der Voraussetzungen der *business judgment rule* abhängig zu machen.[853] Die Gewährung eines solchen nur eingeschränkt justiziablen Spielraums führt dazu, dass der Prüfungsschritt der Erforderlichkeit im Hinblick auf zweckbezogene Beschlüsse lediglich eine Schranke für schwerwiegende Verstöße darstellt.[854]

Im Hinblick auf das oben genannte Beispiel der Beschränkung des Informationsrechts eines Gesellschafters bleibt zu ergänzen, dass ein Weigerungsrecht der Geschäftsführung im Einzelfall bezüglich der Auskunft von sensiblen Daten aufgrund von Beweislastschwierigkeiten nicht die gleiche Wirksamkeit aufweist,

850 BGH, NJW 1995, 194, 195 f.

851 *Klöhn*, AcP 216 (2016), 282, 314; *Verse*, Gleichbehandlungsgrundsatz, S. 292 f.; *Winter*, Mitgliedschaftliche Treuebindungen, S. 148 f.; Siehe hierzu 2. Teil: B. II. 2. e) aa) (1) (c).

852 *Beckerhoff*, Treupflichten bei der Stimmrechtsausübung, S. 72; *Hofmann*, Minderheitsschutz, S. 187 f.; *Lawall*, DStR 1997, 331, 335; *Verse*, Gleichbehandlungsgrundsatz, S. 292 f.; *Winter*, Mitgliedschaftliche Treuebindungen, S. 148 f.

853 *Hofmann*, Minderheitsschutz, S. 187 f.; *Verse*, Gleichbehandlungsgrundsatz, S. 292 f.; siehe zu den einzelnen Prüfungsschritten der entsprechenden Anwendung der *business judgment rule* 2. Teil: B. II. 2. e) aa) (1) (c) (bb) β).

854 *Winter*, Mitgliedschaftliche Treuebindungen, S. 149.

wie eine vollständige Aufhebung des vertraglichen Informationsrechts.[855] Ebenso effizient und zugleich ein milderes Mittel wäre jedoch die Zwischenschaltung eines Treuhänders gewesen, welcher für den betroffenen Gesellschafter Auskunft verlangen kann, diesem jedoch in Zweifelsfällen zur Verschwiegenheit verpflichtet ist.[856]

cc) Angemessenheit

Wie erwähnt, führen die Prüfungspunkte des sachlichen Grundes und der Erforderlichkeit lediglich in schwerwiegenden Ausnahmefällen zu einer Beschränkung des Stimmrechts. Der eigentliche Schwerpunkt des Regelungsinstruments der sachlichen Rechtfertigung liegt auf der Prüfung der Angemessenheit (Verhältnismäßigkeit im engeren Sinne) der Stimmrechtsausübung im jeweiligen Einzelfall.[857] Der BGH umschreibt diesen Prüfungsschritt mit den Worten, dass die fragliche Maßnahme „dem betroffenen Gesellschafter unter Berücksichtigung seiner eigenen schutzwerten Belange zumutbar" sein muss.[858]

Der Grundsatz der Angemessenheit der Stimmrechtsausübung ist verletzt, wenn das mit einem Beschluss angestrebte Ziel sowie die damit verbundenen Nachteile für die Minderheit nicht in einem angemessenen Verhältnis zueinander stehen.[859] Hierzu sind das Veränderungsinteresse der Mehrheit und das Beharrungsinteresse der Minderheit an der Beibehaltung des Status Quo miteinander abzuwägen.[860] Es sind somit die bereits im Rahmen der Prüfung des sachlichen Grundes bzw. der Erforderlichkeit ermittelten Interessen gegenüberzustellen.

Im weiteren Abwägungsprozess sind sodann die Interessen der Beteiligten unter Berücksichtigung der Umstände des jeweiligen Einzelfalls zu gewichten und in einen schonenden Ausgleich zu bringen. Hierfür lassen sich keine allgemeingültigen Aussagen treffen, da jeder Einzelfall unterschiedlich ist. Aufgrund des Grundsatzes der Vertragsfreiheit ist das Recht der Personengesellschaften von einer Vielschichtigkeit an unterschiedlichen Sachverhalten geprägt. Jedoch gibt es gewisse Faktoren die für die Abwägung von Bedeutung sind und den

---

855 BGH, NJW 1995, 194, 195 f.

856 BGH, NJW 1995, 194, 195 f.

857 *Winter*, Mitgliedschaftliche Treuebindungen, S. 149.

858 BGHZ 203, 77, 90.

859 *Heinrichs*, Mehrheitsbeschlüsse, S. 228; *Lawall*, DStR 1997, 331, 335; *Winter*, Mitgliedschaftliche Treuebindungen, S. 149 f.

860 *Heinrichs*, Mehrheitsbeschlüsse, S. 228; *Lawall*, DStR 1997, 331, 335; *Mayer*, Materielle Beschlusskontrolle im Kapitalgesellschaftsrecht, S. 353 f.; *Winter*, Mitgliedschaftliche Treuebindungen, S. 149 f.

Gerichten insofern als Leitschnur dienen. Auf diese soll nachfolgend eingegangen werden. Zudem ist der Frage nachzugehen, ob den Gesellschaftern auch im Rahmen der Abwägung ein Ermessensspielraum zu gewähren ist.

(1) Abwägungskriterien

(a) Intensität der betroffenen Interessen

Von besonderer Relevanz für die Gewichtung ist die Bedeutung der Maßnahme für die Gesellschaft respektive die Mehrheit sowie die Intensität der Belastung für die Minderheit.[861]

(aa) Interessen der Mehrheit

Die Beurteilung der Bedeutung einer Maßnahme für die Gesellschaft kann bei zweckgebundenen Entscheidungen grundsätzlich von der Nähe der jeweiligen Beschlussangelegenheit zur Zweckverfolgung abhängig gemacht werden.[862] Zur Ermittlung dieser Zweckverfolgungsnähe kann bei gewinnorientierten Gesellschaften häufig auf den vermögensmäßigen Wert einer Maßnahme abgestellt werden.[863] So lässt sich durch Sachverständige oder anhand von Schätzungen entsprechend § 287 ZPO der mit einer Maßnahme verbundene Vorteil für eine Gesellschaft annäherungsweise ermitteln.[864]

Hinsichtlich der Gewichtung des Veränderungsinteresses ist des Weiteren von Einfluss, welche Konsequenzen das Unterlassen der fraglichen Maßnahme für die Gesellschaft hat.[865] So ist etwa zu berücksichtigen, ob ohne die Durchführung der Maßnahme eine wirtschaftliche Krise oder eine Zerschlagung der Gesellschaft droht.[866] Nach Ansicht des BGH ist etwa bei einer bevorstehenden

---

861 *Hennrichs*, AcP 195 (1995), 221, 252 f.; *Wertenbruch*, DB 2014, 2875, 2877.

862 *Beckerhoff*, Treupflichten bei der Stimmrechtsausübung, S. 71 f.; *Wandrey*, Materielle Beschlusskontrolle im Aktienrecht, S. 210; *Zöllner*, Schranken mitgliedschaftlicher Stimmrechtsmacht, S. 344 f.

863 *Mayer*, Materielle Beschlusskontrolle im Kapitalgesellschaftsrecht, S. 356; *Verse*, Gleichbehandlungsgrundsatz, S. 298.

864 *Mayer*, Materielle Beschlusskontrolle im Kapitalgesellschaftsrecht, S. 356; *Verse*, Gleichbehandlungsgrundsatz, S. 298.

865 *Mayer*, Materielle Beschlusskontrolle im Kapitalgesellschaftsrecht, S. 355 f.; *Verse*, Gleichbehandlungsgrundsatz, S. 298.

866 *Mayer*, Materielle Beschlusskontrolle im Kapitalgesellschaftsrecht, S. 355 f.; *Verse*, Gleichbehandlungsgrundsatz, S. 298.

Insolvenz der Gesellschaft selbst der im Zusammenhang mit einer Sanierung stehende Ausschluss von opponierenden Gesellschaftern gerechtfertigt.[867]

Zudem kann bei der Gewichtung der Mehrheitsinteressen zu berücksichtigen sein, inwiefern es alternative Maßnahmen gibt, die zwar als weniger effizient einzustufen sind und daher im Rahmen der Prüfung der Erforderlichkeit außen vor bleiben müssen, jedoch für die Minderheit schonender sind.[868] Zu beachten ist allerdings, dass auf diesem Wege nicht der Ermessensspielraum der Mehrheit im Hinblick auf die Effektivität einer Maßnahme ausgehebelt werden darf.[869] Dieser Aspekt hat daher vor allem dann Relevanz, wenn die Voraussetzungen der *business judgment rule* nicht vorliegen.

(bb) Interessen der Minderheit

Auf Seiten der Minderheit ist die Intensität der mit einer Maßnahme verbundenen Nachteile zu ermitteln. So ist beispielsweise eine geringfügige Verwässerung des Stimmanteils weniger gravierend als der Verlust einer Sperrminorität. Grundsätzlich gilt, dass das Interesse an der Durchführung der Maßnahme umso gewichtiger sein muss, je schwerwiegender die Nachteile für die Minderheit sind.[870]

Im Zusammenhang mit der Beurteilung der Intensität einer nachteiligen Maßnahme für die beeinträchtigten Gesellschafter ist stets auch deren grundsätzliche Schutzwürdigkeit zu beachten. Diese bemisst sich maßgeblich danach, in welchem Umfang die Gesellschafter spezifische Investitionen getätigt haben.[871] Denn hiervon hängt es ab, in welchem Ausmaß es zu einem *Locking-in*-Effekt kommt und sich die Minderheitsgesellschafter damit erpressbar machen. Aufgrund dessen sind für jeden Einzelfall die von den Gesellschaftern geleisteten Beiträge gem. § 705 BGB zu untersuchen. Spezifische Investitionen können zum einen zur Verfügung gestellte Sachen zum anderen aber reine Geldleistungen sein. Für die Beurteilung des Charakters von Geldleistungen ist zu überprüfen, inwiefern es die Bedingungen des Gesellschaftsvertrages ermöglichen, im

867 BGHZ 183, 1, 8 ff.

868 *Koch*, in: Hüffer/Koch, § 186 Rn. 28; *Verse*, Gleichbehandlungsgrundsatz, S. 299 f.

869 Vgl. hierzu 2. Teil: B. II. 2. e) bb) (2) (b).

870 *Enzinger*, in: MüKo HGB, § 119 Rn. 83; *Heinrichs*, Mehrheitsbeschlüsse, S. 228; *Lawall*, DStR 1997, 331, 335; *Schäfer*, in: Staub, § 119 Rn. 52; *Wertenbruch*, DB 2014, 2875, 2877; *Winter*, Mitgliedschaftliche Treuebindungen, S. 150.

871 *Klöhn*, AcP 216 (2016), 282, 314 ff.; siehe zu spezifische Investitionen 1. Teil: B. V. 1. b).

Rahmen des Ausscheidens aus der Gesellschaft sein investiertes Kapital inklusive einer angemessenen Rendite zu erhalten.

Neben der Tatsache, dass ein Gesellschafter spezifische Investitionen geleistet hat, muss bei Beurteilung der Schutzwürdigkeit eines Gesellschafters auch einfließen, inwiefern dieser für den Umstand der Erpressbarkeit eine Kompensation erhalten hat.[872] So kann zum einen die Erpressbarkeit bereits bei Vertragsschluss eingepreist sein.[873] Zum anderen kann sich eine Kompensation auch im Zusammenhang mit der streitigen Maßnahme ergeben. So kann beispielsweise ein geschäftsführender Mehrheitsgesellschafter der Gesellschaft im Gegenzug für eine nachträgliche Abbedingung der Geschäftschancenlehre eine finanzielle Kompensation zukommen lassen.[874]

(b) Vertragliche Risikoverteilung

(aa) Selbstbestimmte Entscheidung

Das Recht der Personengesellschaften wird maßgeblich geprägt vom Grundsatz der Gestaltungsfreiheit.[875] Die Gesellschafter können daher im Gesellschaftsvertrag grundsätzlich den von ihnen präferierten Umfang an Minderheitenschutz selbst festlegen.[876] Daher wird vertreten, die sich aus den Regelungen im Gesellschaftsvertrag ergebende Risikoverteilung bei der Abwägung der widerstreitenden Interessen einfließen zu lassen.[877] Denn es lässt sich argumentieren, dass diese Risikoverteilung vor Gründung bzw. Eintritt in die Gesellschaft von den Gesellschaftern „bepreist" wurde.[878] Je höher die Risiken aus der Gesellschaftsbeteiligung für den Einzelnen sind, desto geringer werden die nach § 705 BGB zu leistenden Beiträge sein.[879] Die Gesellschafter haben daher möglicherweise die Gefahr von negativen Mehrheitsbeschlüssen durch ein geringeres Investment in Kauf genommen. Zudem ist es denkbar, dass Gesellschafter als

---

872 *Klöhn*, AcP 216 (2016), 282, 315 f.

873 Vgl. hierzu den nächsten Abschnitt.

874 *Hellgardt*, FS Hopt, S. 765, 784.

875 Siehe hierzu 1. Teil: C. II. 1.

876 *Klöhn*, AcP 216 (2016), 282, 308, 314.

877 *Hey*, Freie Gestaltung in Gesellschaftsverträgen, S. 333, 336; *Klöhn*, AcP 216 (2016), 282, 308, 314.

878 *Walz*, in: Ott/Schäfer, Ökonomische Analyse des Unternehmensrechts, S. 50, 67; ähnlich *Klöhn*, AcP 216 (2016), 282, 308, 300.

879 *Walz*, in: Ott/Schäfer, Ökonomische Analyse des Unternehmensrechts, S. 50, 67.

Die Konsequenz der im Personengesellschaftsrecht in weitem Ausmaße gewährten Vertragsfreiheit ist, dass in der Praxis eine Vielzahl von unterschiedlichen Gestaltungsvarianten an Gesellschaften entstanden sind, welche teilweise stark von der gesetzestypischen Ausgestaltung abweichen.[893] Spezielle Ausprägungen sind etwa Gelegenheitsgesellschaften, Familiengesellschaften, Zusammenschlüsse von Freiberuflern oder Publikumsgesellschaften.[894] Die Ausgestaltung des Gesellschaftsvertrages ist hier den Interessen im jeweiligen Einzelfall angepasst. Die so getroffene Wertung gilt es bei der Abwägung der widerstreitenden Interessen zu berücksichtigen. Dies gilt beispielsweise für Beschlussfassungen über das Gewinn- und Entnahmerecht. Bei Familiengesellschaften steht dabei regelmäßig im Mittelpunkt, dass die Familienmitglieder gleichmäßig an den Gewinnen partizipieren und ihnen auch in weniger ertragreichen Zeiten ein Entnahmerecht zusteht, um eine Mindestversorgung zu sichern.[895] Dagegen ist bei Zusammenschlüssen von Freiberuflern eine nachträgliche Anpassung des Gewinnverteilungsschlüssels durchaus legitim, sofern sich das einzelne Beitragen der Gesellschafter zum Gewinn nachhaltig verändert hat.[896]

Bei Publikumsgesellschaften gilt es zu beachten, dass diese häufig stark von körperschaftlichen Elementen geprägt sind. Die Rechtsform der Personengesellschaft wird regelmäßig alleine aus steuerlichen Gründen gewählt. Dieser Umstand rechtfertigt es, im Rahmen der Gewichtung der widerstreitenden Interessen Wertungen aus dem Recht der Kapitalgesellschaften einfließen zu lassen.[897] Dies kann beispielsweise für die Rechtmäßigkeit einer Herabsetzung des erforderlichen Beschlussquorums – entsprechend den Bestimmungen des Kapitalgesellschaftsrechts – sprechen. So hat der BGH für Publikumsgesellschaften aufgrund der ähnlichen Interessenlage erwogen, Vertragsänderungen durch Mehrheitsbeschluss „in Anlehnung an § 179 Abs. 2 AktG gelten zu lassen“, selbst wenn der Gesellschaftsvertrag keine Mehrheitsklausel enthält.[898] Selbiges müsste auch dann gelten, wenn die Veränderung des Beschlussquorums durch einen Mehrheitsbeschluss erfolgt.

---

893 Vgl. hierzu bereits 1. Teil: B. IV. 1.
894 *Sigle*, FS Hüffer, S. 973, 979 ff.
895 *Sigle*, FS Hüffer, S. 973, 979 f.
896 *Sigle*, FS Hüffer, S. 973, 982.
897 *Schmidt*, Gesellschaftsrecht, § 20 IV. 2. d), S. 592; *Sigle*, FS Hüffer, S. 973, 983.
898 BGHZ 71, 53, 58 f.

Dies erscheint zumindest hinsichtlich jener Gesellschafter zweifelhaft, die der Maßnahme zugestimmt haben. Bereits unter Geltung des Regelungsinstruments der unentziehbaren Rechte war anerkannt, dass es jedem Gesellschafter freisteht mit seiner Zustimmung zu einer Maßnahme den Verzicht seiner rechtlich geschützten Rechtsposition zum Ausdruck zu bringen.[912] Für das Recht der Personengesellschaften bestehen auch keine durchgreifenden Bedenken, weswegen ein Gesellschafter im Einzelfall nicht auf die Wahrung des Verhältnismäßigkeitsprinzips hinsichtlich seiner Interessen verzichten können sollte.[913] In der Regel wird ein Gesellschafter nur dann freiwillig bereit sein, einen Nachteil hinzunehmen, wenn er hierfür eine Kompensation erhält.[914] Für eine solche Sichtweise streitet auch das Prinzip der Selbstbestimmung bzw. der wohlfahrtsökonomische Gedanke der Präferenzautonomie, wonach es grundsätzlich jedem Menschen freisteht, selbst über die für ihn vorteilhafte Ordnung seiner Angelegenheiten zu bestimmen[915].[916]

β) Nichtabstimmung bzw. Stimmenthaltung

Des Weiteren wird im Schrifttum diskutiert, wie es sich auswirkt, wenn Gesellschafter an einer Abstimmung nicht teilnehmen bzw. sich bei einer Abstimmung enthalten. Für das Recht der Kapitalgesellschaften wird teilweise vertreten, nur die Interessen der dissentierenden Gesellschafter im Rahmen der Abwägung zu berücksichtigen.[917] Diesen Gedanken überträgt eine Stimme insofern auf das Recht der Personengesellschaften, als sie verlangt, dass ein Gesellschafter seine abweichende Meinung samt Begründung in der Gesellschafterversammlung kundtun müsse. Tue er dies vorwerfbar nicht, so bestehe eine widerlegbare Vermutung dafür, dass die Abwägung fehlerfrei erfolgt sei.[918]

Gegen die erstgenannte Auffassung lässt sich zunächst einwenden, dass das Fernbleiben von der Abstimmung bzw. die Stimmenthaltung nicht mit der bewussten Zustimmung gleichgesetzt werden kann. Denn die verschiedenen Verhaltensweisen haben einen unterschiedlichen Erklärungsgehalt. Vor dem

---

912 Vgl. hierzu 2. Teil: B. II. 1. c) dd) (1).

913 Siehe ausführlich zur Abbedingung des Regelungsinstruments der sachlichen Rechtfertigung 2. Teil: B. II. 2. g).

914 So auch *Wandrey*, Materielle Beschlusskontrolle im Aktienrecht, S. 209.

915 *G. Bachmann*, Private Ordnung, S. 174 f.

916 *Mayer*, Materielle Beschlusskontrolle im Kapitalgesellschaftsrecht, S. 351 f.

917 *Mayer*, Materielle Beschlusskontrolle im Kapitalgesellschaftsrecht, S. 352 f.; *Volhard*, AG 1998, 397, 403 f.

918 *Risse/Höfling*, NZG 2017, 1131, 1134 f.

Hintergrund der erheblichen Konsequenzen entspräche es einer reinen Konstruktion, wollte man in dem bloßen Schweigen einen Verzicht auf die Treuepflicht sehen.[919] Zudem kann es für das Fernbleiben von der Abstimmung legitime Gründe, wie beispielsweise eine Erkrankung, geben.

Die Rechtsfolgen der zweitgenannten Ansicht sind zwar in Bezug auf ein Fernbleiben von der Gesellschafterversammlung theoretisch milder. Praktisch gesehen kann die Vermutung der fehlerfreien Abwägung zu ähnlichen Konsequenzen führen, wie die Nichtberücksichtigung der eigenen Interessen. Ursache hierfür sind die Schwierigkeiten der Beweiserbringung sowie die damit einhergehenden Informationskosten für die Minderheit.[920]

Dies gilt insbesondere vor dem Hintergrund, dass das Erfordernis der Kundgabe des eigenen Standpunktes zur bloßen Förmelei verkommen kann, wenn in einer Gesellschaft starre Mehrheitsverhältnisse herrschen und die feste Mehrheit das Beschlussergebnis regelrecht diktiert.[921]

Aufgrund der genannten Gründe sind aus einer Nichtabstimmung oder einer Stimmenthaltung keine Konsequenzen für die Abwägung der widerstreitenden Interessen zu ziehen.

(bb) Abstimmungsverhalten der Gesellschaftergesamtheit

Aufschluss hinsichtlich einer gerechten Abwägung der widerstreitenden Interessen kann auch das jeweilige Abstimmungsergebnis an sich bieten. Zwar hat ein Mehrheitsbeschluss niemals die gleiche Legitimität wie der Konsens aller Beteiligten. Jedoch lässt sich sagen, dass die Chance für eine dem Gebot der Angemessenheit entsprechende Entscheidung steigt, je größer die Anzahl der Gesellschafter ist, die dem Beschluss zugestimmt haben.[922] Dies gilt insbesondere dann, wenn unter den Befürwortern Gesellschafter sind, welche durch den Beschluss ebenfalls beeinträchtigt werden. Denn diese werden einer Maßnahme, welche (auch) negative Auswirkungen auf sie hat, nur zustimmen, wenn die Vorteile für sie überwiegen. Zu berücksichtigen ist dabei jedoch, ob diese Vorteile nicht möglicherweise außerhalb des Verbands auf Kosten der Gesellschaftergesamtheit erlangt werden. Die Gefahr hierfür sinkt jedoch ebenfalls, je mehr Gesellschafter dem Beschluss zugestimmt haben.

---

919 *Verse*, Gleichbehandlungsgrundsatz, S. 297.

920 Vgl. hierzu 2. Teil: B. II. 2. f) bb) (2).

921 *Wiedemann*, Gesellschaftsrecht I, § 8 I. 1., S. 406.

922 *G. Bachmann*, Private Ordnung, S. 199; *Mayer*, Materielle Beschlusskontrolle im Kapitalgesellschaftsrecht, S. 353; *G. Roth*, JBl 2005, 80, 81.

Unabhängig von dem konkreten Beschlussergebnis kann auch das Abstimmungsverhalten der Gesellschafter in der Vergangenheit von Relevanz für die Gewichtung der widerstreitenden Interessen sein. Denn das Risiko für Opportunismus steigt, sofern in der Gesellschaft starre Mehrheitsverhältnisse herrschen.[923] Dies ist der Fall, wenn ein Gesellschafter selbst über die erforderliche Beschlussmehrheit verfügt oder eine Gruppe von Gesellschaftern ihr Abstimmungsverhalten koordiniert. Dies bedeutet jedoch nicht, dass der Grundsatz der verhältnismäßigen Stimmrechtsausübung bei wechselnden Mehrheitsverhältnissen nicht gilt.[924] Um Schutzlücken zu vermeiden, sind auch Umstände zu beachten, welche dafür sprechen, dass sich eine Gruppe von Gesellschaftern beispielsweise durch Stimmbindungsverträge zum ersten Mal koordiniert.[925]

(2) Ermessensspielraum

Im Rahmen der Angemessenheit stellt sich erneut die Frage, ob den Gesellschaftern bei der Stimmrechtsausübung im Zusammenhang mit zweckbezogenen Beschlussgegenständen ein Ermessensspielraum hinsichtlich der Abwägung der widerstreitenden Interessen zusteht.

Eine Ansicht im Recht der Kapitalgesellschaften lehnt eine solche Einschätzungsprärogative ab.[926] Hierbei wird argumentiert, dass die im Rahmen der ersten beiden Prüfungsschritte unter Gewährung eines Ermessensspielraums gewonnenen Erkenntnisse ausreichten, um die Angemessenheit einer Maßnahme beurteilen zu können. Einer erneuten Einschätzungsprärogative bedürfe es nicht, da die Abwägungsentscheidung keine unternehmerische Entscheidung darstelle, sondern eine originär rechtliche Frage sei.[927]

Die wohl überwiegende Ansicht im Recht der Kapitalgesellschaften spricht sich für eine Einschätzungsprärogative aus und nimmt einen Verstoß gegen die

923 *Leenen*, FS Larenz, S. 371, 392; in diese Richtung auch *Barbasch*, Familien KG, S. 104. Grundlegend *Wiedemann*, Gesellschaftsrecht I, § 8 I. 1., S. 406.

924 So aber *Marsch-Barner*, ZHR 157 (1993), 172, 176 für das Recht der Aktiengesellschaften.

925 *Hofmann*, Minderheitsschutz, S. 183; *Korehnke*, Treuwidrige Stimmen, S. 32 f.

926 *Hofmann*, Minderheitsschutz, S. 188; *Natterer*, Kapitalveränderung der Aktiengesellschaft, S. 91; *Zöllner*, AG 2002, 585, 588; für die sachliche Rechtfertigung einer Ungleichbehandlung *G. Bachmann*, ZHR 171 (2007), 747, 750; *Verse*, Gleichbehandlungsgrundsatz, S. 303.

927 *Natterer*, Kapitalveränderung der Aktiengesellschaft, S. 91. In diese Richtung wohl auch *Hofmann*, Minderheitsschutz, S. 188.

Treuepflicht lediglich an, wenn die Abwägung der widerstreitenden Interessen *erkennbar* außer Verhältnis steht.[928]

Die besseren Argumente sprechen für eine solche Sichtweise auch im Recht der Personengesellschaften. Denn Abwägungsentscheidungen zeichnen sich durch ein gewisses Willkürelement aus, sodass es regelmäßig nicht nur eine objektiv richtige Entscheidung gibt.[929] Insofern ist es abzulehnen, dass Gerichte ihre Entscheidung anstelle die der Gesellschafterversammlung setzen, sofern Letztere sich noch im Rahmen des Vertretbaren bewegt.[930] Aus den gleichen Erwägungen beschränkt sich die Befugnis der Verwaltungsgerichte nach § 114 VwGO lediglich auf die Kontrolle von Ermessensfehlern einer Behörde.[931]

dd) Beispiel

Die bisherigen Ausführungen zum Inhalt des Regelungsinstruments der sachlichen Rechtfertigung sollen an dem folgenden Praxisbeispiel veranschaulicht werden.

(1) Sachverhalt

30 Gesellschafter haben sich zu der Limbach-Viertel Bau OGH zusammengeschlossen um ein Grundstück zu erwerben, eine Wohnsiedlung zu errichten und anschließend zu vermieten. Der Gesellschaftsvertrag ist stark an Regelungen des Kapitalgesellschaftsrechts angelehnt. Zudem beinhaltet dieser eine Mehrheitsklausel mit einer beispielhaften Liste von 15 Beschlussgegenständen. In dieser Liste werden auch Kapitalerhöhungsbeschlüsse erwähnt.

Als die Gesellschaft in eine finanzielle Schieflage gerät, wird eine Kapitalerhöhung beschlossen, an welcher die Gesellschafter freiwillig partizipieren können. Die Maßnahme wird unter anderem von den Stimmen des Mehrheitsgesellschafts, welcher 51 % der Anteile hält, getragen. Zudem haben zahlreiche Minderheitsgesellschafter zugestimmt, ohne an der Kapitalerhöhung zu partizipieren.

Die Immobilienfonds-GmbH, welche bereits zuvor in eine Reihe von Bauprojekten investiert hat, bei denen es im Einzelfall zu ähnlichen Problemen

928 *Beckerhoff*, Treupflichten bei der Stimmrechtsausübung, S. 72; *Lawall*, DStR 1997, 331, 335; *Wandrey*, Materielle Beschlusskontrolle im Aktienrecht, S. 218 f.; *Winter*, Mitgliedschaftliche Treuebindungen, S. 150 ff.

929 *Auer*, Materialisierung, Flexibilisierung, Richterfreiheit, S. 89.

930 *Winter*, Mitgliedschaftliche Treuebindungen, S. 151.

931 *Winter*, Mitgliedschaftliche Treuebindungen, S. 151.

kam, hat als einziger Gesellschafter gegen die Maßnahme gestimmt und hält den Beschluss aufgrund eines Verstoßes gegen die Treuepflicht für unwirksam. Sie behauptet, die Kapitalerhöhung liege nicht im Gesellschaftsinteresse, da sie nicht geeignet sei, die Insolvenz abzuwenden. Sinnvoller seien alternative Maßnahme, wie Verhandlungen mit Gläubigern über einen Schuldenschnitt und die Aufnahme eines Kredits.

(2) Überprüfung des Beschlusses

Für die Beurteilung der Frage, ob die Maßnahme im Gesellschaftsinteresse liegt bzw. erforderlich ist, kommt den Gesellschaftern ein Ermessensspielraum zu. Dafür, dass die Voraussetzungen der *business judgment rule* hier nicht vorliegen, bestehen keine Anhaltspunkte.

Im Rahmen der Abwägung der widerstreitenden Interessen ist zu berücksichtigen, dass es zu einer Verwässerung der Anteile der nicht an der Kapitalerhöhung partizipierenden Gesellschaftern kommt. Hierdurch wird deren Gewinn- und Stimmrecht beeinträchtigt. In diesem Zusammenhang kann der Verdacht bestehen, dass der Mehrheitsgesellschafter die Kapitalerhöhung insofern zu opportunistischen Zwecken einsetzt, als er damit finanzschwache Gesellschafter zurückdrängen und seine eigene Position stärken möchte.

Angesichts der prekären finanziellen Situation dürfte das Interesse der Mehrheit an der Kapitalerhöhung jedoch darin bestehen, der Gesellschaft Kapital zuzuführen, um die Fertigstellung der Wohnsiedlung und damit die Erzielung einer Rendite zu ermöglichen. Gleichzeitig wird die Insolvenz der Gesellschaft und eine damit einhergehende Nachschusspflicht nach § 735 BGB vermieden.

Für die Verhältnismäßigkeit der Maßnahme streitet, dass es sich hier um eine Publikumsgesellschaft handelt, bei der die Gesellschafter als reine Investoren agieren. Anders als bei einer kleinen personalistischen Gesellschaft, in der die Gesellschafter ihre gesamte Arbeitskraft einbringen und auf eine Ausschüttung der Gewinne zur Bestreitung ihres Lebensunterhaltes angewiesen sind, spricht hier die Realstruktur eher für eine Zumutbarkeit der Verwässerung.

Zudem haben der Kapitalerhöhung mehrere Minderheitsgesellschafter zugestimmt, welche selbst eine Verwässerung ihrer Beteiligung hinnehmen müssen. Dies ist ebenfalls ein Indiz dafür, dass die Maßnahme angemessen ist.

Des Weiteren erwähnt die Mehrheitsklausel wörtlich den Fall, dass in einer Krisensituation das Kapital erhöht werden kann. Da die Formulierung in eine längere Mehrheitsklausel integriert ist, kann dies grundsätzlich jedoch nur ein beschränktes Indiz für eine bewusste Risikozuweisung sein. Allerdings handelt es sich bei der Immobilienfonds-GmbH um einen professionellen Akteur, welcher zum Zeitpunkt des Vertragsschlusses mit den Marktgegebenheiten und entsprechenden Situationen vertraut gewesen ist. Es war dieser daher zumutbar, etwaige Maßnahmen zum Selbstschutz zu ergreifen. Daher lässt sich die Formulierung im Vertrag als bewusste Risikozuweisung verstehen.

Insgesamt sprechen die überwiegenden Abwägungskriterien für eine Angemessenheit der Maßnahme. Die Gesellschafter verstoßen mit der Stimmrechtsausübung somit nicht gegen die Treuepflicht.

f) Prozessuale Durchsetzung des Regelungsinstruments der sachlichen Rechtfertigung

aa) Grundlagen

Das geschriebene Recht der Personengesellschaften enthält keinerlei Regelungen, wie mit Mängeln im Rahmen der mehrheitlichen Beschlussfassung zu verfahren ist. Eine bedeutende Ansicht greift auf die Differenzierung des Aktienrechts zwischen der Nichtigkeit und Anfechtbarkeit eines Beschlusses zurück und wendet die Vorschriften der §§ 243 ff. AktG entsprechend an.[932] Demgegenüber geht die herrschende Ansicht davon aus, dass Fehlerhaftigkeit eines Beschlusses grundsätzlich zu dessen Unwirksamkeit führt.[933] Eine ausführliche Auseinandersetzung mit den verschiedenen Ansichten kann im Rahmen dieser Arbeit nicht geleistet werden. Es wird stattdessen der herrschenden Ansicht gefolgt.

Die sich aufgrund der Fehlerhaftigkeit eines Beschlusses ergebende Unwirksamkeit kann nach den allgemeinen Zivilrechtsvorschriften

im Wege der Feststellungsklage durch die Gesellschafter geltend gemacht werden.[934] Die Klage ist nicht gegen die Gesellschaft als solche, sondern gegen die Mitgesellschafter zu richten.[935] Dabei besteht zwischen den Beklagten keine notwendige Streitgenossenschaft.[936]

Ausschlaggebend für den Erfolg einer Klage ist zunächst, ob der einzelne Gesellschafter mit seiner Stimmrechtsausübung gegen das Regelungsinstrument

---

932 *Enzinger*, in: MüKo HGB, § 119 Rn. 98 ff.; *Priester*, FS Hadding, S. 607, 617; *Schmidt*, ZGR 2008, 1, 26 ff.; *K. Scholz*, WM 2006, 897, 904 f.

933 BGHZ 30, 195, 197; BGH, NJW 1999, 3113, 3114; *Martens*, in: Schlegelberger, § 119 Rn. 10; *M. Roth*, in: Baumbach/Hopt, § 119 Rn. 31 f.; *Schäfer*, in: Staub, § 119 Rn. 77 f.; *Wiedemann*, Gesellschaftsrecht I, § 8 IV. 2. a), S. 465 f.

934 BGH, NJW 1999, 3113, 3114; BGH, NJW 1995, 1218, 1219.

935 BGHZ 30, 195; *Schäfer*, in: Staub, § 119 Rn. 91; *Wiedemann*, Gesellschaftsrecht I, § 8 IV. 2. a), S. 465.

936 BGHZ 30, 195.

der sachlichen Rechtfertigung und damit zugleich gegen die Treuepflicht verstoßen hat.[937] Es ist also nicht der Beschluss als solcher zu betrachten, sondern Anknüpfungspunkt sind die einzelnen abgegebenen Stimmen. Unterschiedliche Ergebnisse zwischen den jeweiligen befürwortenden Gesellschaftern können sich dabei insoweit ergeben, als beispielsweise die Gewährung eines Ermessensspielraums für jeden Gesellschafter einzeln vom Vorliegen der sinngemäßen Voraussetzungen der *business judgment rule* abhängt.[938]

Ein Verstoß gegen die Treuepflicht eines Gesellschafters hat die Unwirksamkeit seiner Stimmabgabe zur Folge.[939] Entscheidend ist sodann, ob das erforderliche Beschlussquorum auch ohne die fehlerhaften Stimmen erreicht wird. Sofern dies nicht der Fall ist, ist der Beschluss unwirksam.[940]

Klagebefugt ist jedes Mitglied der Gesellschaft. Dies gilt auch für Gesellschafter, welche der Maßnahme zugestimmt haben.[941] Zwar kann ein benachteiligter Gesellschafter in diesem Fall die Klage nicht auf die unverhältnismäßige Verletzung seiner Interessen stützen.[942] Gleichwohl kann er die Verletzung der Treuepflicht gegenüber einem anderen opponierenden Gesellschafter feststellen lassen.

Eine Frist, innerhalb derer die Feststellungsklage erhoben werden muss, besteht nicht.

bb) Verteilung der Darlegungs- und Beweislast

(1) Meinungsstand

Entscheidende Bedeutung für einen effektiven Schutz der Minderheit und der Funktionsfähigkeit der Gesellschaft kommt der Frage zu, wer im Rahmen eines Prozesses die Darlegungs- und Beweislast trägt. Grundsätzlich gilt die Regel, dass jede Partei die Darlegungs- und Beweislast der für sie günstigen Umstände trägt.[943] Demnach wäre es Aufgabe der klagenden Minderheitsgesellschafter

---

937 *Enzinger*, in: MüKo HGB, § 119 Rn. 94; *Korehnke*, Treuwidrige Stimmen, S. 46 f.

938 Sofern bei einem Gesellschafter die Voraussetzungen der *business judgment rule* nicht gegeben sind, so ist dies jedoch nur erheblich, wenn das erforderliche Beschlussquorum ohne die Stimmen nicht erreicht würde, vgl. *Paefgen*, Unternehmerische Entscheidung, S. 218.

939 *Enzinger*, in: MüKo HGB, § 119 Rn. 94; *Martens*, in: Schlegelberger, § 119 Rn. 10; *Schäfer*, in: Staub, § 119 Rn. 73.

940 *Enzinger*, in: MüKo HGB, § 119 Rn. 94; *Schäfer*, in: Staub, § 119 Rn. 74.

941 *Wiedemann*, Gesellschaftsrecht I, § 8 IV. 2. a), S. 465.

942 Vgl. hierzu 2. Teil: B. II. 2. e) cc) (1) (e) (aa).

943 BGH, NJW 1991, 1052, 1053.

darzulegen und zu beweisen, dass die Stimme eines Gesellschafters bzw. mehrerer Gesellschafter aufgrund eines Verstoßes gegen das Regelungsinstrument der sachlichen Rechtfertigung nichtig ist.

Der BGH hat sich in diesem Zusammenhang in dem Urteil aus dem Jahr 2014 dahingehend geäußert, dass in Fällen der unverzichtbaren und unentziehbaren Rechte regelmäßig eine treupflichtwidrige Stimmrechtsausübung der Mehrheitsgesellschafter anzunehmen sei. In den sonstigen Fällen habe hingegen die Minderheit die Darlegungs- und Beweislast für die Treuwidrigkeit zu tragen.[944] Diese Aussagen sind insofern verwunderlich, als der II. Senat in dem gleichen Urteil an anderer Stelle einen Paradigmenwechsel von den beiden genannten Regelungsinstrumenten hin zur Treuepflicht zum Ausdruck gebracht hat.[945]

Die Äußerungen des Senats sprechen aber insoweit einen berechtigten Punkt an, als die Zuweisung der Darlegungs- und Beweislast an die Kläger, die Minderheitsgesellschafter vor Probleme stellen kann. Denn der Nachweis eines Verstoßes gegen den Verhältnismäßigkeitsgrundsatz erfordert regelmäßig Informationen aus der Sphäre der Gesellschaftermehrheit. Dies betrifft sowohl die wirtschaftliche Notwendigkeit einer Maßnahme als auch den Abwägungsprozess an sich.[946] Aus diesem Grund vertritt eine Ansicht in Übereinstimmung mit einem Teil des Schrifttums für das Recht der Aktiengesellschaft[947] den Standpunkt, dass die Mehrheit bzw. die Gesellschaft im Prozess den Nachweis für die sachliche Rechtfertigung eines Grundlagenbeschlusses erbringen muss.[948]

(2) Stellungnahme

Eine Beurteilung dieser Frage hängt maßgeblich davon ab, inwiefern es Minderheitsgesellschaftern tatsächlich möglich ist, die erforderlichen Informationen einzuholen. Hierbei ist zunächst darauf hinzuweisen, dass den Gesellschaftern

---

944 BGHZ 203, 77, 84.

945 So heißt es in BGHZ 203, 77, 90: bei „der Prüfung der materiellen Unwirksamkeit auf der zweiten Stufe stellt der Senat in seiner jüngeren Rechtsprechung allerdings nicht (mehr) darauf ab, ob ein Eingriff in den sog. ‚Kernbereich' gegeben ist". Diesen Widerspruch ebenfalls kritisierend *Ulmer*, ZIP 2015, 657, 660; *Schäfer*, ZIP 2015, 1313, 1314.

946 *Schäfer*, ZGR 2013, 237, 269. Für das Recht der Aktiengesellschaft *Mayer*, Materielle Beschlusskontrolle im Kapitalgesellschaftsrecht, S. 361; *Lutter*, ZGR 1979, 401, 415; *Wiedemann*, ZGR 1980, 147, 158; *Drescher*, in: Spindler/Stilz, § 243 Rn. 241.

947 *Lutter*, ZGR 1979, 401, 412 ff.; *Wiedemann*, ZGR 1980, 147, 158.

948 *Schäfer*, ZGR 2013, 237, 267 ff.; wohl auch *Ulmer*, ZIP 2015, 657, 660.

nach der gesetzlichen Ausgangslage ein Anspruch auf Informationen gem. §§ 716 BGB, 118, 166 HGB zusteht.

Es kann jedoch bezweifelt werden, dass die Informationen, auf welche sich die genannten Ansprüche beziehen, ausreichen, um den Nachweis eines Treuepflichtverstoßes zu erbringen. Denn diese berechtigen einen Gesellschafter lediglich dazu, Einblick in die bisherigen wirtschaftlichen Verhältnisse der Gesellschaft zu erhalten.[949] Dem Anspruchsteller ist es hingegen nicht möglich, Informationen über die Zweckdienlichkeit einer zu beschließenden Maßnahme bzw. die sonstigen berechtigten Interessen der Mehrheitsgesellschafter bei zweckneutralen Beschlüssen zu erlangen.[950]

Des Weiteren stellt sich hier erneut die Problematik, dass die für die Vorbereitung eines Prozesses anfallenden Informationskosten möglicherweise in keinem Verhältnis zu der eigenen Beteiligungsgröße stehen.[951] Dies gilt insbesondere vor dem bestehenden Risiko, dass die Informationen eine Klageerhebung eventuell nicht rechtfertigen.

Hinzu tritt die Problematik des Trittbrettfahrertums, sofern es mehr als einen bei der Beschlussfassung unterlegenen Gesellschafter gibt. Denn selbst wenn ein opponierender Gesellschafter über die erforderlichen Informationen verfügen sollte, könnte dieser von einer Klageerhebung und der Eingehung des damit verbundenen Prozessrisikos in der Hoffnung absehen, dass ein anderer Gesellschafter mit einer größeren Kapitalbeteiligung gegen den Beschluss vorgeht.[952] Denn Letzterer hat aufgrund seines größeren Investments in der Regel mehr Nachteile durch Opportunismus zu befürchten.

Die genannten Gründe sprechen dafür, die Darlegungs- und Beweislast den beklagten Mehrheitsgesellschaftern aufzuerlegen. Demnach trägt die Mehrheit das Risiko eines *non liquet* für die sachliche Rechtfertigung eines Mehrheitsbeschlusses. Eine solche Verteilung ist auch vor dem Hintergrund des den Mehrheitsgesellschaftern eingeräumten Ermessensspielraums hinsichtlich der Beurteilung der Zweckdienlichkeit einer Maßnahme gerechtfertigt.[953] Denn dieser trägt maßgeblich zur Erleichterung der Beweiserbringung bei.

---

949 *Schäfer*, in: Staub, § 118 Rn. 12.

950 In diese Richtung für das Recht der Aktiengesellschaft *Drescher*, in: Spindler/Stilz, § 243 Rn. 241.

951 Vgl. hierzu 1. Teil: C. III. 1. b) dd).

952 *Janke*, Gesellschaftsrechtliche Treuepflicht, S. 198.

953 *Lutter*, ZGR 1979, 401, 414 f.

g) Abdingbarkeit des Regelungsinstruments der sachlichen Rechtfertigung

aa) Einleitung

Nachfolgend soll der Frage nachgegangen werden, ob das Regelungsinstrument der sachlichen Rechtfertigung disponibel ist. Im Schrifttum wird diese Fragestellung bezüglich der Treuepflicht als solcher kontrovers diskutiert. Für eine Abbedingung bestehe beispielsweise dann ein Bedürfnis, wenn die Gesellschafter in ihrer konkreten Situation der Meinung sind, dass die Geltung der Treuepflicht mehr Nachteile als Vorteile mit sich bringt, weil andere Disziplinierungsmittel, wie die Gefahr eines Reputationsverlustes, einen hinreichenden Schutz vor Opportunismus bieten.[954] Ferner sei es denkbar, dass Minderheitsgesellschafter bewusst die Gefahren von Mehrheits-Opportunismus in Kauf nehmen, um dafür als Ausgleich eine entsprechend höhere Gewinnbeteiligung zu erhalten.[955]

bb) Meinungsstand

Im Wesentlichen werden im Schrifttum vier unterschiedliche Positionen vertreten. Zunächst gibt es die Ansicht, welche eine Abbedingung der Treuepflicht pauschal ablehnt.[956] Diesem Standpunkt ähnlich ist die Ansicht, welche davon ausgeht, dass zwar nicht abstrakt im Vorhinein, jedoch im konkreten Einzelfall durchaus auf ihre Anwendung verzichtet werden könne.[957] Eine weitergehende Auffassung ist der Meinung, dass zudem eine Abbedingung für eine bestimmte Kategorie von Fällen möglich sei.[958] Schließlich gibt es Stimmen, welche selbst einen abstrakt-generellen Verzicht auf die Treuepflicht für zulässig erachten.[959] Da es sich bei dem Regelungsinstrument der sachlichen Rechtfertigung – ähnlich wie dem häufig in diesem Zusammenhang erwähnten Wettbewerbsverbot gem.

---

954 *Klöhn*, AcP 216 (2016), 282, 318; siehe hierzu bereits 1. Teil: C. IV. a).

955 *G. Bachmann/Eidenmüller/Engert/Fleischer/Schön*, Rechtsregeln für die geschlossene Kapitalgesellschaft, S. 44 f.; *Illig*, Am. U. L. Rev. 56 (2006), 275, 324 f. Hinsichtlich weiterer Gründe siehe *Schmolke*, Grenzen der Selbstbindung, S. 597 f.

956 *G. Bachmann*, Private Ordnung, S. 211; *Koppensteiner*, Der Gesellschafter 2009, 197, 199; *Wiedemann*, Gesellschaftsrecht II, § 8 II. 2, S. 464 (der allerdings Modifikationen für zulässig hält).

957 *Koch*, in: Hüffer/Koch, § 53a Rn. 26; für die organschaftliche Treuepflicht *Kuntz*, Gestaltung von Kapitalgesellschaften, S. 499 ff.

958 *G. Bachmann/Eidenmüller/Engert/Fleischer/Schön*, Rechtsregeln für die geschlossene Kapitalgesellschaft, S. 45; *Schmolke*, Grenzen der Selbstbindung, S. 667 ff.; *Winter*, Mitgliedschaftliche Treuebindungen, S. 215 ff.

959 *Klöhn*, AcP 216 (2016), 282, 317 f.; für die organschaftliche Treuepflicht *Hellgardt*, FS Hopt, S. 765, 784 ff.

§ 112 HGB – um eine bestimmte Kategorie der Treuepflicht im oben erwähnten Sinne handelt, können die beiden letzten Standpunkte für die folgende Untersuchung zusammengefasst werden.

cc) Stellungnahme

(1) Argument der Funktionsfähigkeit der Gesellschaft

Als Argument für eine vollständige Abdingbarkeit der Treuepflicht wird vorgetragen, dass die Gesellschafter selber am besten wüssten, welche Vereinbarungen und Konditionen für ihre Situation zweckmäßig sind. Kommen die Gesellschaftsgründer daher zu dem Schluss, dass beispielsweise eine höhere Gewinnbeteiligung der Minderheit gegenüber der Geltung der Treuepflicht sinnvoller sei, so müsse eine solche eingepreiste Risikoverteilung respektiert werden.[960]

Hiergegen lässt sich jedoch einwenden, dass mit dem Fehlen des Schutzmechanismus der sachlichen Rechtfertigung kein anderes effektives Disziplinierungsmittel besteht, um die in Personengesellschaften häufig auftretenden Konfliktfälle einzuhegen. Das in diesem Zusammenhang vorgetragene Argument des Reputationsverlustes trägt nicht, da es selbst im Falle der Übertragbarkeit der Anteile oftmals an einem ausgebildeten Sekundärmarkt mangelt.[961]

Das Fehlen eines Konfliktschlichtungsmechanismus führt dazu, dass Streitigkeiten innerhalb eines Verbands möglicherweise auf Dauer bestehen bleiben. Dies kann die Funktionsfähigkeit von Personengesellschaften insofern beeinträchtigen, als bestehende Konflikte im schlimmsten Falle zur Auflösung von Gesellschaften oder deren Insolvenz führen können.[962] Dass dies unter volkswirtschaftlichen Gesichtspunkten zu kritisieren ist, wurde bereits erörtert.[963]

(2) Argument der begrenzten Rationalität

Gegen einen abstrakt-generellen Verzicht spricht zudem das Phänomen der begrenzten Rationalität. Bei einem pauschalen Verzicht, dessen Auswirkungen möglicherweise erst in ferner Zukunft zum Tragen kommen, treten

960 *Illig*, Am. U. L. Rev. 56 (2006), 275, 324 f.

961 Vgl. hierzu 1. Teil: B. V. 1. b).

962 Für die organschaftliche Treuepflicht *Kuntz*, Gestaltung von Kapitalgesellschaften, S. 503.

963 Vgl. hierzu 1. Teil: C. III. 2. ; ebenso *Kuntz*, Gestaltung von Kapitalgesellschaften, S. 503.

systematische Entscheidungsfehler in hohem Maße auf.[964] Dies führt dazu, dass die Gesellschafter die mit einem solchen Verzicht einhergehenden langfristigen Risiken und Kosten gegenüber einem kurzfristigen Vorteil, wie beispielsweise einer geringeren Beitragspflicht nach § 705 BGB, regelmäßig unterschätzen.[965]

Zwar können diese Urteilsverzerrungen auch bei einer Ad-hoc-Zustimmung zu einem Verzicht im jeweiligen Einzelfall auftreten. Allerdings haben hier die Kognitionsprobleme aufgrund der unterschiedlichen Situation eine weitaus geringere Auswirkung auf die Entscheidungsfindung.[966] Während bei einem pauschalen Verzicht die sich allgemein ergebenden Vor- und Nachteile abstrakt gegeneinander abgewogen werden müssen, sind die Auswirkungen in einer tatsächlich gegebenen Konfliktlage tendenziell besser abzusehen.[967] Dies liegt zum einen daran, dass die zu berücksichtigende Informationsmenge geringer ist, da es sich nur um einen Teilausschnitt handelt und zum anderen daran, dass der Zeithorizont zwischen Entscheidung und Auswirkungen regelmäßig kürzer ist.[968]

Das für einen pauschalen Verzicht im Rahmen der Diskussion um die organschaftliche Treuepflicht ins Feld geführte Argument, dass Einzelfallverzichte kostenintensiver sind, da stets die Gesellschafterversammlung entscheiden müsse,[969] ist im Zusammenhang mit dem Regelungsinstrument der sachlichen Rechtfertigung irrelevant. Denn nach der hier vertretenen Auffassung stellt die Zustimmung zu einer Maßnahme, welche gegen den Verhältnismäßigkeitsgrundsatz verstößt, zugleich die Verzichtserklärung dar.[970]

Gegenüber der Ansicht, welche jegliche Form des Verzichts auf die Treuepflicht ablehnt, lässt sich einwenden, dass das Ausmaß der soeben erwähnten

---

964 *G. Bachmann/Eidenmüller/Engert/Fleischer/Schön*, Rechtsregeln für die geschlossene Kapitalgesellschaft, S. 45; für die organschaftliche Treuepflicht *Kuntz*, Gestaltung von Kapitalgesellschaften, S. 503 f.

965 *G. Bachmann/Eidenmüller/Engert/Fleischer/Schön*, Rechtsregeln für die geschlossene Kapitalgesellschaft, S. 45.

966 *G. Bachmann/Eidenmüller/Engert/Fleischer/Schön*, Rechtsregeln für die geschlossene Kapitalgesellschaft, S. 45 f.; für die organschaftliche Treuepflicht *Kuntz*, Gestaltung von Kapitalgesellschaften, S. 503 f.; *Hellgardt*, FS Hopt, S. 765, 781.

967 Für die organschaftliche Treuepflicht *Kuntz*, Gestaltung von Kapitalgesellschaften, S. 504.; *Hellgardt*, FS Hopt, S. 765, 781.

968 Dazu, dass dies im Einzelfall auch bei einer Ad-hoc-Zustimmung anders sein kann, vgl. 2. Teil: B. II. 1. c) dd) (2) (c) (aa).

969 *Hellgardt*, FS Hopt, S. 765, 781.

970 Siehe hierzu 2. Teil: B. II. 2. e) cc) (1) (e) (aa) α).

Kognitionsprobleme im Zusammenhang mit Ad-hoc-Zustimmungen einen solchen weitgehenden Eingriff in die Vertragsfreiheit nicht rechtfertigt. Es ist den Gesellschaftern durchaus zuzutrauen, im konkreten Einzelfall zu einer für sie sinnvollen Entscheidung zu kommen. Als autonomieschonendere Lösung ist daher die Möglichkeit des punktuellen Verzichts vorzuziehen.[971] Hierfür spricht nicht zuletzt ein Verweis auf das Ausland. Der in jüngerer Vergangenheit eingeführte Art. 103 Abs. 3 des schweizerischen Obligationsrechts sieht ebenfalls die Möglichkeit eines punktuellen Verzichts auf die Treuepflicht vor.[972]

h) Analyse der Zweckmäßigkeit des Regelungsinstruments der sachlichen Rechtfertigung

Im folgenden Abschnitt soll untersucht werden, inwiefern sich eine Beschränkung der Vertragsfreiheit durch eine Ausübungskontrolle anhand des Regelungsinstruments der sachlichen Rechtfertigung begründen lässt. Die Beantwortung dieser Frage hängt maßgeblich von der Zweckmäßigkeit des Schutzmechanismus ab. Hierzu soll zunächst auf die von Kritikern vorgebrachten Argumente eingegangen werden. In diesem Zusammenhang ist sodann zu erörtern, inwieweit das dieser Arbeit zugrunde liegende Regelungsproblem behoben werden kann. Im Hinblick auf die Beurteilung der Zweckmäßigkeit ist es zudem von Ertrag, die aus der Untersuchung zum Regelungsinstrument der unentziehbaren Rechte gewonnenen Erkenntnisse einfließen zu lassen.

aa) Kritik des Schrifttums

(1) Konturlosigkeit des Regelungsinstruments der Treuepflicht

Die wesentliche Kritik des Schrifttums an einem Kontrollregime ausschließlich anhand der Treuepflicht bezieht sich auf die damit einhergehende Rechtsunsicherheit für die Beteiligten.[973] Als Grund hierfür wird angeführt, dass das Regelungsinstrument der sachlichen Rechtfertigung zu unbestimmt sei, da die

---

971 Für die organschaftliche Treuepflicht *Kuntz*, Gestaltung von Kapitalgesellschaften, S. 504.

972 Hierauf hinweisend *G. Bachmann/Eidenmüller/Engert/Fleischer/Schön*, Rechtsregeln für die geschlossene Kapitalgesellschaft, S. 46.

973 *Altmeppen*, NJW 2015, 2065, 2066; *Autenrieth*, DB 1983, 1034, 1035; *Klöhn*, AcP 216 (2016), 282, 314 f.; *Priester*, NZG 2015, 529, 530; *Risse/Höfling*, NZG 2017, 1131 f.; *G. Roth*, JBl 2005, 80, 84 f.; *Schiessl*, DB 1986, 735, 737; *Ulmer*, ZIP 2015, 657, 659.

einzelnen Prüfungspunkte zu konturenlos und damit für die Beteiligten wenig greifbar seien.[974]

Die Beurteilung eines Treuepflichtverstoßes wird zudem dadurch erschwert, dass sich bei der Abwägung der widerstreitenden Interessen häufig artverschiedene Positionen gegenüberstehen, welche sich nur bedingt miteinander vergleichen lassen.[975] Exemplarisch für diese Problematik stehe die Abwägung zwischen Gewinnentnahmeinteresse und Gewinnthesaurierungsinteresse.[976]

Hinzukomme des Weiteren, dass sich die für die Abwägungsentscheidung erheblichen Umstände für die Beteiligten nur schwer nachvollziehen lassen.[977] Dies führe im Ergebnis dazu, dass das Abstellen auf die Umstände im Einzelfall im Rahmen der Prüfung eines Treuepflichtverstoßes eine größere Rechtsunsicherheit bedeute als die Anwendung des Regelungsinstruments der unentziehbaren Rechte.[978]

Mit der behaupteten Konturlosigkeit des Regelungsinstruments der sachlichen Rechtfertigung im Zusammenhang stehen zwei weitere von der Literatur angesprochene Folgeprobleme.

(a) Gefahr der Billigkeitsrechtsprechung

Zum einen befürchten Stimmen aus dem Schrifttum, dass die Konturlosigkeit des Regelungsinstruments der Treuepflicht zu einer subjektiven Billigkeitsrechtsprechung führen könne.[979] Denn die Treuepflicht sei eine Leerformel, welche dem Richter eine unangemessene und unbestimmte Machtfülle verleihe.[980] Das ausschließliche Abstellen auf die Generalklausel der Treuepflicht könne daher zum Einfallstor für subjektive Wertvorstellungen des Richters werden.[981] Dies stelle nicht nur einen erheblichen Eingriff in die Privatautonomie der Beteiligten

---

974 *Priester*, NZG 2015, 529, 530; *Risse/Höfling*, NZG 2017, 1131 f.; *Ulmer*, ZIP 2015, 657, 659.

975 *Klöhn*, AcP 216 (2016), 282, 314 f.; *Verse*, Gleichbehandlungsgrundsatz, S. 294 für die sachliche Rechtfertigung von Ungleichbehandlungen.

976 *Klöhn*, AcP 216 (2016), 282, 314 f.

977 *Klöhn*, AcP 216 (2016), 282, 314 f.

978 *Priester*, NZG 2015, 529, 530.

979 *Altmeppen*, NJW 2015, 2065, 2066; *Autenrieth*, DB 1983, 1034, 1035; *Verse*, Gleichbehandlungsgrundsatz, S. 294 für die sachliche Rechtfertigung von Ungleichbehandlungen.

980 *Altmeppen*, NJW 2015, 2065, 2066, 2068.

981 *Verse*, Gleichbehandlungsgrundsatz, S. 294 für die sachliche Rechtfertigung von Ungleichbehandlungen.

dar,[982] sondern sei auch deshalb bedenklich, da ein außenstehender Richter nicht besser als die Gesellschafter beurteilen könne, was im Gesellschaftsinteresse liege.[983] Zudem wird ins Feld geführt, dass nicht nur die Gesellschafter sondern auch der entscheidende Richter nicht frei von Wahrnehmungsverzerrungen und Rationalitätsdefiziten sei.[984]

(b) Gefahr des ineffizienten Minderheitenschutzes

Zum anderen vertreten Teile des Schrifttums die Ansicht, dass die Konturlosigkeit des Regelungsinstruments der sachlichen Rechtfertigung einen Verlust der Steuerungswirkung der Treuepflicht zur Folge habe.[985] Denn damit die Treuepflicht das Verhalten der Gesellschafter steuern könne, müsse deren Inhalt für die Gesellschafter vorhersehbar sein. Dies gelte nicht nur für die Mehrheitsgesellschafter, sondern auch für die Minderheitsgesellschafter, welche Treuepflichtverstöße prozessual durchsetzen müssen. Aufgrund der Konturlosigkeit des Regelungsinstruments der sachlichen Rechtfertigung, sei ein solcher jedoch nur schwer feststellbar.

Dies bedeute zugleich, dass die dissentierenden Gesellschafter den Ausgang eines möglichen Prozesses auf Feststellung der Unwirksamkeit eines Beschlusses nur schwer vorhersehen können.[986] Die mit einem Prozess verbundenen Kosten sowie die mögliche Beeinträchtigung des Gesellschaftsfriedens werden die Betroffenen jedoch nur dann eingehen, wenn ihre Chancen zu obsiegen in einem gewissen Maße prognostizierbar sind.[987] Die mangelnde Vorhersehbarkeit eines Klageerfolgs habe aufgrund dessen zur Konsequenz, dass die dissentierenden Gesellschafter eine gerichtliche Auseinandersetzung scheuen.[988]

Da der materielle Schutz maßgeblich von der prozessualen Durchsetzbarkeit abhänge, sei mit dem Paradigmenwechsel von dem Regelungsinstrument der

---

982 *Altmeppen*, NJW 2015, 2065, 2066; *Autenrieth*, DB 1983, 1034, 1035.

983 *Fastrich*, Funktionales Rechtsdenken, S. 20 f.; *Mayer*, Materielle Beschlusskontrolle im Kapitalgesellschaftsrecht, S. 241 f.; *Schiessl*, DB 1986, 735, 737; auf die Problematik grundsätzlich hinweisend *Schmidt*, Gesellschaftsrecht, § 16 III. 1. a), S. 467.

984 *Schmolke*, Grenzen der Selbstbindung, S. 166, 657; *Zamir*, Va. L. Rev. 84 (1998), 229, 260.

985 *Klöhn*, AcP 216 (2016), 282, 310; *Risse/Höfling*, NZG 2017, 1131, 1132.

986 *Göz/Pauw*, DB 2014, 2759, 2760; *Priester*, NZG 2015, 529, 530; *Risse/Höfling*, NZG 2017, 1131 f.

987 *Risse/Höfling*, NZG 2017, 1131 f.; *Späth*, Änderungen des Gesellschaftsvertrags, S. 59.

988 *Risse/Höfling*, NZG 2017, 1131, 1132.

unentziehbaren Rechte hin zur Treuepflicht eine Absenkung des Minderheitenschutzes zu befürchten.[989]

(2) Minderheits-Opportunismus

An dem Regelungsinstrument der sachlichen Rechtfertigung wird zudem kritisiert, dass es die Möglichkeit für Opportunismus der Minderheit fördere.[990] Denn ein Prozess auf Nichtigkeitsfeststellung könne, sofern sämtliche Instanzen durchlaufen werden, mehrere Jahre dauern.[991] In diesem Zeitraum bleibe für die Mehrheitsgesellschafter ungewiss, ob der jeweilige Beschluss rechtmäßig ist und umgesetzt werden kann.[992] Insbesondere in unternehmensnahen Rechtsbereichen stelle die Rechtssicherheit jedoch ein hohes Gut dar, denn die ungewisse Behandlung eines Beschlusses könne die Gesellschaft in ihrer wirtschaftlichen Fortentwicklung behindern.[993] Im Extremfall könne durch einen Prozess die Handlungsfähigkeit der Gesellschaft derart beeinträchtigt sein, dass die wirtschaftliche Existenz bedroht werde.[994] Diese Situation könne von Minderheitsgesellschaftern in dem Sinne ausgenutzt werden, als sie mit dem Schwebezustand eines Prozesses drohen, um Sondervorteile für sich zu erzielen.[995]

Neben dem oben erwähnten Standpunkt, dass Minderheitsgesellschafter aufgrund der schlechten Prognostizierbarkeit eines Klageerfolgs eine gerichtliche Auseinandersetzung scheuen, gibt es daher auch Stimmen, die ein Ansteigen an Prozessen befürchten.[996]

bb) Stellungnahme

(1) Konturlosigkeit des Regelungsinstruments der Treuepflicht

(a) Antinomie zwischen Rechtssicherheit und Einzelfallgerechtigkeit

Die Kritik an einer Ausübungskontrolle anhand der Treuepflicht ist insoweit berechtigt, als eine gewisse Vagheit des Regelungsinstruments nicht von der

---

989 *Ulmer*, ZIP 2015, 657, 659.

990 *Fastrich*, Funktionales Rechtsdenken, S. 19.

991 *Risse/Höfling*, NZG 2017, 1131, 1132; *Schiessl*, DB 1986, 735, 737.

992 *Risse/Höfling*, NZG 2017, 1131, 1132.

993 *Hueck*, FG Reichsgericht, S. 167, 169 f.; *Risse/Höfling*, NZG 2017, 1131, 1132; *G. Roth*, JBl 2005, 80, 85.

994 *Späth*, Änderungen des Gesellschaftsvertrags, S. 59.

995 *Fastrich*, Funktionales Rechtsdenken, S. 19; *Verse*, Gleichbehandlungsgrundsatz, S. 294. Siehe zu Minderheits-Opportunismus bereits 1. Teil: B. IV. 3. c).

996 *Schiessl*, DB 1986, 735, 737.

Hand zu weisen ist. Doch diese Offenheit sollte nicht vorschnell verpönt werden. Denn ein Regelungsinstrument muss so ausgestaltet sein, dass es das zu behebende Regelungsproblem bestmöglich löst.

Grundsätzlich lassen sich Rechtsnormen nach ihrer formalen bzw. materiellen Realisierbarkeit unterscheiden. Die formale Realisierbarkeit von Rechtsnormen zeichnet sich dadurch aus, dass die Vorschrift aus möglichst bestimmten, deskriptiven Merkmalen besteht, welche für den Rechtsanwender einfach nachzuvollziehen sind.[997] Rechtsnormen mit einer hohen formalen Realisierbarkeit lassen sich als Regeln bezeichnen.[998] Unter materiell realisierbaren Rechtsnormen sind demgegenüber Vorschriften zu verstehen, welche durch normative Wertungen geprägt sind und aufgrund dessen dem Richter hinsichtlich der einem bestimmten Anwendungsfall zugrunde liegenden Interessenkollision einen Spielraum gewähren.[999] Solche Rechtsnormen lassen sich als Prinzipien bezeichnen.[1000]

Mit dieser Dichotomie zwischen Regeln und Prinzipien kommt zugleich im Privatrecht die Antinomie zwischen Rechtssicherheit und Einzelfallgerechtigkeit zum Ausdruck.[1001] Erstere zeichnen sich aufgrund ihrer deskriptiven Merkmale durch die Voraussehbarkeit der eintretenden Rechtsfolgen aus und schützen hierdurch das Vertrauen der Rechtsanwender in ihre Rechtsfolgenerwartung.[1002] Prinzipien hingegen zwingen nicht zu einer schematischen Gleichbehandlung, sondern erlauben aufgrund ihrer charakteristischen Offenheit die Berücksichtigung der Besonderheiten des jeweiligen Einzelfalls und gewährleisten hierdurch in einem hohen Maße Einzelfallgerechtigkeit.[1003] Die Berücksichtigung der Umstände des jeweiligen Einzelfalls geht jedoch zugleich mit einem Verlust der Vorhersehbarkeit und damit der Rechtssicherheit einher.[1004]

997 *Auer*, Materialisierung, Flexibilisierung, Richterfreiheit, S. 47 f.
998 *Auer*, Materialisierung, Flexibilisierung, Richterfreiheit, S. 47.
999 *Auer*, Materialisierung, Flexibilisierung, Richterfreiheit, S. 47 f.
1000 *Auer*, Materialisierung, Flexibilisierung, Richterfreiheit, S. 48.
1001 *Auer*, Materialisierung, Flexibilisierung, Richterfreiheit, S. 46; *Hueck*, FG Reichsgericht, S. 167, 170; *Zöllner*, Schranken mitgliedschaftlicher Stimmrechtsmacht, S. 287.
1002 *Auer*, Materialisierung, Flexibilisierung, Richterfreiheit, S. 51.
1003 *Auer*, Materialisierung, Flexibilisierung, Richterfreiheit, S. 54.
1004 *Hueck*, FG Reichsgericht, S. 167, 170 spricht in diesem Zusammenhang von der Quadratur des Zirkels. Ihm zustimmend *Zöllner*, Schranken mitgliedschaftlicher Stimmrechtsmacht, S. 278 f.

(b) Das richtige Maß an Rechtssicherheit bzw. Einzelfallgerechtigkeit vor dem Hintergrund des dieser Arbeit zugrunde liegenden Regelungsproblems

Um das richtige Maß der formalen bzw. materiellen Realisierbarkeit zu bestimmen, hilft es, sich zunächst nochmals die Problemstellung dieser Arbeit zu vergegenwärtigen. Insbesondere im Hinblick auf die Unvollständigkeit von Gesellschaftsverträgen ist das Einstimmigkeitsprinzip als Abstimmungsregel aufgrund des unverhältnismäßigen Einigungsaufwands und des erheblichen Missbrauchspotentials oftmals keine gangbare Lösung. Denn um die Grundlagen der Gesellschaft nachträglich an veränderte Umstände, welche sich im Zeitpunkt des Vertragsschlusses nicht vorhersehen lassen, anzupassen, bedarf es in Bezug auf die Willensbildung einer Flexibilität, welche nur das Mehrheitsprinzip bieten kann. Die Unvollständigkeit des Vertrages in Kombination mit dem Mehrheitsprinzip eröffnet jedoch die Gefahr für Mehrheits-Opportunismus.

Angesichts dieser Ausgangslage bedarf es eines Regelungsinstruments, welches die Gefahr von Mehrheits-Opportunismus einhegt, zugleich aber der Intention der Gesellschafter nach einer hinreichenden Handlungsfähigkeit der Gesellschaft gerecht wird.

(c) Defizite des Regelungsinstruments der unentziehbaren Rechte im Hinblick auf das dieser Arbeit zugrunde liegende Regelungsproblem

Zudem ist es aufschlussreich, sich die Defizite des Schutzmechanismus der unentziehbaren Rechte im Hinblick auf das dieser Arbeit zugrunde liegende Regelungsproblem zu vergegenwärtigen. Mit diesem Regelungsinstrument wurde versucht, eine Art Mittelweg zwischen Rechtssicherheit und Einzelfallgerechtigkeit einzuschlagen. Einerseits wurde mit einem von Rechtsprechung und Literatur vorgegebenen Mindestbestand an geschützten Mitgliedschaftsrechten der Versuch unternommen, ein gewisses Maß an Vorhersehbarkeit und Rechtssicherheit zu schaffen.[1005] Anderseits sollte durch die Berücksichtigung der jeweiligen Struktur der Gesellschaft sowie der Stellung der betroffenen Mitglieder ein Spielraum bestehen, um Einzelfallgerechtigkeit herzustellen.[1006] Damit wurde man jedoch weder dem einen noch dem anderen Postulat gerecht.[1007] Insbesondere die sich in hohem Maße ergebende Überinklusion und dem damit im Allgemeinen einhergehenden Einigungsaufwand sowie dem Missbrauchspotential

1005 Siehe hierzu 2. Teil: B. II. 1. c) ff) (2) (b).
1006 Siehe hierzu 2. Teil: B. II. 1. c) bb).
1007 Vgl. zur Kritik am Argument der Rechtssicherheit 2. Teil: B. II. 1. c) ff) (3) (b).

im Speziellen stehen im Widerspruch zur Intention der Gesellschafter nach Flexibilität.[1008] Insgesamt haben die Untersuchungen zum Regelungsinstrument der unentziehbaren Rechte gezeigt, dass dieses zu starr ist. Dieses Ergebnis gilt es bei der folgenden Bewertung des Maßes an Rechtssicherheit bzw. Einzelfallgerechtigkeit des Regelungsinstruments der sachlichen Rechtfertigung zu berücksichtigen.

(d) Bewertung des Maßes an Rechtssicherheit bzw. Einzelfallgerechtigkeit des Regelungsinstruments der sachlichen Rechtfertigung

(aa) Vielschichtigkeit der Sachverhalte

Das sich aus der Unvollständigkeit von Gesellschaftsverträgen ergebende Bedürfnis nach einer dynamischen Anpassung an veränderte Umstände verlangt nach einer beweglichen Schranke,[1009] welche Mehrheits-Opportunismus einhegt, ohne zugleich legitimes Verhalten zu verhindern, von dem grundsätzlich die Gesamtheit der Gesellschafter einen Nutzen hat.[1010] Aufgrund der Vielschichtigkeit der zu lösenden Sachverhalte bedarf es in diesem Kontext eines Regelungsinstruments, welches sich durch eine materielle Realisierbarkeit auszeichnet.[1011] Das auf die Treuepflicht gestützte Instrumentarium der sachlichen Rechtfertigung mit seinen wertungsoffenen Kriterien stellt eine für diese Zwecke geeignete, flexible Lösung dar.[1012] Hierdurch wird ein hohes Maß an Einzelfallgerechtigkeit gewährleistet, welches grundsätzlich die Gefahr einer Überinklusion verhindert.

Letztere Aussage bedarf jedoch insoweit einer gewissen Einschränkung, als die Offenheit des Regelungsinstruments eine mittelbare Überinklusion verursachen kann. Die Vagheit des Instruments der sachlichen Rechtfertigung kann bei risikoaversen Gesellschaftern nämlich dazu führen, dass sich diese, um den Voraussetzungen einer verhältnismäßigen Stimmrechtsausübung in jedem Falle zu entsprechen, „überkorrekt“ verhalten. Insofern lässt sich behaupten, dass durch diesen Umstand ebenfalls eine Verhinderung von legitimem Verhalten eintreten

---

1008 Vgl. zur Problematik der Überinklusion 2. Teil: B. II. 1. c) ff) (3) (c) (aa).

1009 *G. Roth*, JBl 2005, 80, 84 f.; in diese Richtung auch *Winter*, Mitgliedschaftliche Treuebindungen, S. 145 f.

1010 *Klöhn*, AcP 216 (2016), 282, 299.

1011 Eine ebenfalls aus diesem Grund stärkere Bezugnahme auf den Einzelfall fordernd *Fischer*, FS Barz, S. 33, 42 f.

1012 *G. Roth*, JBl 2005, 80, 84 f.; *Wertenbruch*, DB 2014, 2875, 2877.

kann. Die aus der Vagheit resultierende mittelbare Überinklusion hat jedoch im Vergleich zu der unmittelbaren Überinklusion des Regelungsinstruments der unentziehbaren Rechte ein deutlich geringeres Ausmaß. Hinzu kommt, dass eine solche mittelbare Überinklusion auch beim zuletzt genannten Schutzmechanismus bestehen kann.[1013]

(bb) Reduzierung von Transaktionskosten

Die Offenheit der einzelnen Prüfungskriterien hat zudem den Vorteil, dass das Regelungsinstrument der sachlichen Rechtfertigung eine Senkung von Transaktionskosten bewirkt.[1014] Durch die Vorzüge des Mehrheitsprinzips ist es den Gesellschaftern möglich, sich nach Vertragsschluss flexibel an veränderte Rahmenbedingungen anzupassen. Dieser Umstand erlaubt es den Gesellschaftern, bei der Aushandlung des Vertrages auf Regelungen bezüglich künftiger Eventualitäten, die möglicherweise niemals auftreten, zu verzichten. Die Gesellschafter können stattdessen nachträglich, wenn die erforderlichen Informationen für eine Anpassung tatsächlich vorliegen, zu passgenauen Lösungen kommen.[1015] Auf eine solche nachträgliche Lückenfüllung können sich sämtliche Gesellschafter einlassen, da durch die Offenheit des Regelungsinstruments der sachlichen Rechtfertigung sichergesellt ist, dass für sämtliche potentielle Streitigkeiten im Zusammenhang mit der Stimmrechtsausübung ein Konfliktlösungsmechanismus besteht.[1016] Ein gewisses Maß an Rechtsunsicherheit ist daher im Hinblick auf den Zugewinn an Einzelfallgerechtigkeit in Kauf zu nehmen.[1017]

(cc) Umfang der Rechtsunsicherheit

Es sei zudem darauf hingewiesen, dass das mit dem Regelungsinstrument der sachlichen Rechtfertigung verbundene Maß an Rechtsunsicherheit in einem geringeren Umfang besteht, als von Kritikern im Schrifttum angenommen. Denn zum einen sind die Kriterien, von denen das Ergebnis der Abwägung der widerstreitenden Interessen abhängt, bekannt.[1018] Offen ist lediglich deren

---

1013 Vgl. hierzu 2. Teil: B. II. 1. c) ff) (3) (b).

1014 *Klöhn*, AcP 216 (2016), 282, 309; *Walz*, in: Ott/Schäfer, Ökonomische Analyse des Unternehmensrechts, S. 50, 69; *Wandrey*, Materielle Beschlusskontrolle im Aktienrecht, S. 196 ff.

1015 *Kuntz*, Gestaltung von Kapitalgesellschaften, S. 504.

1016 *Fleischer*, ZGR 2001, 1, 5. Dazu, dass diesem Nutzen möglicherweise sog. Frustrationskosten gegenüberstehen, *Schmolke*, Grenzen der Selbstbindung, S. 656, 163 f.

1017 Ebenso *Hennerkes/Binz*, BB 1983, 713, 717.

1018 Vgl. hierzu 2. Teil: B. II. 2. e) cc) (1).

Gewichtung und Zusammenspiel im jeweiligen Einzelfall. Durch die vorgegebenen Prüfungsschritte und Abwägungskriterien ergibt sich ein höheres Maß an Rechtssicherheit als beispielsweise das bloße Abstellen auf eine zweckwidrige Instrumentalisierung der Mehrheitsklausel, wie es stattdessen in diesem Zusammenhang befürwortet wird.[1019]

Zum anderen ist zu berücksichtigen, dass sich eine partielle Konkretisierung aus Präjudizien ergibt.[1020] Denn die ein Urteil tragenden Gesichtspunkte können bis zu einem gewissen Maße auch für andere künftige Abwägungsentscheidungen Bedeutung erlangen. Zu diesem Zwecke ist es erforderlich, dass die maßgeblichen Entscheidungsgründe transparent und deutlich durch die Gerichte herausgearbeitet werden.[1021]

Schließlich sei noch erwähnt, dass der Paradigmenwechsel keineswegs mit einem Zuwachs an Rechtsunsicherheit im Vergleich zur bisherigen Ausgangslage verbunden ist. Dies liegt zunächst daran, dass das Regelungsinstrument der unentziehbaren Rechte selbst mit einem erheblichen Maß an Rechtsunsicherheit verbunden ist.[1022]

Zudem entspricht das Regelungsinstrument der sachlichen Rechtfertigung im Wesentlichen dem Prüfungspunkt einer etwaigen Zustimmungspflicht im System der unentziehbaren Rechte.[1023] Ausgeklammert werden jedoch die mit Rechtsunsicherheit verbundenen Prüfungsschritte, ob ein unentziehbares Recht betroffen ist und ob ein unmittelbarer Eingriff in dieses vorliegt.

Des Weiteren fordern Vertreter der unentziehbaren Rechte zusätzlich eine Berücksichtigung des Schutzmechanismus der sachlichen Rechtfertigung.[1024] Ein Verzicht auf das erstgenannte Regelungsinstrument dürfte daher eher mit einem Gewinn als einem Verlust an Rechtssicherheit verbunden sein.

1019 So der Vorschlag von *Klöhn*, AcP 216 (2016), 282, 315 f.

1020 *Auer*, Materialisierung, Flexibilisierung, Richterfreiheit, S. 161; *Heinrich*, Formale Freiheit und materiale Gerechtigkeit, S. 323 f.; *Mayer*, Materielle Beschlusskontrolle im Kapitalgesellschaftsrecht, S. 354 f.; *Verse*, Gleichbehandlungsgrundsatz, S. 295.

1021 *Hey*, Freie Gestaltung in Gesellschaftsverträgen, S. 338; *Verse*, Gleichbehandlungsgrundsatz, S. 295.

1022 Vgl. hierzu 2. Teil: B. II. 1. c) ff) (3) (b).

1023 *Hofmann*, Minderheitsschutz, S. 198 f.; *W. Goette*, in: Ebenroth/Boujong/Joost/Strohn, 2. Auflage, § 119 Rn. 51; *Winter*, Mitgliedschaftliche Treuebindungen, S. 178 f.; ähnlich *Westermann*, in: Westermann/Wertenbruch, Personengesellschaften, § 24 Rn. 525.

1024 Paradigmatisch *Schäfer*, ZGR 2013, 237, 263 ff.

(2) Gefahr der Billigkeitsrechtsprechung

Eng verwandt mit der oben angesprochenen Antinomie des Privatrechts zwischen Rechtssicherheit und Einzelfallgerechtigkeit ist die Antinomie zwischen Richterbindung und Richterfreiheit. Sowohl der Aspekt der Einzelfallgerechtigkeit als auch der Aspekt der Richterfreiheit sind Ausdruck einer Werteordnung, welche der Gerechtigkeit in Ansehung der Person den Vorrang einräumt.[1025] Dies bedeutet, je vager eine Rechtsnorm ausgestaltet ist, desto höher ist gleichzeitig das Maß an Richterfreiheit. Wie bereits oben erwähnt, verhindert die Vielschichtigkeit der Anwendungsfälle eine detailliertere Ausgestaltung des Regelungsinstruments. Damit geht zwangsläufig ein höheres Maß an Richterfreiheit einher.

(a) Vorwurf des Eingriffs in die Privatautonomie

Der in diesem Zusammenhang vorgetragene Vorwurf, mit einem solchen Umfang an Richterfreiheit sei ein erheblicher Eingriff in die Privatautonomie verbunden, geht indes fehl. Denn durch die Offenheit des Regelungsinstruments lässt sich insbesondere im Vergleich zum Schutzmechanismus der unentziehbaren Rechte die Gefahr einer Überinklusion vermeiden. Denn ein Eingriff in die Privatautonomie erfolgt nur in den tatsächlich problematischen Fällen. Dies spricht gerade dafür, dass dem Gebot nach minimalinvasiven Eingriffen Rechnung getragen wird.

(b) Vorwurf der Willkür

Das eingeräumte Maß an Richterfreiheit bedeutet jedoch keineswegs, dass der Richter berechtigt ist, willkürliche Entscheidungen zu treffen. Denn mit den durch das Regelungsinstrument der sachlichen Rechtfertigung vorgegebenen Prüfungsschritten besteht eine Art Leitfaden, den es bei der Urteilsfindung zu berücksichtigen gilt. Dabei ist es jedoch tatsächlich so, dass es – wie bei Abwägungsentscheidungen im Allgemeinen – häufig nicht nur eine objektiv richtige Lösung gibt.[1026] Vielmehr geht es darum, dass der entscheidende Richter anhand der vorgegebenen Abwägungskriterien zu einem vertretbaren Ergebnis kommt.[1027] Dass Gerichte im Allgemeinen durchaus fähig sind, zu gerechten

---

1025 *Auer*, Materialisierung, Flexibilisierung, Richterfreiheit, S. 94 f.
1026 *Auer*, Materialisierung, Flexibilisierung, Richterfreiheit, S. 89.
1027 *Auer*, Materialisierung, Flexibilisierung, Richterfreiheit, S. 71.

Ergebnissen bei Abwägungsentscheidungen zu kommen, zeigt beispielsweise die Rechtsprechung zu § 140 HGB.[1028]

Der dagegen vorgebrachte Vorwurf, der Richter sei aufgrund seiner Sachferne nicht fähig, zu einem solchen vertretbaren Urteil zu kommen, da er nicht beurteilen könne, was im Gesellschaftsinteresse liege, geht hingegen fehl. Hierbei wird übersehen, dass den Gesellschaftern im Rahmen des Regelungsinstruments der sachlichen Rechtfertigung unter den Voraussetzungen der *business judgment rule* ein Ermessensspielraum hinsichtlich unternehmerischer Entscheidungen zukommt.[1029] Sofern im Einzelfall die Voraussetzungen der *business judgment rule* nicht erfüllt sein sollten und somit eine vollständige Überprüfung durch den Richter erforderlich wird, können Sachverständige zur Bewertung der wirtschaftlichen Themenkomplexe beitragen.[1030]

Zutreffend ist allerdings der Einwand, dass auch Richter dem Phänomen der begrenzten Rationalität unterliegen können. Daher besteht die Möglichkeit, dass ein Richter aufgrund von kognitiven Verzerrungen zu einem Fehlurteil kommt. Ein solches kann jedoch gegebenenfalls durch den Instanzenzug der Gerichte ausgeglichen werden. Den sich hieraus ergebenden Rechtsdurchsetzungskosten stehen Einsparungen von Transaktionskosten im Rahmen der Gesellschaftsgründung gegenüber.

Abschließend ist daher festzustellen, dass der Vorwurf der Gefahr einer Billigkeitsrechtsprechung aufgrund des Regelungsinstruments der sachlichen Rechtfertigung unbegründet ist.

(3) Gefahr des ineffizienten Minderheitenschutzes

(a) Steuerungsfunktion des Regelungsinstruments der sachlichen Rechtfertigung

Ein wesentlicher Vorteil des Regelungsinstruments der sachlichen Rechtfertigung ist in dessen Steuerungsfunktion zu sehen.[1031] Das Verhalten der

---

1028 Hierauf verweisend *Fischer*, FS Barz, S. 33, 45; ähnlich *Mayer*, Materielle Beschlusskontrolle im Kapitalgesellschaftsrecht, S. 354.

1029 *Hofmann*, Minderheitsschutz, S. 187 f.; *Klöhn*, AcP 216 (2016), 282, 315.

1030 Hierauf in anderem Zusammenhang ebenfalls verweisend, *Kuntz*, GmbHR 2008, 121 f.; *Mayer*, Materielle Beschlusskontrolle im Kapitalgesellschaftsrecht, S. 356; *Verse*, Gleichbehandlungsgrundsatz, S. 295.

1031 *Hey*, Freie Gestaltung in Gesellschaftsverträgen, S. 336; *Janke*, Gesellschaftsrechtliche Treuepflicht, S. 194 ff.; *Mayer*, Materielle Beschlusskontrolle im Kapitalgesellschaftsrecht, S. 354; *Ruffner*, Grundlagen eines Rechts der Publikumsgesellschaft, S. 214;

Regelungsadressaten wird insofern präventiv beeinflusst, als diese sich an das Gebot des Regelungsinstruments halten müssen, um die Unwirksamkeit ihrer Stimmrechtsausübung zu vermeiden.[1032] Im Idealfall wird durch diese Anreizwirkung opportunistisches Verhalten vermieden, sodass eine Selbstregulierung der Gesellschaft ohne staatliche Kontrolle möglich ist.[1033] Im Vergleich zu beispielsweise Straf- oder deliktischen Haftungsnormen ergibt sich eine erhöhte Steuerungsfunktion dadurch, dass das Regelungsinstrument der sachlichen Rechtfertigung ein Verfahren bezüglich des persönlichen Entscheidungsprozesses vorgibt.[1034] Entsprechend den Anforderungen des Verhältnismäßigkeitsprinzips müssen sich die Gesellschafter der Wirkungsweise einer Maßnahme bewusst werden, Alternativmaßnahmen berücksichtigen und die widerstreitenden Interessen abwägen.

(b) Beeinträchtigung der Steuerungsfunktion?

Den Kritikern ist allerdings in diesem Zusammenhang zuzustimmen, dass die notwendige Offenheit des Regelungsinstruments Auswirkungen auf die Steuerungsfunktion haben kann. Wie gezeigt, kann dies zu einer mittelbaren Überinklusion führen und damit ein (zu) hohes Schutzniveau bewirken.[1035] Der Effekt kann jedoch auch in die entgegengesetzte Richtung eintreten. In dem Wissen, dass die kontrollierenden Minderheitsgesellschafter häufig keine absolute Gewissheit über das Vorliegen einer Überschreitung des durch das Regelungsinstrument gesetzten Rahmens haben werden, können Mehrheitsgesellschafter bewusst Regelverstöße zu opportunistischen Zwecken begehen. Dieser Nachteil der schlechten Informationslage verbunden mit der faktischen Auferlegung der Klageinitiativlast wird jedoch dadurch relativiert, dass die beklagten Gesellschafter die Darlegungs- und Beweislast trifft.[1036] Denn dieser Umstand mindert den Anreiz für Mehrheitsgesellschafter, auf die Nichtaufdeckung von eigenem opportunistischem Verhalten zu spekulieren.

Trotz der soeben erwähnten Einschränkung ist die Steuerungsfunktion des Regelungsinstruments der sachlichen Rechtfertigung gerade im Vergleich zum

---

Schmolke, Grenzen der Selbstbindung, S. 596 f.; *Wandrey*, Materielle Beschlusskontrolle im Aktienrecht, S. 196 f.

1032 *Bieder*, Das ungeschriebene Verhältnismäßigkeitsprinzip, S. 25.

1033 Ähnlich *Mayer*, Materielle Beschlusskontrolle im Kapitalgesellschaftsrecht, S. 97.

1034 *Bieder*, Das ungeschriebene Verhältnismäßigkeitsprinzip, S. 25.

1035 Vgl. hierzu 2. Teil: B. II. 2. h) bb) (1) (d).

1036 Vgl. hierzu 2. Teil: B. II. 2. f) bb) (2).

Schutzmechanismus der unentziehbaren Rechte positiv zu bewerten. Denn während bei Letzterem aufgrund der Vetorechte die immanente Gefahr einer Lähmung des Willensbildungsprozesses besteht,[1037] ist bei Ersterem durch die Präventivwirkung eine Selbstregulierung in weitem Umfang gewährleistet.

Für einen effizienten Minderheitenschutz spricht zudem, dass durch die Offenheit des Regelungsinstruments der sachlichen Rechtfertigung sämtliche Fälle von Mehrheits-Opportunismus erfasst werden können. Dahingegen besteht beim Schutzmechanismus der unentziehbaren Rechte aufgrund des gewählten Bezugspunktes die Problematik der Unterinklusion.[1038]

Damit lässt sich festhalten, dass das Regelungsinstrument der sachlichen Rechtfertigung entgegen der von Teilen der Literatur vorgebrachten Kritik aufgrund seiner präventiven Wirkung sowie seines umfassenden Anwendungsbereichs einen effizienten Minderheitenschutz gewährleistet.

(4) Minderheits-Opportunismus

(a) Vergleich mit dem Regulierungsinstrument der unentziehbaren Rechte

Das grundsätzliche Potential für Minderheits-Opportunismus wird durch das Regelungsinstrument der sachlichen Rechtfertigung nicht beseitigt. Den Kritikern ist daher darin zuzustimmen, dass für Minderheitsgesellschafter durchaus eine Motivation bestehen kann, den durch einen Prozess verursachten Schwebezustand zur Erlangung von Sondervorteilen auszunutzen.

Der Vergleich mit dem Regulierungsinstrument der unentziehbaren Rechte zeigt jedoch, dass sich durch den Paradigmenwechsel das Potential von Mehrheits-Opportunismus senkt. Denn durch die verliehenen Vetorechte besteht eine sehr niedrige Hemmschwelle dafür, den Willensbildungsprozess zu blockieren. Gerade Gesellschafter, welche nicht in einem Beschäftigungsverhältnis mit der Gesellschaft stehen und lediglich über eine geringe Beteiligungsquote verfügen, müssen durch eine Obstruktionspolitik kaum Nachteile fürchten.

Demgegenüber bedarf es im Zusammenhang mit dem Regelungsinstrument der sachlichen Rechtfertigung neben der Ablehnung des Beschlusses (bzw. der Stimmenthaltung) zusätzlich der Androhung eines Prozesses. Sofern sich die übrigen Gesellschafter von einer solchen Drohung unbeeindruckt zeigen, muss

---

1037 Vgl. hierzu 2. Teil: B. II. 1. c) ff) (3) (d).

1038 Siehe hierzu 2. Teil: B. II. 1. c) ff) (3) (c) (bb). Dazu, dass der Vermeidung einer Unterinklusion möglicherweise höhere Rechtsanwendungskosten gegenüberstehen *Schmolke*, Grenzen der Selbstbindung, S. 264, 251.

tatsächlich Klage erhoben werden, welche zunächst mit Kosten verbunden ist. Die Hemmschwelle für opportunistisches Verhalten ist damit vergleichsweise höher.

(b) Dauer des Schwebezustandes

Als problematisch könnte sich jedoch erweisen, dass es keine gesetzliche Frist gibt, innerhalb derer eine Feststellungsklage erhoben werden muss. Um daher das Risiko eines Prozesses überschaubar zu gestalten, empfiehlt es sich, im Gesellschaftsvertrag eine Ausschlussfrist für die Erhebung einer Feststellungsklage in Bezug auf die Beschlussfassung aufzunehmen. Nach Ansicht des BGH darf diese Frist entsprechend § 246 Abs. 1 AktG jedoch nicht kürzer als ein Monat sein.[1039] Doch selbst wenn es an einer solchen Vereinbarung fehlen sollte, können Gesellschafter einen möglichen Prozess nicht unbegrenzt als Druckmittel verwenden, da nach Verstreichen einer angemessenen Frist, innerhalb derer die Gesellschafter eine rechtliche Überprüfung vornehmen und eine Entscheidung über eine Klage fällen können, die Grundsätze der Verwirkung zum Tragen kommen.[1040]

Es sei zudem darauf verwiesen, dass anders als im Recht der Aktiengesellschaft die Erhebung einer Klage keine Registersperre verursacht, welche der Umsetzung eines Beschlusses entgegensteht.[1041] Von einer offensichtlich unbegründeten Klage geht daher auch keine Drohwirkung aus.

(c) Zustimmungspflicht

Zudem lässt sich ins Feld führen, dass sich mit der Treuepflicht an anderer Stelle Minderheits-Opportunismus verhindern lässt. Auch bei Geltung des Mehrheitsprinzips kann es Konstellationen geben, in welchen ein Gesellschafter nicht über die nötigen Stimmen zur Erreichung des Beschlussquorums verfügt und daher auf die Stimmen eines oder mehrerer Minderheitsgesellschafter angewiesen ist. Dies kann dann der Fall sein, wenn für bestimmte Beschlussgegenstände ein erhöhtes Quorum von beispielsweise 75 % der Stimmen gilt. In solchen Situationen verfügen die Minderheitsgesellschafter über eine Sperrminorität (die einem Vetorecht entspricht), welche sie im Rahmen einer Obstruktionspolitik zu opportunistischen Zwecken einsetzen können.[1042] Diese Form von Minderheits-Opportunismus wird durch die Treuepflicht insoweit

---

1039 BGH, NJW 1995, 1218, 1219.

1040 *Schäfer*, in: Staub, § 119 Rn. 90.

1041 *Freitag*, in: Ebenroth/Boujong/Joost/Strohn, § 119 Rn. 82.

1042 Zur entsprechenden Situation beim Regelungsinstrument der unentziehbaren Rechte, siehe 2. Teil: B. II. 1. c) ff) (3) (e) (aa).

eingehegt, als die Minderheitsgesellschafter bezüglich dringend erforderlicher Maßnahmen eine Zustimmungspflicht treffen kann.[1043] Das Instrument der Zustimmungspflicht lässt sich dabei gewissermaßen als Gegenstück zum Regelungsinstrument der sachlichen Rechtfertigung verstehen. Die beiden Instrumente, welche jeweils Ausprägungen der Treuepflicht darstellen, haben nämlich ähnliche Prüfungspunkte.[1044]

Die Treuepflicht zwischen den Gesellschaftern lässt sich daher als ein fokales Prinzip begreifen, welches sowohl den Gefahren von Mehrheits-Opportunismus als auch den Gefahren von Minderheits-Opportunismus begegnet.[1045] Demgegenüber bezieht sich das Regelungsinstrument der unentziehbaren Rechte lediglich auf Mehrheits-Opportunismus und stellt somit eine einseitige Begünstigung der Minderheit dar.[1046]

(d) Zwischenergebnis

Als Ergebnis lässt sich somit festhalten, dass der Befürchtung nach einem Anstieg von Minderheits-Opportunismus zu widersprechen ist. Aufgrund der höheren Hemmschwelle für ein entsprechendes Verhalten unter der Geltung des Regelungsinstruments der sachlichen Rechtfertigung dürfte tendenziell sogar das Gegenteil der Fall sein. Hierfür spricht auch, dass die Treuepflicht mit ihrer Ausprägung in Form des Instruments der Zustimmungspflicht zur Eingehung von Minderheits-Opportunismus beiträgt.

cc) Zwischenergebnis

Die Untersuchungsergebnisse dieses Abschnitts haben gezeigt, dass die Funktionsweise des Regulativs geeignet ist, das dieser Arbeit zugrunde liegende Regelungsproblem zu minimieren.

So wurde festgestellt, dass der Umstand der Offenheit des Regelungsinstruments dazu beiträgt, ein hohes Maß an Einzelfallgerechtigkeit zu gewährleisten und zugleich die Gefahr einer Überinklusion zu verhindern. Hierdurch wird der sich aus der Unvollständigkeit von Gesellschaftsverträgen sowie der großen Gestaltungsfreiheit im Personengesellschaftsrecht ergebenden Vielschichtigkeit der zu lösenden Sachverhalte Rechnung getragen.

1043 Vgl. hierzu 2. Teil: B. II. 1. c) dd) (3).

1044 *W. Goette*, in: Ebenroth/Boujong/Joost/Strohn, 2. Auflage, § 119 Rn. 51; *Winter*, Mitgliedschaftliche Treuebindungen, S. 178 f.

1045 *Klöhn*, AcP 216 (2016), 282, 309.

1046 Vgl. hierzu 2. Teil: B. II. 1. c) ff) (3) (e) (bb).

Zudem wurde herausgearbeitet, dass aufgrund der vorgegebenen Prüfungsschritte sowie den bestehenden Abwägungskriterien der Richterfreiheit ein vertretbarer Rahmen gesetzt wird, welcher die Gefahr von Willkürentscheidungen einhegt.

Des Weiteren trägt die vom Regelungsinstrument der sachlichen Rechtfertigung ausgehende Steuerungswirkung zu einer Einhegung von Mehrheits-Opportunismus und damit gleichzeitig zur Fähigkeit der Selbstregulierung einer Gesellschaft ohne staatliche Intervention bei. Ein effizienter Minderheitenschutz wird zudem dadurch gewährleistet, dass eine Unterinklusion vermieden wird.

Abschließend lässt sich festhalten, dass es sich bei dem Regelungsinstrument der sachlichen Rechtfertigung aufgrund der Vermeidung von Über- und Unterinklusion um ein autonomieschonendes und effektives Regulativ handelt. Die eingangs aufgeworfene Frage, ob sich die mit dem Regelungsinstrument der sachlichen Rechtfertigung von Mehrheitsbeschlüssen einhergehende Beschränkung der Vertragsfreiheit rechtfertigen lässt, ist damit zu bejahen.

i) Ergebnisse der Untersuchung zur Treuepflicht

Gezeigt wurde, dass der Geltungsgrund der Treuepflicht zwischen den Gesellschaftern im Zusammenhang mit der Unvollständigkeit von Gesellschaftsverträgen zu sehen ist. Mit ihren Ausprägungen als Rücksichtnahme- und Förderpflicht lässt sie sich als ein Verhaltensstandard verstehen, welcher *ex ante* festlegt, wie sich die Gesellschafter künftig zu verhalten haben. Durch ein solch fokales Prinzip soll das Potential von Opportunismus minimiert werden.

Im Hinblick auf die Stimmrechtsausübung werden im Wesentlichen zwei verschiedene aus der Treuepflicht abzuleitende Maßstäbe vertreten. Nach dem hier vertretenen Standpunkt hat in Bezug auf Maßnahmen der Geschäftsführung lediglich eine Missbrauchskontrolle stattzufinden. Demgegenüber rechtfertigt bei Grundlagengeschäften die Gefahr des Wegfalls des Interessengleichlaufs zwischen den Gesellschaftern einen strengeren Prüfungsmaßstab in Form des Regelungsinstruments der sachlichen Rechtfertigung.

Letzteres setzt sich aus den Prüfungsschritten des sachlichen Grundes, der Erforderlichkeit sowie der Angemessenheit zusammen. In Bezug auf unternehmerische Entscheidungen ist den Gesellschaftern im Rahmen des sachlichen Grundes und der Erforderlichkeit ein Ermessensspielraum zu gewähren. Der Schwerpunkt der Prüfung liegt auf der Abwägung der widerstreitenden Interessen. Für die Abwägungsentscheidung regelmäßig von Bedeutung sind Faktoren, wie die Intensität der betroffenen Interessen, die vertragliche Risikoverteilung, die Realstruktur der Gesellschaft, Umstände in der Person der Gesellschafter sowie deren Abstimmungsverhalten.

Darüber hinaus wurde festgestellt, dass eine abstrakt-generelle Abbedingung des Regelungsinstruments der sachlichen Rechtfertigung unzulässig ist, da mit einem solchen pauschalen Verzicht in hohem Maße systematische Entscheidungsfehler einhergehen.

Schließlich wurde gezeigt, dass die Beschränkung der Vertragsfreiheit durch das Regelungsinstrument der sachlichen Rechtfertigung aufgrund dessen Zweckmäßigkeit im Hinblick auf das dieser Arbeit zugrunde liegende Regelungsproblem gerechtfertigt ist.

3. *Der Gleichbehandlungsgrundsatz*

Neben dem Regelungsinstrument der unentziehbaren Rechte sowie der Treuepflicht wird zum Teil die Funktion des Gleichbehandlungsgrundsatzes als Schranke von Mehrheitsbeschlüssen betont.[1047] Nachfolgend soll untersucht werden, inwiefern der Gleichbehandlungsgrundsatz in diesem Zusammenhang eine Berechtigung neben dem Regelungsinstrument der sachlichen Rechtfertigung hat.

a) Einleitung

Der Grundsatz der gleichmäßigen Behandlung erfüllt im Gesellschaftsrecht zwei zu unterscheidende Funktionen.[1048]

Eine in dieser Arbeit zu vernachlässigende Funktion des Gleichbehandlungsgrundsatzes ist jene als allgemeines Ordnungsprinzip des Gesellschaftsrechts.[1049] Demnach ist der Grundsatz der gleichmäßigen Behandlung sowohl für die Auslegung des Gesellschaftsvertrages als auch für die Ausfüllung von Vertragslücken zu berücksichtigen.[1050]

Darüber hinaus stellt der Gleichbehandlungsgrundsatz zudem eine Schranke der Gesellschaftsautonomie dar.[1051] Er besagt, dass jedes Mitglied im Verhältnis zwischen Gesellschaft und Gesellschaftern unter gleichen Voraussetzungen

---

1047 Für das Recht der Kapitalgesellschaften insbesondere *Verse*, Gleichbehandlungsgrundsatz, passim.

1048 *Schäfer*, in: MüKo BGB, § 705 Rn. 248 ff.; *Verse*, Gleichbehandlungsgrundsatz, S. 3 ff.

1049 *Habermeier*, in: Staudinger, § 705 Rn. 54; *Hadding/Kießling*, in: Soergel, § 705 Rn. 65 f.; *Schäfer*, in: Staub, § 105 Rn. 251.

1050 *Hadding/Kießling*, in: Soergel, § 705 Rn. 66; *Schäfer*, in: Staub, § 105 Rn. 251.

1051 *Verse*, Gleichbehandlungsgrundsatz, S. 3.

gleich zu behandeln ist.[1052] Negativ formuliert, lässt er sich als Diskriminierungsverbot verstehen.[1053] Diesem Diskriminierungsverbot kommt grundsätzlich bei jedem Handeln der Gesellschaft Bedeutung zu. Dies betrifft zunächst Tätigkeiten der Geschäftsführung.[1054] Von Bedeutung für die Fragestellung dieser Arbeit ist, dass der Grundsatz der gleichmäßigen Behandlung in dieser Funktion zudem eine materielle Schranke von Mehrheitsbeschlüssen darstellt.[1055]

b) Dogmatische Grundlage

Die Geltung des Gleichbehandlungsgrundsatzes im Recht der Personengesellschaft ist trotz des Fehlens einer ausdrücklichen gesetzlichen Vorschrift wie § 53a AktG seit langem anerkannt.[1056] Dies liegt unter anderem daran, dass der Grundsatz der Gleichbehandlung in einzelnen Vorschriften wie beispielsweise §§ 706, 709 Abs. 1 und 2, 722 BGB, 114 Abs. 1 und 125 Abs. 1 HGB zum Ausdruck kommt. Gleichwohl ist die dogmatische Herleitung des Gleichbehandlungsgrundsatzes umstritten. Eine Ansicht befürwortet die Herleitung aus dem Bestehen eines Gemeinschaftsverhältnisses.[1057] Teilweise wird von einer gewohnheitsrechtlichen Anerkennung,[1058] teilweise von einer rechtsanalogen Herleitung aus den oben genannten Vorschriften ausgegangen.[1059] Wiederum andere Stimmen sehen die rechtsdogmatische Grundlage des Gleichbehandlungsgrundsatzes in der Treuepflicht.[1060] Ein Streitentscheid ist aber insofern nicht erforderlich, als die verschiedenen Begründungsansätze im Ergebnis nicht zu unterschiedlichen Rechtsfolgen führen.[1061]

1052 *Schmidt*, Gesellschaftsrecht, § 16 II. 4. b), S. 462; *Wiedemann*, Gesellschaftsrecht I, § 8 II. 2., S. 427.

1053 *Schmidt*, Gesellschaftsrecht, § 16 II. 4. b), S. 462.

1054 *Verse*, Gleichbehandlungsgrundsatz, S. 3 f.

1055 BGHZ 20, 363, 370; *Enzinger*, in: MüKo HGB, § 119 Rn. 85; *Schäfer*, in: Staub, § 105 Rn. 254; *Westermann*, in: Erman, § 709 Rn. 34.

1056 *Enzinger*, in: MüKo HGB, § 109 Rn. 20; *Hadding/Kießling*, in: Soergel, § 705 Rn. 65; *Schäfer*, in: Staub, § 105 Rn. 247; *Schmidt*, Gesellschaftsrecht, § 16 II. 4. b), S. 462.

1057 *Hueck*, Der Grundsatz der gleichmässigen Behandlung S. 222 ff.

1058 *Born*, in: Ebenroth/Boujong/Joost/Strohn, § 109 Rn. 28; *Martens*, in: Schlegelberger, § 109 Rn. 127.

1059 *Hadding/Kießling*, in: Soergel, § 705 Rn. 65.

1060 OLG Stuttgart, AG 2000, 229, 230; *Lieder*, in: Oetker, § 109 Rn. 33; *Servatius*, in: Henssler/Strohn, § 705 BGB Rn. 60.

1061 *Enzinger*, in: MüKo HGB, § 109 Rn. 20.

c) *Der Gleichbehandlungsgrundsatz als Schranke von Mehrheitsbeschlüssen*

aa) *Meinungsstand*

Besondere Bedeutung soll dem Gleichbehandlungsgrundsatz als Schutz der Minderheit vor einer Übervorteilung durch Mehrheitsbeschlüsse zukommen.[1062] Denn ein Mehrheitsbeschluss sei unwirksam, sofern sich durch dessen Vollzug eine Ungleichbehandlung eines oder mehrerer Gesellschafter ergibt.[1063] Ein Verstoß liege jedoch dann nicht vor, sofern sich die Ungleichbehandlung unter Berücksichtigung des Verhältnismäßigkeitsprinzips sachlich rechtfertigen lasse. Hierzu müsse der mit der Maßnahme verfolgte Zweck zunächst im Interesse der Gesellschaft liegen. Des Weiteren müsse die Maßnahme zur Erreichung des Zwecks erforderlich und im Verhältnis zu den Interessen der benachteiligten Gesellschafter angemessen sein.[1064]

Zur Beantwortung der Frage, ob eine Ungleichbehandlung vorliegt wird grundsätzlich auf eine formale Sichtweise abgestellt.[1065] Eine formale Ungleichbehandlung liegt vor, wenn die mit einem Mehrheitsbeschluss verfolgte Maßnahme schon äußerlich eine Differenzierung enthält, die unmittelbar Bezug auf die Person eines Gesellschafters oder einen Gesellschaftsanteil nimmt.[1066] So stellt etwa die Änderung des Gewinnverteilungsschlüssels eine formale Ungleichbehandlung dar.

Einzelne Stimmen gehen davon aus, dass darüber hinaus auch materielle Ungleichbehandlungen erfasst werden.[1067] Dies sei der Fall, wenn ein Beschluss zwar äußerlich alle Gesellschafter gleichmäßig behandele, in Wahrheit aber dazu führe, dass bestimmte Gesellschafter benachteiligt werden.[1068] Nach welchen Kriterien sich eine solche materielle Ungleichbehandlung bestimmen lässt, ist im Einzelnen äußerst umstritten.[1069]

1062 BGHZ 20, 363, 370; *Enzinger*, in: MüKo HGB, § 119 Rn. 85; *Schäfer*, in: Staub, § 105 Rn. 254; *Westermann*, in: Erman, § 709 Rn. 34.

1063 *Born*, in: Ebenroth/Boujong/Joost/Strohn, § 109 Rn. 28; *Schäfer*, in: Staub, § 105 Rn. 255.

1064 *Enzinger*, in: MüKo HGB, § 119 Rn. 85; *Heinrichs*, Mehrheitsbeschlüsse, S. 239.

1065 *Wiedemann*, Gesellschaftsrecht I, § 8 II. 2. b), S. 429 f.

1066 *Verse*, Gleichbehandlungsgrundsatz, S. 231 f.

1067 *Verse*, Gleichbehandlungsgrundsatz, S. 239 ff.

1068 So etwa das BezG Dresden GmbHR 1994, 123, 125.

1069 Siehe hierzu *Verse*, Gleichbehandlungsgrundsatz, S. 232 ff.

bb) Stellungnahme

Das Vorliegen einer Ungleichbehandlung kann einen Anhaltspunkt für opportunistisches Verhalten darstellen. Daher erscheint es nachvollziehbar, für solche Beschlüsse eine sachliche Rechtfertigung unter Berücksichtigung des Verhältnismäßigkeitsprinzips zu verlangen.

Es stellt sich jedoch die Frage, ob eine Kontrolle anhand des Gleichbehandlungsgrundsatzes zur Einhegung von Mehrheits-Opportunismus grundsätzlich erforderlich ist. Dies gilt insbesondere vor dem Hintergrund, dass die meisten Stimmen im Schrifttum beim Gleichbehandlungsgrundsatz von einem eigenen Regelungsinstrument ausgehen, welches separat neben dem Regelungsinstrument der sachlichen Rechtfertigung zur Anwendung kommt.[1070]

Ein entscheidender Vorteil des Grundsatzes der gleichmäßigen Behandlung ist, dass mit dem Kriterium der formalen Ungleichbehandlung ein objektivierbares Merkmal für opportunistisches Verhalten besteht.[1071] Diese Objektivierbarkeit führt jedoch gleichzeitig dazu, dass opportunistisches Verhalten dann nicht erfasst wird, wenn äußerlich keine Ungleichbehandlung vorliegt.[1072] Dies gilt beispielsweise, wenn durch einen Beschluss sämtliche Gesellschafter gleichermaßen geschädigt werden, der Mehrheitsgesellschafter jedoch außerhalb der Gesellschaft Sonderinteressen verfolgt.[1073]

Da alleine durch einen formalen Ansatz eine Vielzahl von opportunistischen Sachverhalten nicht erfasst wird, spricht sich eine Ansicht auch für die Einbeziehung von materiellen Ungleichbehandlungen aus. Die Schwierigkeit liegt jedoch darin, Kriterien zu bestimmen, denen zufolge eine materielle Ungleichbehandlung vorliegen soll. Denn im Ergebnis wirkt sich fast jede Maßnahme unterschiedlich auf die einzelnen Gesellschafter aus.[1074] Überzeugende Kriterien wurden bisher jedoch nicht gefunden, sodass sich kaum lösbare Abgrenzungsfragen ergeben.[1075]

1070 *Born*, in: Ebenroth/Boujong/Joost/Strohn, § 109 Rn. 30; *Schäfer*, in: Staub, § 105 Rn. 255; *Westermann*, in: Erman, § 709 Rn. 34.

1071 *Schmidt*, Gesellschaftsrecht, § 16 II. 4. b), S. 464.

1072 *Schmidt*, Gesellschaftsrecht, § 16 II. 4. b), S. 464.

1073 *Wiedemann*, Gesellschaftsrecht I, § 8 II. 2. b), S. 430.

1074 *Verse*, Gleichbehandlungsgrundsatz, S. 233.

1075 *Boese*, Anwendungsgrenzen des Erfordernisses sachlicher Rechtfertigung, S. 83; *Verse*, Gleichbehandlungsgrundsatz, S. 59; *Zöllner*, Schranken mitgliedschaftlicher Stimmrechtsmacht, S. 303 f.

Hinzu kommt, dass der Anwendungsbereich des Gleichbehandlungsgrundsatzes vollständig im Anwendungsbereich der Treuepflicht aufgeht. Denn die beiden Regelungsinstrumente stehen im Verhältnis der Spezialität zueinander.[1076] Dies bedeutet, dass sämtliche Verstöße gegen den Grundsatz der gleichmäßigen Behandlung zugleich einen Verstoß gegen die Treuepflicht darstellen.[1077] Dabei sind die Anforderungen, die beide Regelungsinstrument an die jeweilige sachliche Rechtfertigung stellen, identisch.[1078] Insofern verwundert es auch nicht, dass viele Stimmen die dogmatische Grundlage des Gleichbehandlungsgrundsatzes in der Treuepflicht sehen.[1079]

Vor dem Hintergrund des beschränkten Anwendungsbereichs der formalen Ungleichbehandlung und den rechtlichen Unsicherheiten im Zusammenhang mit der materiellen Ungleichbehandlung ist daher auf die Koexistenz des eigenständigen Regelungsinstruments des Gleichbehandlungsgrundsatzes neben der sachlichen Rechtfertigung zu verzichten.[1080] Sinnvoller ist es stattdessen, das Vorliegen der objektiv feststellbaren formalen Ungleichbehandlung bei der Abwägung der widerstreitenden Interessen im Rahmen des Regelungsinstruments der sachlichen Rechtfertigung einfließen zu lassen.

1076 *Verse*, Gleichbehandlungsgrundsatz, S. 91; *Wandrey*, Materielle Beschlusskontrolle im Aktienrecht, S. 193.

1077 *Lieder*, in: Oetker, § 109 Rn. 33.

1078 *Verse*, Gleichbehandlungsgrundsatz, S. 53.

1079 So etwa OLG Stuttgart, AG 2000, 229, 230; *Lieder*, in: Oetker, § 109 Rn. 33; *Servatius*, in: Henssler/Strohn, § 705 BGB Rn. 60.

1080 Ähnlich *Zöllner*, AG 2002, 585, 588, der allerdings von unterschiedlichen Anforderungen an die Rechtfertigung ausgeht.

Zusammenfassung der Ergebnisse dieser Arbeit

Die vorliegende Arbeit untersucht die Notwendigkeit eines Minderheitenschutzes bei Mehrheitsbeschlüssen im Recht der Personengesellschaften. Das dispositive Gesetzesrecht sieht für Personengesellschaften eine einstimmige Beschlussfassung vor. Um jedoch die Handlungs- und Funktionsfähigkeit einer Personengesellschaft zu erhöhen, sind Mehrheitsklauseln, welche pauschal die Einführung des Mehrheitsprinzips für sämtliche Beschlussfassungen zum Gegenstand haben, weit verbreitet.[1081] Das mit dem Mehrheitsprinzip verbundene niedrigere Beschlussquorum kann insbesondere bei Gesellschaften mit großer Gesellschafterzahl sowie dringlichen Beschlüssen positive Auswirkungen haben. Von entscheidendem Vorteil ist das Mehrheitsprinzip aber in Bezug auf die Unvollständigkeit von Gesellschaftsverträgen. Hierdurch wird nicht nur die Anpassung der Grundlagen einer Gesellschaft grundsätzlich erleichtert, sondern es wird auch verhindert, dass Minderheitsgesellschafter ihr Vetorecht vor dem Hintergrund des möglichen Scheiterns der Gesellschaft zu opportunistischen Zwecken ausüben.

Mit den soeben genannten Vorteilen geht allerdings zugleich die Möglichkeit einher, dass ein Mehrheitsgesellschafter oder eine koordinierte Gesellschaftergruppe sein bzw. ihr Stimmgewicht zum Nachteil der anderen Gesellschafter einsetzt.[1082] Das Gefährdungspotential für Mehrheits-Opportunismus wird dadurch erhöht, dass es in Personengesellschaften häufig zu einem *Locking-in-*Effekt kommt. Hiermit ist gemeint, dass Gesellschafter aufgrund von spezifischen Investitionen häufig nicht ohne finanzielle Verluste aus einer Personengesellschaft ausscheiden können.

Vor dem Hintergrund dieser Ausgangslage geht der nächste Abschnitt dieser Arbeit auf die Bedeutung der Vertragsfreiheit sowie deren Grenzen ein.[1083] Hierbei wurde herausgearbeitet, dass die Vertragsfreiheit zum einen der Verwirklichung des Prinzips der Selbstbestimmung dient und zum anderen von außerordentlicher hoher wirtschaftlicher Bedeutung für unsere Volkswirtschaft ist. Verschiedene Ursachen, wie beispielsweise Rationalitätsdefizite, können

1081 1. Teil: B. IV.

1082 1. Teil: B. V.

1083 1. Teil: C.

allerdings bei der Gründung einer Gesellschaft dazu führen, dass Minderheitsgesellschafter nicht für einen ausreichenden vertraglichen Schutz vor Mehrheits-Opportunismus sorgen können. Dies rechtfertigt ein korrigierendes Eingreifen aus Gründen des Minderheiten- und Institutionenschutzes.

Nach der Darstellung des dieser Arbeit zugrunde liegenden Regelungsproblems wurde im zweiten Teil auf verschiedene in diesem Zusammenhang diskutierte Regelungsinstrumente eingegangen. Hierbei wurde zunächst festgestellt, dass Mehrheitsklauseln, welche sich pauschal auf sämtliche Angelegenheiten der Gesellschaft beziehen, nicht sittenwidrig nach § 138 Abs. 1 BGB sind.[1084] Der Vorwurf der Selbstentmündigung der Gesellschafter wird dadurch entkräftet, dass sämtlichen Gesellschaftern ein ordentliches Kündigungsrecht gem. § 723 Abs. 1 S. 1 BGB zusteht.

Sodann wurde die Wirkungsweise des Bestimmtheitsgrundsatzes, welcher als Wahlhilfe einzuordnen ist, untersucht.[1085] Wahlhilfen haben den Vorteil, dass sie nur geringfügig in die Vertragsfreiheit der Beteiligten eingreifen. Beim Bestimmtheitsgrundsatz besteht jedoch das Problem, dass aufgrund des Umfangs der Informationsmenge unter Umständen keine hinreichende Warnwirkung für die Minderheitsgesellschafter geben ist. Dieses Phänomen der beschränkten Informationsaufnahmefähigkeit wird mit dem Begriff *information overload* beschrieben. Des Weiteren hilft die Bereitstellung von Informationen nur in einem beschränkten Ausmaß gegen Rationalitätsdefizite. Zudem wurde festgestellt, dass die Überinklusion des Bestimmtheitsgrundsatzes vor dem Hintergrund der Sanktionierung einer unterbliebenen Nennung eines Beschlussgegenstandes dysfunktional wirkt.

Vertreter des Regelungsinstruments der unverzichtbaren Rechte sind daher der Ansicht, dass bestimmte Beschlussgegenstände, wie beispielsweise das Recht auf die Teilnahme an der Gesellschafterversammlung, pauschal der Disponibilität der Parteien entzogen seien sollten.[1086] Der hiermit verfolgte Institutionenschutz lässt sich allerdings auch durch bewegliche Schranken, welche die Umstände des jeweiligen Einzelfalls berücksichtigen, verwirklichen. Vor dem Hintergrund des Gebots nach minimalinvasiven Eingriffen in die Vertragsfreiheit ist daher eine starre Schranke, wie das Regelungsinstrument der unverzichtbaren Rechte, abzulehnen.

1084 2. Teil: A.

1085 2. Teil: B. I. 1.

1086 2. Teil: B. II. 1. b).

Nach dem Regelungsinstrument der unentziehbaren Rechte soll die Wirksamkeit eines Mehrheitsbeschlusses, welcher unmittelbar in eine vom Regelungsinstrument umfasste Rechtsposition eingreift, von der Zustimmung des Betroffenen abhängen.[1087] Diese Zustimmung kann entweder bereits vor der Beschlussfassung als antizipierte Zustimmung oder als Ad-hoc-Zustimmung erteilt werden. In dieser Arbeit wurde festgestellt, dass erhebliche Bedenken hinsichtlich der Einschränkung der Vertragsfreiheit der Beteiligten aufgrund des Regelungsinstruments der unentziehbaren Rechte bestehen.

Dies liegt zunächst daran, dass es nicht als Wahlhilfe eingeordnet werden kann, da aufgrund der Anforderungen an eine antizipierte Zustimmung nicht für sämtliche Gestaltungsvarianten vorbehaltlose Mehrheitsentscheidungen eingeführt werden können. Des Weiteren besteht Rechtsunsicherheit hinsichtlich der umfassten Rechtspositionen, der Unmittelbarkeit eines Eingriffs sowie des Bestehens einer Zustimmungspflicht. Zudem führt das Regelungsinstrument der unentziehbaren Rechte sowohl zu Überinklusion als auch zu Unterinklusion. Schließlich kann durch die Einräumung von Zustimmungsvorbehalten die Gefahr von Minderheits-Opportunismus virulent werden.

Die Defizite des Regelungsinstruments der unentziehbaren Rechte haben gezeigt, dass es sinnvoller ist, die Gefahr von Mehrheits-Opportunismus durch eine bewegliche Schranke, wie der Treuepflicht zwischen den Gesellschaftern, einzuhegen.[1088] Mit ihren Ausprägungen als Rücksichtnahme- und Förderpflicht stellt die Treuepflicht ein Verhaltensstandard dar, welcher *ex ante* festlegt, wie sich die Gesellschafter künftig zu verhalten haben. Aus der Treuepflicht lassen sich zwei verschiedene Maßstäbe ableiten. Zum einen die Missbrauchskontrolle, welche in Bezug auf Geschäftsführungsmaßnahmen zu berücksichtigen ist. Zum anderen der strengere Prüfungsmaßstab des Regelungsinstruments der sachlichen Rechtfertigung, welcher bei Grundlagenbeschlüssen zur Anwendung kommt. Das Regelungsinstrument der sachlichen Rechtfertigung setzt sich aus den Prüfungsschritten des sachlichen Grundes, der Erforderlichkeit sowie der Angemessenheit zusammen. Der Schwerpunkt der Prüfung liegt dabei auf der Angemessenheit, in deren Rahmen die sich widerstreitenden Interessen der Beteiligten in einen schonenden Ausgleich zu bringen sind. Für die Beurteilung sind in der Regel die Intensität der betroffenen Interessen, die vertragliche Risikoverteilung, die Realstruktur der Gesellschaft, Umstände in der Person der Gesellschafter sowie deren Abstimmungsverhalten maßgeblich. Im Rahmen der

1087 2. Teil: B. II. 1. c).
1088 2. Teil: B. II. 2.

Untersuchung der Zweckmäßigkeit des Regelungsinstruments wurde gezeigt, dass dieses aufgrund seiner wertungsoffenen Kriterien ein hohes Maß an Einzelfallgerechtigkeit verspricht und infolge dessen der Vielschichtigkeit der zu lösenden Sachverhalte gerecht wird. Hierdurch wird zum einen dem Verlangen nach einer dynamischen Anpassung an veränderte Umstände sowie dem Bedürfnis Mehrheits-Opportunismus einzuhegen Rechnung getragen.

Schließlich ist auf die Koexistenz des eigenständigen Regelungsinstruments des Gleichbehandlungsgrundsatzes neben der sachlichen Rechtfertigung zu verzichten.[1089] Hierfür spricht zum einen, dass der Anwendungsbereich des Gleichbehandlungsgrundsatzes vollständig im Anwendungsbereich der Treuepflicht aufgeht und zum anderen die Schwierigkeit eine materielle Ungleichbehandlung feststellen zu können. Das Vorliegen einer objektiv feststellbaren formalen Ungleichbehandlung ist stattdessen bei der Abwägung der widerstreitenden Interessen im Rahmen des Regelungsinstruments der sachlichen Rechtfertigung zu berücksichtigen.

1089 2. Teil: B. II. 3.

Literaturverzeichnis

van Aaken, Anne: Begrenzte Rationalität und Paternalismusgefahr: Das Prinzip des schonendsten Paternalismus, in: Anderheiden, Michael/Heinig, Hans Michael/Bürkli, Peter (Hrsg.), Paternalismus und Recht, Tübingen 2006, S. 109 ff. (zit.: *van Aaken*, in: Anderheiden/Heinig/Bürkli, Paternalismus und Recht, S.)

Adams, Michael: Eigentum, Kontrolle und Beschränkte Haftung, Baden-Baden 1991 (zit. *Adams*, Eigentum, Kontrolle und Beschränkte Haftung, S.)

Adomeit, Klaus: Heteronome Gestaltung im Zivilrecht?, in: Merkl, Adolf et al. (Hrsg.): Festschrift für Hans Kelsen zum 90. Geburtstag, Wien 1971, S. 9 ff. (zit.: *Adomeit*, FS Kelsen, S.)

Akerlof, George: The Market for „Lemons“: Quality Uncertainty and the Market Mechanism, Q. J. Econ. 84 (1970), S. 488 ff.

Åkerman, Julian von: Der Kernbereich des Informationsrechts im Recht der Personengesellschaften, Hamburg 2002, zugleich Diss. Passau 2002 (zit.: *von Åkerman*, Der Kernbereich des Informationsrechts, S.)

Altmeppen, Holger: Kernbereichslehre, Bestimmtheitsgrundsatz und Vertragsfreiheit in der Personengesellschaft, NJW 2015, S. 2065 ff.

ders.: Der Kernbereich der Mitgliedschaft in der Personengesellschaft, in: Gesellschaftsrechtliche Vereinigung (Hrsg.), Gesellschaftsrecht in der Diskussion 2015, Köln 2016, S. 55 ff. (zit.: *Altmeppen*, in: Gesellschaftsrechtliche Vereinigung, Gesellschaftsrecht in der Diskussion 2015, S. 55)

Armbrüster, Christian: Grenzen der Gestaltungsfreiheit im Personengesellschaftsrecht, ZGR 2014, S. 333 ff.

Auer, Marietta: Materialisierung, Flexibilisierung, Richterfreiheit, Tübingen 2005, zugleich Diss. München 2003 (zit.: *Auer*, Materialisierung, Flexibilisierung, Richterfreiheit, S.)

Autenrieth, Karlheinz: Zur Ablösung des Bestimmtheitsgrundsatzes im Personengesellschaftsrecht, DB 1983, S. 1034 ff.

Ayres, Ian: Regulating Opt-Out: An Economic Theory of Altering Rules, Yale L.J. 121 (2012), S. 2032 ff.

Bachmann, Gregor: Private Ordnung, Tübingen 2006, zugleich Habil. Humboldt-Universität 2004 (zit.: *G. Bachmann*, Private Ordnung, S.)

ders.: Rezension zu Dirk Verse, Der Gleichbehandlungsgrundsatz im Recht der Kapitalgesellschaften, ZHR 171 (2007), S. 747 ff.

Bachmann, Gregor/Eidenmüller, Horst/Engert, Andreas/Fleischer, Holger/Schön, Wolfgang: Rechtsregeln für die geschlossene Kapitalgesellschaft, Berlin 2012 (zit.: *G. Bachmann/Eidenmüller/Engert/Fleischer/Schön*, Rechtsregeln für die geschlossene Kapitalgesellschaft, S.)

Baltzer, Johannes: Der Beschluß als rechtstechnisches Mittel organschaftlicher Funktion im Privatrecht, Köln 1965 (zit.: *Baltzer*, Der Beschluß, S.)

Bamberger, Heinz/Roth, Herbert/Hau, Wolfgang/Poseck, Roman: Kommentar zum Bürgerlichen Gesetzbuch, Band III (§§ 705–1017), 4. Auflage, München 2019 (zit.: *Bearbeiter*, in: Bamberger/Roth/Hau/Poseck, § Rn.)

Barbasch, Edith: Ausgewählte Probleme der „großen Familienkommanditgesellschaft", Baden-Baden 1989, zugleich Diss. Bielefeld 1986 (zit.: *Barbasch*, Familien KG, S.)

Barnert, Thomas: Die formelle Vertragsethik des BGB im Spannungsverhältnis zum Sonderprivatrecht und zur judikativen Kompensation der Vertragsdisparität, Heidelberg 1999, zugleich Diss. Augsburg 1998 (zit.: *Barnert*, Die formelle Vertragsethik des BGB, S.)

Baumbach, Adolf (Begr.)/Hopt, Klaus (Hrsg.): Handelsgesetzbuch, 38. Auflage, München 2018 (zit.: *Bearbeiter*, in: Baumbach/Hopt, § Rn.)

Baumbach, Adolf (Begr.)/*Hueck, Alfred* (Hrsg.): Gesetz betreffend die Gesellschaft mit beschränkter Haftung, 21. Auflage, München 2017 (zit.: *Bearbeiter*, in: Baumbach/Hueck, § Rn.)

Bechtold, Stefan: Die Grenzen zwingenden Vertragsrechts, Tübingen 2010, zugleich Habil. Tübingen 2009 (zit.: *Bechtold*, Die Grenzen zwingenden Vertragsrechts, S.)

Becker, Hans-Jürgen: Vermögensfähigkeit und Freiheit der Person. Zur Rechtsgeschichte des § 310 BGB, in: Hofmann, Paul/Meyer-Cording, Ulrich/Wiedemann, Herbert (Hrsg.), Festschrift für Klemens Pleyer zum 65. Geburtstag, Köln 1968, S. 485 ff. (zit.: *Becker*, FS Pleyer, S.)

Beckerhoff, Tom: Treupflichten bei der Stimmrechtsausübung und Eigenhaftung des Stimmrechtsvertreters, Frankfurt a.M. 1996, zugleich Diss. Bonn 1996 (zit.: *Beckerhoff*, Treupflichten bei der Stimmrechtsausübung, S.)

Behr, Volker: Neue Tendenzen im Recht der Ausschließung aus der Personengesellschaft – Besprechung der Entscheidung BGHZ 105, 213 ff., ZGR 1990, S. 370 ff.

Behrens, Peter: Die ökonomischen Grundlagen des Rechts, Tübingen 1986 (zit.: *Behrens*, Die ökonomischen Grundlagen des Rechts, S.)

Bezzenberger, Tilman: Das Bezugsrecht der Aktionäre und sein Ausschluss, ZIP 2002, S. 1917 ff.

Bieder, Marcus: Das ungeschriebene Verhältnismäßigkeitsprinzip als Schranke privater Rechtsausübung, München 2007, zugleich Diss. Osnabrück 2006 (zit.: *Bieder*, Das ungeschriebene Verhältnismäßigkeitsprinzip, S.)

Bischoff, Thomas: Sachliche Voraussetzungen von Mehrheitsbeschlüssen in Kapitalgesellschaften, BB 1987, S. 1055 ff.

Blair, Margaret/Stout, Lynn: Trust, Trustworthiness, and the Behavioral Foundations of Corporate Law, U. Pa. L. Rev. 149 (2001), S. 1735 ff.

Boese, Norbert: Die Anwendungsgrenzen des Erfordernisses sachlicher Rechtfertigung bei HV-Beschlüssen, Köln 2004, zugleich Diss. Tübingen 2002 (zit.: *Boese*, Anwendungsgrenzen des Erfordernisses sachlicher Rechtfertigung, S.)

Brest, Paul/Krieger, Linda: Problem Solving, Decision Making, and Professional Judgment, New York 2010 (zit.: *Brest/Krieger*, Problem Solving, S.)

Brox, Hans/Walker, Wolf-Dietrich: Allgemeiner Teil des BGB, 43. Auflage, München 2019 (zit.: *Brox/Walker*, BGB AT, § Rn.)

Busche, Jan: Privatautonomie und Kontrahierungszwang, Tübingen 1999, zugleich Habil. Freie Universität Berlin 1998 (zit.: *Busche*, Privatautonomie und Kontrahierungszwang, S.)

Buriánek, Ferdinand: Vertragsgestaltung bei hybriden Leistungsangeboten, Wiesbaden 2009, zugleich Diss. Technische Universität München 2009 (zit.: *Buriánek*, Vertragsgestaltung bei hybriden Leistungsangeboten, S.)

Bydlinski, Franz: Privatautonomie und objektive Grundlagen des verpflichtenden Rechtsgeschäftes, Wien 1967 (zit.: *Bydlinski*, Privatautonomie, S.)

Cahn, Andreas: Zur Treuepflicht im Arbeits- und Gesellschaftsrecht, in: Hanau, Peter/Lorenz, Egon/Matthes, Hans (Hrsg.), Festschrift für Günther Wiese zum 70 Geburtstag, München 1998, S. 71 ff. (zit.: *Cahn*, FS Wiese, S.)

Carney, William: The Teory of the Firm: Investor Coordination Costs, Control Premiums and Capital Structure, Wash. U. L. Q. 1 (1987), S. 1 ff.

Cheffins, Brian: Company Law. Theorey, Structure and Operation, Oxford 1997 (zit.: *Cheffins*, Company Law, S.)

Coase, Ronald: The problem of social cost, J. L. & Econ. 3 (1960), S. 1 ff.

Coing, Helmut: Zur Auslegung der Verträge von Personengesellschaften, ZGR 1978, S. 559 ff.

Cornett, Christian: Treubindung gegenüber dem Eigeninteresse abhängiger Gesellschaften, Berlin 2003, zugleich Diss. Heidelberg 2002 (zit.: *Cornett*, Treubindung gegenüber dem Eigeninteresse abhängiger Gesellschaften, S.)

Cosack, Konrad: Lehrbuch des Handelsrechts, 6. Auflage, Stuttgart 1903 (zit.: *Cosack*, Handelsrechts, Abschnitt, S.)

Dauner-Lieb, Barbara: Verbraucherschutz durch Ausbildung eines Sonderprivatrechts für Verbraucher, Berlin 1983, zugleich Diss. Tübingen 1982 (zit.: *Dauner-Lieb*, Verbraucherschutz, S.)

Dauner-Lieb, Barbara/Heidel, Thomas/Ring, Gerhard: Nomos Kommentar BGB, Band II, Teilband 2 (§§ 611–853), 3. Auflage, Baden-Baden 2016 (zit.: *Bearbeiter*, in: NK-BGB, § Rn.)

Drexl, Josef: Die wirtschaftliche Selbstbestimmung des Verbrauchers, Tübingen 1998, zugleich Habil. München 1996 (zit.: *Drexl*, Die wirtschaftliche Selbstbestimmung, S.)

Dumser, Klaus: Beschränkungen der Mehrheitsmacht bei gesetzestypische ausgestalteten Personengesellschaften, Hamburg 2008, zugleich Diss. Bayreuth 2007 (zit.: *Dumser*, Beschränkungen der Mehrheitsmacht, S.)

Ebenroth, Carsten/Boujong, Karlheinz (Begr.)/*Joost, Detlev/Strohn, Lutz* (Hrsg.): Handelsgesetzbuch, Band I (§§ 1–342e), 3. Auflage, München 2014 (zit.: *Bearbeiter*, in: Ebenroth/Boujong/Joost/Strohn, § Rn.)

Eidenmüller, Horst: Effizienz als Rechtsprinzip, 4. Auflage, Tübingen 2015 (zit.: *Eidenmüller*, Effizienz als Rechtsprinzip, Abschnitt, S.)

ders.: Der homo oeconomicus und das Schuldrecht: Herausforderungen durch Behavioral Law und Economics, JZ 2005, S. 216 ff.

ders.: Liberaler Paternalismus, JZ 2011, S. 814 ff.

ders.: Beschränkungen der Niederlassungsfreiheit und ihre Rechtfertigung, in: Eidenmüller, Horst (Hrsg.), Ausländische Kapitalgesellschaften im deutschen Recht, § 3 (zit.: *Eidenmüller*, in: Eidenmüller, Ausländische Kapitalgesellschaften im deutschen Recht, Abschnitt Rn.)

Eisenberg, Melvin: The structure of corporation law, Colum. L. Rev 89 (1989), S. 1461 ff.

ders.: The Limits of Cognition and the Limits of Contract, Stan. L. Rev. 47 (1995), S. 211 ff.

Enzinger, Michael: Mehrheitsbeschlüsse bei Personengesellschaften, Wien 1995, zugleich Habil. Wien 1990 (zit.: *Enzinger*, Mehrheitsbeschlüsse, S.)

Erman, Walter: Verwaltung der Rechte eines Kommanditisten durch einen persönlich haftenden Gesellschafter der Kommanditgesellschaft, in: Dietz, Rolf/Hübner, Heinz (Hrsg.), Festschrift für Hans Carl Nipperdey zum 70. Geburtstag, Band I, München 1965, S. 277 ff. (zit.: *Erman*, FS Nipperdey, S.)

ders. (Begr.): Handkommentar Bürgerliches Gesetzbuch, Band I (§§ 1–761), 15. Auflage, Köln 2017 (zit.: *Bearbeiter*, in: Erman, § Rn.)

Esser, Josef/Schmidt, Eike: Schuldrecht, Band I, Teilband 1, 8. Auflage, Heidelberg 1995 (zit.: *Esser/Schmidt*: Schuldrecht I/1, Abschnitt, S.)

Eucken, Walter (Begr.): Grundsätze der Wirtschaftspolitik, 6. Auflage, Tübingen 1990 (zit.: *Eucken*, Grundsätze der Wirtschaftspolitik, S.)

Fastrich, Lorenz: Funktionales Rechtsdenken am Beispiel des Gesellschaftsrechts, Berlin 2001 (zit.: *Fastrich*, Funktionales Rechtsdenken, S.)

ders.: Materielle Beschlusskontrolle – eine Skizze, in: Hönn, Günther/Oetker, Hartmut/Raab, Thomas (Hrsg.), Festschrift für Peter Kreutz zum 70. Geburtstag, Köln 2010, S. 585 ff. (zit.: *Fastrich*, FS Kreutz, S.)

Fischer, Robert: Die Weiterbildung des Rechts durch die Rechtsprechung, Karlsruhe 1971 (zit.: *Fischer*, Weiterbildung des Rechts, S.)

ders.: Gedanken über einen Minderheitenschutz bei den Personengesellschaften, in: Fischer, Robert/Möhring, Philipp/Westermann, Harry (Hrsg.), Wirtschaftsfragen der Gegenwart, Festschrift für Carl Hans Barz zum 65. Geburtstag am 6. Dezember 1974, Berlin 1974, S. 33 ff. (zit.: *Fischer*, FS Barz, S.)

Fleischer, Holger: Vertragschlußbezogene Informationspflichten, ZEuP 2000, S. 772 ff.

ders.: Informationsasymmetrie im Vertragsrecht, München 2001, zugleich Habil. Köln 1998 (zit.: *Fleischer*, Informationsasymmetrie, S.)

ders.: Grundfragen der ökonomischen Theorie im Gesellschafts- und Kapitalmarktrecht, ZGR 2001, S. 1 ff.

ders.: Die „Business Judgment Rule" im Spiegel von Rechtsvergleichung und Rechtsökonomie, in: Wank, Rolf et al. (Hrsg.), Festschrift für Herbert Wiedemann zum 70. Geburtstag, München 2002, S. 827 ff (zit.: *Fleischer*, FS Wiedemann, S.)

ders.: Gesetz und Vertrag als alternative Problemlösungsmodelle im Gesellschaftsrecht, ZHR 168 (2004), S. 673 ff.

Fleischer, Holger/Goette, Wulf: Münchener Kommentar zum GmbHG, Band I (§§ 1–34), 3. Auflage, München 2018, (zit.: *Bearbeiter*, in: MüKo GmbHG, § Rn.)

Fleischer, Holger/Harzmeier, Lars: Zur Abdingbarkeit der Treuepflichten bei Personengesellschaft und GmbH, NZG 2015, S. 1289 ff.

Flume, Werner: Rechtsgeschäfte und Privatautonomie, in: v. Caemmerer, Ernst/Friesenhahn, Ernst/Lange, Richard (Hrsg.), Hundert Jahre Deutsches Rechtsleben. Festschrift zum hundertjährigen Bestehen des Deutschen Juristentages 1860–1960, Band I, Karlsruhe 1960, S.135 ff. (zit. *Flume*, FS DJT I, S.)

ders.: Allgemeiner Teil des Bürgerlichen Rechts, Band I, Teilband 1, Die Personengesellschaft, Berlin 1977 (zit.: *Flume*, Die Personengesellschaft, Abschnitt, S.); Band II, Das Rechtsgeschäft, 4. Auflage, Berlin 1992 (zit.: *Flume*, Das Rechtsgeschäft, Abschnitt, S.)

Hetherington, John/Dooley, Michael: Illiquidity and Exploitation; A Proposed Statutory Solution to the Remaining Close Corporation Problem, Va. L. Rev. 63 (1977), S. 1 ff.

Hey, Felix: Freie Gestaltung in Gesellschaftsverträgen und ihre Schranke, München 2004, zugleich Habil. München 2000 (zit.: *Hey*, Freie Gestaltung in Gesellschaftsverträgen, S.)

Heymann, Ernst (Begr.): Handelsgesetzbuch, Band II, (§§105–237), 2. Auflage, Berlin 1996 (zit.: *Bearbeiter*, in: Heymann, § Rn.)

Hofmann, Christian: Der Minderheitsschutz im Gesellschaftsrecht, Berlin 2011, zugleich Habil. Humboldt-Universität Berlin 2009 (zit.: *Hofmann*, Minderheitsschutz, S.)

Holler, Lorenz: Grenzen der Mehrheitsmacht in Personengesellschaften, DB 2008, S. 2067 ff.

ders.: Sanierung aus wichtigem Grund – Neues zur mehrheitlichen Vertragsänderung und Beschlusskontrolle in (Publikums-)Personengesellschaften, ZIP 2010, S. 1678 ff.

Hommel, Ulrich/Knecht, Thomas/Wohlenberg, Holger: Handbuch Unternehmensrestrukturierung, Wiesbaden 2006 (zit.: *Hommel/Knecht/Wohlenberg*, Handbuch Unternehmensrestrukturierung, S.)

Hopt, Klaus/Wiedemann, Herbert: Aktiengesetz Großkommentar, Band II (§§53a–75), 4. Auflage, Berlin 2008; Band VII, Teilband 2 (§§ 241–277), 4. Auflage, Berlin 2013 (zit.: *Bearbeiter*, in: Großkommentar AktG, § Rn.)

Hueck, Alfred: Die Sittenwidrigkeit von Generalversammlungsbeschlüssen der Aktiengesellschaften und die Rechtsprechung des Reichsgerichts, in: Schreiber, Otto (Hrsg.), Die Reichsgerichtspraxis im deutschen Rechtsleben: Festgabe der juristischen Fakultäten zum 50jährigen Bestehen des Reichsgerichts, 4. Band, Berlin 1929, S. 167 ff. (zit.: *Hueck*, FG Reichsgericht, S.)

ders.: Der Grundsatz der gleichmässigen Behandlung im Privatrecht, München 1958 (zit.: *Hueck*, Der Grundsatz der gleichmässigen Behandlung S.)

Hüffer, Uwe: 100 Bände BGHZ: Personengesellschaftsrecht, ZHR 151 (1987), S. 396 ff.

Hüffer, Uwe (Begr.)/*Koch, Jens* (Hrsg.): Aktiengesetz Kommentar, 13. Auflage, München 2018 (zit.: *Bearbeiter*, in: Hüffer/Koch, § Rn.)

Illig, Robert: Minority Investor Protections as Default Norms: Using Price to Illuminate the Deal in Close Corporations, Am. U. L. Rev. 56 (2006), S. 275 ff.

Immenga, Ulrich: Bindung von Rechtsmacht durch Treuepflichten, in: Lutter, Marcus (Hrsg.), Festschrift 100 Jahre GmbH-Gesetz, Köln 1992, S. 189 ff. (zit.: *Immenga*, FS 100 Jahre GmbHG, S.)

ders.: Die Minderheitsrechte des Kommanditisten, ZGR 1974, S. 385 ff.

Jacoby, Jacob: Information Load and Decision Quality: Some Contested Issues, J. Marketing Res. 14 (1977), S. 569 ff.

Janke, Matthias: Gesellschaftsrechtliche Treuepflicht, Frankfurt a.M. 2003, zugleich Diss. Osnabrück 2002 (zit.: Janke, Gesellschaftsrechtliche Treuepflicht, S.)

Jauernig, Othmar (Begr.): Bürgerliches Gesetzbuch, 17. Auflage, München 2018 (zit.: *Bearbeiter*, in: Jauernig, § Rn.)

Jickeli, Joachim: Der langfristige Vertrag, Baden-Baden 1996, zugleich Habil. Tübingen 1994 (zit.: *Jickeli*, Der langfristige Vertrag, S.)

Johnston, Jason: Opting in and opting out: Bargaining for fiduciary duties in cooperative ventures, Wash. U. L. Q 70 (1992), S. 291 ff.

Jolls, Christine/Sunstein, Cass/Thaler, Richard: Behavioral Approach to Law and Economics, Stan. L. Rev. 50 (1998), S. 1471 ff.

Joos, Michael: Organschaft und Vertretung, Baden-Baden 2013, zugleich Diss. Freie Universität Berlin 2011 (zit.: *Joos*, Organschaft und Vertretung, S.)

Kalss, Susanne: Das Prinzip Selbstverantwortung im Gesellschaftsrecht, in: Riesenhuber, Karl (Hrsg.), Das Prinzip der Selbstverantwortung, Tübingen 2011, S. 359 ff. (zit.: *Kalss* in: Riesenhuber, Das Prinzip der Selbstverantwortung, S.)

Kähler, Lorenz: Private Disposition jenseits der Herrschaft des Gesetzes – zur Abdingbarkeit gesetzlicher Normen, in: Witt, Carl-Heinz/Casper, Matthias/Bednarz, Liane (Hrsg.), Jahrbuch Junger Zivilrechtswissenschaftler 2002, Stuttgart 2003, S. 181 ff. (zit.: *Kähler*, in: Witt/Casper/Bednarz, Jb.J.ZivRWiss. 2002, S.)

Kind, Sandra: Die Grenzen des Verbraucherschutzes durch Information – aufgezeigt am Teilzeitwohnrechtegesetz, Berlin 1998, zugleich Diss. Mainz 1997 (zit.: *Kind*, Grenzen des Verbraucherschutzes, S.)

Klein, Benjamin/Crawford, Robert/Alchian, Armen: Vertical Integration, Appropriable Rents, and the Competitive Contracting Process, J. L. & Econ. 21 (1978), S. 297 ff.

Klöhn, Lars: Kapitalmarkt, Spekulation und Behavioral Finance, Berlin 2006, zugleich Diss. Göttingen 2005 (zit. *Klöhn*, Kapitalmarkt, S.)

ders.: Minderheitenschutz im Personengesellschaftsrecht, AcP 216 (2016), S. 282 ff.

Klöhn, Lars/Schmolke, Klaus Ulrich: Unternehmensreputation (Corporate Reputation), NZG 2015, S. 689 ff.

Köhler, Helmut: Die Willensbildung in der OHG und KG, JA 1983, S. 168 ff.

ders.: BGB Allgemeiner Teil, 43. Auflage, München 2019 (zit.: *Köhler*, BGB AT, § Rn.)

Koppensteiner, Hans-Georg: Über Grenzen der Vertragsfreiheit im Innenverhältnis von GmbH und O(H)G, Der Gesellschafter 2009, S. 197 ff.

Korehnke, Stephan: Treuwidrige Stimmen im Personengesellschafts- und GmbH-Recht, Baden-Baden 1997, zugleich Diss. Köln 1996 (zit.: *Korehnke*, Treuwidrige Stimmen, S.)

Kötz, Hein: Vertragsrecht, Tübingen 2009 (zit.: *Kötz*, Vertragsrecht, Abschnitt, Rn.)

Krause, Peter: Die Rechtsprechung des Bundesverfassungsgerichts zum Privatrecht – Teil 2, JZ 1984, S. 711 ff.

Kraffel, Jörg/König, Wolfgang: Der Bestimmtheitsgrundsatz bei Mehrheitsklauseln in Personengesellschaftsverträgen – eine Neuorientierung der Rechtsprechung?, DStR 1996, S. 1129 ff.

Krohn, Timm: Individualschutz bei Beschlussfassung in OHG und KG, Diss. Bonn 2003 (zit.: *Krohn*, Individualschutz, S.)

Kübler, Friedrich/Assmann, Heinz-Dieter: Gesellschaftsrecht, 6.Auflage, Heidelberg 2006 (zit.: *Kübler/Assmann*, Gesellschaftsrecht, Abschnitt, S.)

Kumpan, Christoph: Der Interessenkonflikt im deutschen Privatrecht, Tübingen 2014, zugleich Habil. Universität Hamburg 2013 (zit.: *Kumpan*, Der Interessenkonflikt, S.)

ders.: Reputation im Unternehmensrecht, in: Brauer, Denise/Schuster, Gunnar (Hrsg.), Nachhaltigkeit im Bankensektor, Köln 2016, S. 323 ff. (zit.: *Kumpan*, in: Brauer/Schuster, Nachhaltigkeit im Bankensektor, S.)

Kuntz, Thilo: Geltung und Reichweite der Business Judgment Rule in der GmbH, GmbHR 2008, S. 121 ff.

ders.: Angemessenheit weiter formularmäßiger Zweckerklärungen bei Globalbürgschaften, Grundschulden und anderen Sicherungsrechten, AcP 209 (2009), S. 243 ff.

ders.: Informationsweitergabe durch die Geschäftsleiter beim Buyout unter Managementbeteiligung, Berlin 2009, zugleich Diss. Gießen 2007 (zit. *Kuntz*, Informationsweitergabe durch die Geschäftsleiter beim Buyout, S.)

ders.: Gestaltung von Kapitalgesellschaften zwischen Freiheit und Zwang, Tübingen 2016, zugleich Habil. Gießen 2013 (zit.: *Kuntz*, Gestaltung von Kapitalgesellschaften, S.)

Larenz, Karl: Lehrbuch des Schuldrechts, Band I, 14. Auflage, München 1987 (zit.: *Larenz*, Schuldrecht, Abschnitt, S.)

Lawall, Lars: Materielle Beschlußvoraussetzungen im GmbH-Recht, DStR 1997, S. 331 ff.

Leenen, Detlef: „Bestimmtheitsgrundsatz“ und Vertragsänderungen durch Mehrheitsbeschluß im Recht der Personengesellschaften, in: Canaris, Claus-Wilhelm/Diedrichs, Uwe (Hrsg.), Festschrift für Karl Larenz zum 80. Geburtstag am 23. April 1983, München 1983, S. 371 ff. (zit.: *Leenen*, FS Larenz, S.)

Lettl, Tobias: Die Anpassung von Personengesellschaftsverträgen (GbR, oHG) aufgrund von Zustimmungspflichten der Gesellschafter, AcP 202 (2002), S. 3 ff.

Lieb, Manfred: Schutzbedürftigkeit oder Eigenverantwortlichkeit?, DNotZ 1989, S. 274 ff.

Lockowandt, Peter: Stimmrechtsbeschränkungen im Recht der Personengesellschaften, Kernbereichslehre und Stimmrechtsausschluß, Berlin 1996, zugleich Diss. Bochum 1994 (zit.: *Lockowandt*, Stimmrechtsbeschränkungen im Recht der Personengesellschaften, S.)

Löffler, Joachim: Der Kernbereich der Mitgliedschaft als Schranke für Mehrheitsbeschlüsse bei Personengesellschaften, NJW 1989, S. 2656 ff.

Lutter, Marcus: Materielle und förmliche Erfordernisse eines Bezugsrechtsausschlusses, ZGR 1979, S. 401 ff.

ders.: Zur inhaltlichen Begründung von Mehrheitsentscheidungen – Besprechung der Entscheidung BGH WM 1980, 378, ZGR 1981, S. 171 ff.

ders.: Theorie der Mitgliedschaft, AcP 180 (1980), S. 84 ff.

ders.: Verhaltenspflichten von Organmitgliedern bei Interessenkonflikten, in: Hommelhoff, Peter/Rawert, Peter/Schmidt, Karsten (Hrsg.), Festschrift für Hans-Joachim Priester zum 70. Geburtstag, Köln 2007, S. 417 ff. (zit.: *Lutter*, FS Priester, S.)

von Lutz, Johann: Protokolle der Kommission zur Berathung eines Allgemeinen Deutschen Handelsgesetzbuches, I. Theil, Würzburg 1858 (zit.: *Lutz*, Protokolle zum ADHGB von 1861, S.)

MacNeil, Ian: The Many Futures of Contracts, S. Cal. L. Rev. 47 (1974), S. 691 ff.

Makower, Hermann: Handelsgesetzbuch mit Kommentar, Band I, 13. Auflage, Berlin 1906 (zit.: *Makower*, § Rn.)

Malhotra, Naresh: Information Load and Consumer Decision Making, Journal of Consumer Research 8 (1982), S. 419 ff.

Manesh, Mohsen: Contractual Freedom Under Delaware Alternative Entity Law: Evidence from Publicly Traded LPs and LLCs, J. Cor. L. 37 (2012), S. 555 ff.

Marburger, Peter: Abschied vom Bestimmtheitsgrundsatz im Recht der Personengesellschaften?, NJW 1984, S. 2252 ff.

Marsch-Barner, Reinhard: Treuepflichten zwischen Aktionären und Verhaltenspflichten bei der Stimmrechtsbündelung, ZHR 157 (1993), S. 172 ff.

Martens, Klaus-Peter: Bestimmtheitsgrundsatz und Mehrheitskompetenzen im Recht der Personengesellschaften, DB 1973, S. 413 ff.

Maunz, Theodor/Düring, Günter (Begr.): Grundgesetz Kommentar, Band I (Art. 1–5), Loseblattsammlung, Stand: August 2018, München (zit.: *Bearbeiter*, in: Maunz/Düring, Art. Rn.)

Mayer, Benjamin: Materielle Beschlusskontrolle im Kapitalgesellschaftsrecht, Berlin 2013, zugleich Diss. Freiburg 2013 (zit.: *Mayer*, Materielle Beschlusskontrolle im Kapitalgesellschaftsrecht, S.)

Mayer-Maly, Theo: Privatautonomie und Selbstverantwortung, in: Lampe, Ernst-Joachim (Hrsg.), Jahrbuch für Rechtssoziologie und Rechtstheorie 14 (1989), Opladen 1989, S. 268 ff. (zit.: *Mayer-Maly*, in: Lampe, Jahrbuch für Rechtssoziologie und Rechtstheorie 14 (1989), S.)

McDonnell, Brett: Sticky Defaults and Altering Rules in Corporate Law, SMU L. R. 60 (2007), S. 383 ff.

Means, Benjamin: A Contractual Approach to Shareholder Oppression Law, Fordham L. Rev. 79 (2011), S. 1161 ff.

Mecke, Thomas: Vertragsändernde Mehrheitsbeschlüsse in der OHG und KG, BB 1988, S. 2258 ff.

Menger, Matthias: Zulässigkeit und Grenzen der Lückenausfüllung im Innenrecht der Personengesellschaften: Ein Beitrag zur Rechtsfortbildung im Gesellschaftsrecht, Baden-Baden 1997, zugleich Diss. Tübingen 1996 (zit.: *Menger*, Lückenausfüllung im Innenrecht, S.)

Michalski, Lutz (Begr.): Kommentar zum Gesetz betreffend die Gesellschaften mit beschränkter Haftung, Band II (§§ 35–85); 3. Auflage, München 2017 (zit.: *Bearbeiter*, in: Michalski, § Rn.)

Miesen, Sebastian: Gesellschaftsrechtliche Hinauskündigungsklauseln in der Rechtsprechung des Bundesgerichtshofs, DStR 2006, S. 522 ff.

Miller, George: The Magical Number Seven, Plus or Minus Two: Some Limits on our Capacity for Processing Information, Psychological Review 63 (1956), S. 81 ff.

Molitor, Michael: Eat Your Vegetables (Or at Least Understand Why You Should): Can Better Warning and Education of Prospective Minority Owners Reduce Oppression in Closely Held Businesses?, Fordham J. Corp. & Fin. L. 14 (2009), S. 491 ff.

Möllers, Thomas/Kernchen, Eva: Information Overload am Kapitalmarkt, ZGR 2011, S. 1 ff.

Moll, Douglas: Minority Oppression & the Limited Liability Company: Learning (or not) from Close Corporation History, Wake Forest L. Rev. 40 (2005), S. 883 ff.

Möslein, Florian: Dispositives Recht, Tübingen 2011, zugleich Habil. Humboldt-Universität Berlin 2010 (zit.: *Möslein*, Dispositives Recht, S.)

Mugdan, Benno: Die gesamten Materialien zum Bürgerlichen Gesetzbuch für das deutsche Reich, Band I (Einführungsgesetz und Allgemeiner Theil), Berlin 1899; Band II (Recht der Schuldverhältnisse), Berlin 1899 (zit.: *Mugdan*, Materialien zum Bürgerlichen Gesetzbuch, Band, S.)

Müller-Graf, Peter-Christian: Das Prinzip der Selbstverantwortung im heutigen Privatrecht – Europarechtliche Grundlagen, in: Riesenhuber, Karl (Hrsg.), Das Prinzip der Selbstverantwortung, Tübingen 2011, S. 139 ff. (zit.: *Müller-Graf*, in: Riesenhuber, Das Prinzip der Selbstverantwortung, S.)

Mutter, Stefan: Unternehmerische Entscheidungen und Haftung des Aufsichtsrats der Aktiengesellschaft, Köln 1994, zugleich Diss. Tübingen 1994 (zit.: *Mutter*, Unternehmerische Entscheidungen, S.)

Natterer, Joachim: Kapitalveränderung der Aktiengesellschaft, Bezugsrecht der Aktionäre und ‚sachlicher Grund', Bielefeld 2002, zugleich Diss. Passau 1998 (zit.: *Natterer*, Kapitalveränderung der Aktiengesellschaft, S.)

Nitschke, Manfred: Die körperschaftlich strukturierte Personengesellschaft, Bielefeld 1970, zugleich Habil. Münster 1966 (zit.: *Nitschke*, Körperschaftliche Personengesellschaft, S.)

Oetker, Hartmut: Das Dauerschuldverhältnis und seine Beendigung, Tübingen 1994, zugleich Habil. Kiel 1993 (zit.: *Oetker*, Das Dauerschuldverhältnis, S.)

ders.: Kommentar zum Handelsgesetzbuch, 6. Auflage, München 2019 (zit.: *Bearbeiter*, in: Oetker, § Rn.)

O'Kelly, Charles: Filling Gaps in the Close Corporation Contract: A Transaction Cost Analysis, Nw. U. L. Rev. 87 (1992), S. 216 ff.

Ott, Claus: Anmerkung zu BGH, Urt. v. 10.10.1994 – II ZR 18/94, WuB II G. § 119 HGB 1.95, S. 756 ff.

Ott, Claus/Schäfer, Hans-Bernd: Die ökonomische Analyse des Rechts – Irrweg oder Chance wissenschaftlicher Rechtserkenntnis?, JZ 1988, S. 213 ff.

Paefgen, Walter: Unternehmerische Entscheidung und Rechtsbindung der Organe in der AG, Köln 2002, zugleich Habil. Tübingen 2002 (zit.: *Paefgen*, Unternehmerische Entscheidung, S.)

Perakis, Evanghelos: Rights of Minority Shareholders General Report, in: Perakis, Evanghelos (Hrsg.), Rights of Minority Shareholders, Brüssel 2004, S. 9 ff. (zit.: *Perakis*, in: Perakis, Rights of Minority Shareholders, S.)

Phelps, Ruth/Shanteau, James: Livestock judges: How much information can an expert use?, Organ. Behav. Hum. Perform. 21 (1978), S. 209 ff.

Plum, Maria: Der Fortschreitende Strukturwandel der Personengesellschaft durch Vertragsgestaltung, in: v. Caemmerer, Ernst/Friesenhahn, Ernst/Lange, Richard (Hrsg.), Hundert Jahre Deutsches Rechtsleben. Festschrift zum hundertjährigen Bestehen des Deutschen Juristentages 1860–1960, Band II, Karlsruhe 1960, S. 137 ff. (zit. *Plum*, FS DJT II, S.)

Priester, Hans-Joachim: Feststellung des Jahresabschlusses bei der Personenhandelsgesellschaft, in: Häuser, Franz et al. (Hrsg.), Festschrift für Walther Hadding zum 70. Geburtstag am 8. Mai 2004, Berlin 2004, S. 607 ff. (zit.: *Priester*, FS Hadding, S.)

ders.: Vergütung an Komplementäre: Regelungsebene – Organkompetenzen – Jahresabschluss, in: Carlé, Dieter/Stahl, Rudolf/Strahl, Martin (Hrsg.), Gestaltung und Abwehr im Steuerrecht, Festschrift für Klaus Korn zum 65. Geburtstag am 28. Januar 2005, Bonn 2005, S. 377 ff. (zit.: *Priester*, FS Korn, S.)

ders.: Jahresabschlussfeststellung bei Personengesellschaften: Grundlagengeschäft? – Mehrheitsregeln – Thesaurierung im Konzern, DStR 2007, S. 28 ff.

ders.: Gewinnverwendung durch Mehrheitsentscheidung bei Personengesellschaffen, in: Burgard, Ulrich et al. (Hrsg.), Festschrift für Uwe H. Schneider zum 70. Geburtstag, Köln 2011, S. 985 ff. (zit.: *Priester*, FS Schneider, S.)

ders.: Mehrheitserfordernisse bei Änderung von Mehrheitsklauseln, NZG 2013, S. 321 ff.

ders.: Eine Lanze für die Kernbereichslehre, NZG 2015, S. 529 ff.

ders.: Geltung einer allgemeinen Mehrheitsklausel in einem Personengesellschaftsvertrag auch für Grundlagen- und ungewöhnliche Geschäfte, EWiR 2015, S. 71 f.

Ragazzo, Robert: Toward a Delaware Common Law of Closely Held Corporations, Wash. U. L. Q. 77 (1999), S. 1099 ff.

Rehberg, Markus: Der staatliche Umgang mit Informationen, in: Eger, Thomas/Schäfer, Hans-Bernd (Hrsg.), Ökonomische Analyse der europäischen Zivilrechtsentwicklung, Tübingen 2007, S. 284 ff. (zit.: *Rehberg*, in: Eger/Schäfer, Ökonomische Analyse der Zivilrechtsentwicklung, S.)

Reinhardt, Rudolf: Gedanken zum Identitätsproblem bei der Einmanngesellschaft, in: Nipperdey, Hans (Hrsg.), Festschrift für Heinrich Lehmann zum 80. Geburtstag, Band II, Berlin 1965, S. 576 ff. (zit.: *Reinhardt*, FS Lehmann, S.)

Renkl, Günter: Der Gesellschafterbeschluß, Stuttgart 1982 (zit.: *Renkl*, Gesellschafterbeschluß, S.)

Richter, Rudolf/Furubotn, Eirik: Neue Institutionenökonomik, 4. Auflage, Tübingen 2010 (zit.: *Richter/Furubotn*, Neue Institutionenökonomik, Abschnitt, S.)

Riesenhuber, Karl: Das Prinzip der Selbstverantwortung in: Riesenhuber, Karl (Hrsg.), Das Prinzip der Selbstverantwortung, Tübingen 2011, S. 1 ff. (zit.: *Riesenhuber*, in: Riesenhuber, Das Prinzip der Selbstverantwortung, S.)

Risse, Jörg/Höfling, Tobias: Leitplankentheorie statt Bestimmtheitsgrundsatz und Kernbereichslehre, NZG 2017, S. 1131 ff.

Röhricht, Volker: Von Rechtswissenschaft und Rechtsprechung, ZGR 1999, S. 445 ff.

Röhricht, Volker/Graf von Westphalen, Friedrich/Haas, Ulrich: Handelsgesetzbuch, 5. Auflage, Köln 2019 (zit.: *Bearbeiter*, in: Röhricht/Graf von Westphalen/Haas, § Rn.)

Roth, Günter: Vertragsänderungen im Kernbereich, JBl 2005, S. 80 ff.

Röttger, Robert: Die Kernbereichslehre im Recht der Personenhandelsgesellschaften, Heidelberg 1989, zugleich Diss. Universität Hamburg 1987 (zit.: *Röttger*, Die Kernbereichslehre, S.)

Ruffner, Markus: Die ökonomischen Grundlagen eines Rechts der Publikumsgesellschaft, Zürich 2000 (zit.: *Ruffner*, Grundlagen eines Rechts der Publikumsgesellschaft, S.)

Säcker, Franz Jürgen/Rixecker, Roland/Oetker, Hartmut/Limperg, Bettina: Münchener Kommentar zum Bürgerlichen Gesetzbuch, Band I (§§ 1–240), 8. Auflage, München 2019; Band II (§§ 241–310), 8. Auflage, München 2019; Band VI (§§ 705–853), 7. Auflage, München 2017 (zit.: *Bearbeiter*, in: MüKo BGB, § Rn.)

Sanders, Anne: Statischer Vertrag und dynamische Vertragsbeziehung, Bielefeld 2008, zugleich Diss. Köln 2007 (zit.: *Sanders*, Statischer Vertrag, S.)

Schäfer, Carsten: Der Stimmrechtslose GmbH-Geschäftsanteil, Köln 1997, zugleich Diss. Heidelberg 1996 (zit.: *Schäfer*, Der Stimmrechtslose GmbH-Geschäftsanteil, S.)

ders.: Vom Einstimmigkeitsprinzip zum treupflichtgetragenen Mehrheitsentscheid, ZGR 2013, S. 237 ff.

ders.: Gibt es noch einen Schutz des Kernbereichs der Mitgliedschaft?, ZIP 2015, S. 1313 ff.

ders.: Brauchen wir mehr (oder weniger) Gestaltungsfreiheit im Personengesellschaftsrecht?, Beilage zu ZIP 22/2016, S. 63 ff.

Schäfer, Hans-Bernd/Ott, Claus: Lehrbuch der ökonomischen Analyse des Zivilrechts, 5. Auflage, Berlin 2012 (zit.: *Schäfer/Ott*, Ökonomische Analyse des Zivilrechts, Abschnitt, S.)

Schiessl, Maximilian: Zur Zukunft des Bestimmtheitsgrundsatzes im Recht der Personengesellschaft, DB 1986, S. 735 ff.

Schlegelberger, Franz (Begr.): Handelsgesetzbuch, Band III, Teilband 1 (§§ 105–160), 5. Auflage, München 1992; Band III, Teilband 2 (§§ 161–177a, 335–342), 5. Auflage, München 1986 (zit.: *Bearbeiter*, in: Schlegelberger, § Rn.)

Schmidt, Karsten: Die obligatorische Gruppenvertretung im Recht der Personengesellschaften und der GmbH, ZHR 146 (1982), S. 525 ff.

ders.: Mehrheitsregelungen in GmbH & Co.-Verträgen, ZHR 158 (1994), S. 205 ff.

ders.: Anmerkung zu BGH, Urt. v. 10.10.1994 – II ZR 18/94, JZ 1995, S. 313 f.

ders.: Gesellschaftsrecht, 4. Auflage, Köln 2002 (zit.: *Schmidt*, Gesellschaftsrecht, Abschnitt, S.)

ders.: Mehrheitsbeschlüsse in Personengesellschaften, ZGR 2008, S. 1 ff.

ders.: Münchener Kommentar zum Handelsgesetzbuch, Band II (§§ 105–160), 4. Auflage, München 2016; Band III (§§ 161–237), 4. Auflage, München 2019 (zit.: *Bearbeiter*, in: MüKo HGB, § Rn.)

Schmitz, Carsten: Das Grundlagengeschäft in der Personengesellschaft, Hamburg 1999, zugleich Diss. Mainz 1999 (zit.: *Schmitz*, Das Grundlagengeschäft, S.)

Schmolke, Klaus Ulrich: Grenzen der Selbstbindung im Privatrecht, Tübingen 2014, zugleich Habil. Bucerius Law School 2012 (zit.: *Schmolke*, Grenzen der Selbstbindung, S.)

Schneider, Uwe: Die Änderung des Gesellschaftsvertrages einer Personengesellschaft durch Mehrheitsbeschluß, ZGR 1972, S. 357 ff.

Schneider, Herbert/Schneider, Uwe: Die Organisation der Gesellschafterversammlung bei Personengesellschaften, in: Hefermehl, Wolfgang/Nirk, Rudolf/Westermann, Harry (Hrsg.), Festschrift für Philipp Möhring, München 1975, S. 271 ff. (zit.: *H. Schneider/U. Schneider*, FS Möhring 1975, S.)

Schockenhoff, Martin: Gesellschaftsinteresse und Gleichbehandlung beim Bezugrechtsausschluß, Köln 1988, zugleich Diss. 1987 Tübingen (zit.: *Schockenhoff*, Gesellschaftsinteresse, S.)

ders.: Der Grundsatz der Vereinsautonomie, AcP 193 (1993), S. 35 ff.

Scholz, Franz (Begr.): Kommentar zum GmbH-Gesetz, Band I (§§ 1–34), 12. Auflage, Köln 2018; Band III (§§ 53–85), 11. Auflage, Köln 2015 (zit.: *Bearbeiter*, in: Scholz, § Rn.)

Scholz, Kai-Steffen: Beschlussmängelstreitigkeiten in Personengesellschaften – Verselbstständigung auch im Innenverhältnis, WM 2006, S. 897 ff.

Scholz, Philipp: Bericht über die Diskussion des Referats Altmeppen, in: Gesellschaftsrechtliche Vereinigung (Hrsg.), Gesellschaftsrecht in der Diskussion 2015, Köln 2016, S. 67 ff. (zit.: *P. Scholz,* in: Gesellschaftsrechtliche Vereinigung, Gesellschaftsrecht in der Diskussion 2015, S. 67)

Schön, Wolfgang: Zwingendes Recht und informierte Entscheidung – zu einer (neuen) Grundlage unserer Zivilrechtsordnung, in: Heldrich, Andreas/Prölss, Jürgen/Koller, Ingo (Hrsg.), Festschrift für Claus-Wilhelm Canaris zum 70. Geburtstag, Band I, München 2007, S. 1191 ff. (zit.: *Schön*, FS Canaris, S.)

Schubert, Werner/Schmiedel, Burkhard/Krampe, Christoph: Quellen zum Handelsgesetzbuch von 1897, Band II, Teilband 2, Frankfurt a.M. 1988 (zit.: *Schubert/Schmiedel/Krampe*, Quellen zum HGB von 1897, S.)

Schulte, Theodor: Die Schrankenproblematik der Mehrheitsbeschlüsse bei der „normalen" Personengesellschaft, Diss. Münster 1982 (zit.: *Schulte*, Schrankenproblematik, S.)

Schulze-Osterloh, Joachim: Das Grundlagengeschäft zwischen Geschäftsführungsmaßnahmen und Änderungen des Gesellschaftsvertrages, in: Häuser, Franz et al. (Hrsg.), Festschrift für Walther Hadding zum 70. Geburtstag am 8. Mai 2004, Berlin 2004, S. 637 ff. (zit.: *Schulze-Osterloh*, FS Hadding, S.)

Schünemann, Wolfgang: Mündigkeit versus Schutzbedürftigkeit in: Pfeiffer, Gerd/Krummer, Joachim/Scheuch, Silke (Hrsg.), Festschrift für Hans Erich Brandner, Köln 1996, S. 279 ff. (zit.: *Schünemann*, FS Brandner, S.)

Schweizer, Urs: Vertragstheorie, Tübingen 1999 (zit.: *Schweizer*, Vertragstheorien, S.)

Seidel, Thorsten/Wolf, Maximilian: Minderheitenschutz in der Gesellschaft – Bedeutung der Kernbereichslehre in der neueren BGH-Rechtsprechung, BB 2015, S. 2563 ff.

Semler, Johannes: Einschränkung der Verwaltungsbefugnisse in einer Aktiengesellschaft, BB 1983, S. 1567 ff.

Sigle, Walter: Anmerkungen zum Bestimmtheitsgrundsatz und zur Kernbereichslehre im Recht der Personengesellschaften auf der Grundlage der OTTO-Entscheidung des BGH, in: Kindler, Peter et al. (Hrsg.), Festschrift für Uwe Hüffer zum 70. Geburtstag, München 2010, S. 973 ff. (zit.: *Sigle*, FS Hüffer, S.)

Simon, Herbert: A Behavioral Model of Rational Choice, Q. J. Econ. 69 (1955), S. 99 ff.

Singer, Reinhard: Selbstbestimmung und Verkehrsschutz im Recht der Willenserklärung, München 1995, zugleich Habil. München 1993 (zit.: *Singer*, Selbstbestimmung und Verkehrsschutz, S.)

Soergel, Hans Theodor (Begr.): Bürgerliches Gesetzbuch mit Einführungsgesetz und Nebengesetzen, Band I (§§ 1–103), 13. Auflage, Stuttgart 2000; Band II (§§ 104–240), 13. Auflage, Stuttgart 1999; Band V, Teilband 3a (§§ 311–314), 13. Auflage, Stuttgart 2014; Band XI, Teilband 1 (§§ 705–758), 13. Auflage, Stuttgart 2011 (zit.: *Bearbeiter* in: Soergel, § Rn.)

Sonnenberg, Thomas: Die Änderung des Gesellschaftszwecks, Frankfurt a.M. 1990, zugleich Diss. Köln 1989 (zit.: *Sonnenberg*, Die Änderung des Gesellschaftszwecks, S.)

Späth, Johannes: Änderungen des Gesellschaftsvertrags einer Personengesellschaft durch Mehrheitsbeschluß, München 1997, zugleich Diss. München 1996 (zit.: *Späth*, Änderungen des Gesellschaftsvertrags, S.)

Spengler, Albrecht: Mehrheitsbeschlüsse bei Personengesellschaften und deren Schranken, in: Hefermehl, Wolfgang/Nipperdey Hans Carl (Hrsg.), Festschrift für Philipp Möhring, München 1965, S. 165 ff. (zit.: *Spengler*, FS Möhring 1965, S.)

Spindler, Gerald/Stilz, Eberhard: Kommentar zum Aktiengesetz, Band I (§§ 1–149), 4. Auflage, München 2019; Band II (§§ 150–410), 4. Auflage, München 2019 (zit.: *Bearbeiter*, in: Spindler/Stilz, § Rn.)

Staub, Hermann (Begr.): Handelsgesetzbuch, Band III (§§ 105–160), 5. Auflage, Berlin 2009; Band IV (§§ 161–236), 5. Auflage, Berlin 2015 (zit.: *Bearbeiter*, in: Staub, § Rn.)

Staudinger, Julius von (Begr.): Kommentar zum Bürgerlichen Gesetzbuch, §§ 134–138, 13. Bearbeitung, Stand 2017, Berlin; §§ 311–311c, 13. Bearbeitung, Stand 2018, Berlin; §§ 705–740, 13. Bearbeitung, Stand 2003, Berlin (zit.: *Bearbeiter*, in: Staudinger, § Rn.)

Steinbeck, Anja: Vereinsautonomie und Dritteinfluß, Berlin 1999, zugleich Habil. Mainz 1998 (zit.: *Steinbeck*, Vereinsautonomie, S.)

Strothmann, York/Vieregge, Ralf: Gesellschaft bürgerlichen Rechts und ordentliche Kündigung, in: Jagenburg, Walter/Maier-Reimer, Georg/Verhoeven, Thomas (Hrsg.), Festschrift für Walter Oppenhoff, München 1985, S. 451 ff. (zit.: *Strothmann/Vieregge*, FS Oppenhoff, S.)

Teichmann, Arndt: Gestaltungsfreiheit in Gesellschaftsverträgen, München 1970, zugleich Habil. Göttingen 1968 (zit.: *Teichmann*, Gestaltungsfreiheit in Gesellschaftsverträgen, S.)

Timm, Wolfram: Der Mißbrauch des Auflösungsbeschlusses durch den Mehrheitsgesellschafter, JZ 1980, S. 665 ff.

ders.: Zur Sachkontrolle von Mehrheitsentscheidungen im Kapitalgesellschaftsrecht – dargestellt am Beispiel der „strukturverändernden Entscheidungen", ZGR 1987, S. 403 ff.

Thiele, Wolfgang: Die Zustimmungen in der Lehre vom Rechtsgeschäft, Köln 1966, zugleich Habil. Universität Hamburg 1966 (zit.: *Thiele*, Die Zustimmungen in der Lehre vom Rechtsgeschäft, S.)

Torggler, Ulrich/Torggler, Hellwig: Zum (rechtsformübergreifenden) Kern der gesellschaftsrechtlichen Kernbereichslehre, in: Altmeppen, Holger/Fitz, Hanns/Honsell, Heinrich (Hrsg.): Festschrift für Günter H. Roth zum 70. Geburtstag, München 2011, S. 831 ff. (zit.: *U. Torggler/H. Torggler*, FS Roth, S.)

Tversky, Amos/Kahneman, Daniel: The framing of decisions and the psychology of choice, Science 211 (1981), S. 453 ff.

Ulen, Thomas: Information in the Market Economy – Cognitive Errors and Legal Correctives, in: Grundmann, Stefan/Kerber, Wolfgang/Weatherill, Stephen (Hrsg.), Party Autonomy and the Role of Information in the Internal Market, S. 98 ff. (zit.: *Ulen*, in: Grundmann/Kerber/Weatherill, Party Autonomy, S.)

Ulmer, Peter: Kündigungsschranken im Handels- und Gesellschaftsrecht, in: Hefermehl, Wolfgang/Nirk, Rudolf/Westermann, Harry (Hrsg.), Festschrift für Philipp Möhring, München 1975, S. 294 ff. (zit.: *Ulmer*, FS Möhring 1975, S.)

ders.: Gewinnanspruch und Thesaurierung in OHG und KG, in: Schneider, Uwe et al. (Hrsg.), Festschrift für Marcus Lutter zum 70. Geburtstag, Köln 2000, S. 935 ff. (zit.: *Ulmer*, FS Lutter, S.)

ders.: Mehrheitsbeschlüsse in Personengesellschaften: definitiver Abschied vom Bestimmtheitsgrundsatz, ZIP 2015, S. 657 ff.

Ulmer, Peter/Habersack, Mathias/Löbbe, Marc: Gesetz betreffend die Gesellschaften mit beschränkter Haftung, Band I (§§ 1–28), 2. Auflage, Tübingen 2013; Band II (§§ 29–52), 2.Auflage, Tübingen 2014 (zit.: *Bearbeiter*, in: Ulmer/Habersack/Löbbe, § Rn.)

Verse, Dirk: Der Gleichbehandlungsgrundsatz im Recht der Kapitalgesellschaften, Tübingen 2006, zugleich Habil. Mainz 2006 (zit.: *Verse*, Gleichbehandlungsgrundsatz, S.)

Volhard, Rüdiger: „Siemens/Nold“: Die Quittung, AG 1998, S. 397 ff.

Vorwerk, Klaus/Wimmers, Jörg: Treubindung des Mehrheitsgesellschafters oder der Gesellschaftermehrheit bei Beschlußfassung in der GmbH-Gesellschafterversammlung, GmbHR 1989, S. 717 ff.

Walz, Rainer: Privatautonomie oder rechtliche Intervention bei der Ausstattung und Änderung von Gesellschaftsrechten?, in: Ott, Claus/Schäfer, Hans-Bernd (Hrsg.), Ökonomische Analyse des Unternehmensrechts, Heidelberg 1993, S. 50 ff. (zit.: *Walz*, in: Ott/Schäfer, Ökonomische Analyse des Unternehmensrechts, S.)

Wandrey, Marcus: Materielle Beschlusskontrolle im Aktienrecht, München 2012, zugleich Diss. München 2011 (zit.: *Wandrey*, Materielle Beschlusskontrolle im Aktienrecht, S.)

Weber, Christoph: Privatautonomie und Außeneinfluss im Gesellschaftsrecht, Tübingen 2000, zugleich Habil. Mainz 1998 (zit.: *C. Weber*, Privatautonomie und Außeneinfluss, S.)

Weber, Johannes: Miniatur: Mehrheitsklauseln in Gesellschaftsverträgen, ZfPW 2015, S. 123 ff.

Wedemann, Frauke: Gesellschafterkonflikte in geschlossenen Kapitalgesellschaften, Tübingen 2013, zugleich Habil. Bucerius Law School 2012 (zit.: *Wedemann*, Gesellschafterkonflikte, S.)

Weipert, Lutz: Stimmrecht, in: Gummert, Hans/Weipert, Lutz (Hrsg.), Münchener Handbuch des Gesellschaftsrechts, Band II, 5. Auflage, München 2019, § 14 (zit.: *Weipert*, in: Gummert/Weipert, Münchener Handbuch des Gesellschaftsrechts, Band, Abschnitt Rn.)

Werner, Rüdiger: Zum Anwendungsbereich der Kernbereichslehre nach der Aufgabe des Bestimmtheitsgrundsatzes durch den BGH, StBW 2015, S. 1010 ff.

Wertenbruch, Johannes: Abschied von Bestimmtheitsgrundsatz und Kernbereichslehre im Beschlussanfechtungssystem der Personengesellschaft, DB 2014, S. 2875 ff.

Westermann, Harm Peter: Vertragsfreiheit und Typengesetzlichkeit im Recht der Personengesellschaften, Berlin 1970, zugleich Habil. Köln 1969 (zit.: *Westermann*, Vertragsfreiheit, S.)

Westermann, Harm Peter/Wertenbruch, Johannes: Handbuch Personengesellschaften, Loseblattsammlung, Stand: Juli 2018, Köln (zit: *Bearbeiter*, in: Westermann/Wertenbruch, Personengesellschaften, § Rn.)

Wicke, Hartmut: Mehrheitsentscheidungen in Personengesellschaften, MittBayNot 2017, S. 125 ff.

Wieacker, Franz: Privatrechtsgeschichte der Neuzeit, 2. Auflage, Göttingen 1967 (zit.: *Wieacker*, Privatrechtsgeschichte, Abschnitt, S.)

Wiedemann, Herbert: Die Übertragung und Vererbung von Mitgliedschaftsrechten bei Handelsgesellschaften, München 1965, zugleich Habil. FU Berlin 1963 (zit.: *Wiedemann*, Die Übertragung von Mitgliedschaftsrechten, S.)

ders.: Anmerkung zu BGH, Urt. v. 12.7.1965 – II ZR 118/63, JZ 1966, S. 103 f.

ders.: Kapitalerhöhung in der Publikums-KG, ZGR 1977, S. 690 ff.

ders.: Gesellschaftsrecht, Band I, München 1980 (zit.: *Wiedemann*, Gesellschaftsrecht I, Abschnitt, S.); Band II, München 2004 (zit.: *Wiedemann*, Gesellschaftsrecht II, Abschnitt, S.)

ders.: Rechtsethische Maßstäbe im Unternehmens- und Gesellschaftsrecht, ZGR 1980, S. 147 ff.

ders.: Der Gesellschaftsvertrag der Personengesellschaft, WM Sonderbeilage Nr. 8/1990, S. 2 ff.

ders.: Rechte und Pflichten des Personengesellschafters, WM Sonderbeilage Nr. 7/1992, S. 1 ff.

ders.: Erfahrungen mit der Gestaltungsfreiheit im Gesellschaftsrecht, in: Lutter, Marcus/Wiedemann, Herbert (Hrsg.), ZGR Sonderheft 13, Gestaltungsfreiheit im Gesellschaftsrecht, Berlin 1998, S. 5 ff. (zit.: *Wiedemann*, ZGR Sonderheft 13, S.)

ders.: Mehrheitsbeschlüsse und Gesellschafterschutz in Personengesellschaften, in: Grundmann, Stefan et al. (Hrsg.), Festschrift für Klaus J. Hopt zum 70. Geburtstag am 24. August 2010 – Unternehmen, Markt und Verantwortung, Band I, Berlin 2010, S. 1491 ff. (zit.: *Wiedemann*, FS Hopt, S.)

Wiedemann, Herbert/Wank, Rolf: Begrenzte Rationalität – gestörte Willensbildung im Privatrecht, JZ 2013, S. 340 ff.

Williamson, Oliver: Transaction-Cost Economics: The Governance of Contractual Relations, J. L. & Econ. 22 (1979), S. 233 ff.

ders.: The Modern Corporation: Origins, Evolution, Attributes, J. Econ. Lit. 19 (1981), S. 1537 ff.

Winter, Martin: Vertragsändernde Mehrheitsbeschlüsse im Personengesellschaftsrecht, GesRZ 1986, 74 ff.

ders.: Mitgliedschaftliche Treuebindungen im GmbH-Recht, München 1988, zugleich Diss. Heidelberg 1986 (zit.: *Winter*, Mitgliedschaftliche Treuebindungen, S.)

Winnefeld, Robert: Stimmrecht, Stimmabgabe und Beschluß, ihre Rechtsnatur und Behandlung, DB 1972, S. 1053 ff.

Wohlleben, Hermann: Informationsrechte des Gesellschafters, Köln 1989, zugleich Diss. München 1988, (zit.: *Wohlleben*, Informationsrecht, S.)

Wolf, Manfred: Rechtsgeschäftliche Entscheidungsfreiheit und vertraglicher Interessenausgleich, Tübingen 1970, zugleich Habil. Tübingen 1970 (zit.: *Man. Wolf*, Rechtsgeschäftliche Entscheidungsfreiheit, S.)

Woll, Artur: Selbstverantwortung und Wettbewerb als Ursachen von Wohlstand, in: Herrmann-Pillath, Carsten/Schlecht, Otto/Wünsche, Horst Friedrich (Hrsg.), Grundtexte zur Sozialen Marktwirtschaft, Band III, Stuttgart 1994, S. 263 ff. (zit.: *Woll*, in: Herrmann-Pillath/Schlecht/Wünsche, Grundtexte zur Sozialen Marktwirtschaft, S.)

Zamir, Eyal: The Efficiency of Paternalism, Va. L. Rev. 84 (1998), S. 229 ff.

Zöllner, Wolfgang: Die Schranken mitgliedschaftlicher Stimmrechtsmacht bei den privatrechtlichen Personenverbänden, München 1963, zugleich Habil. München 1960 (zit.: *Zöllner*, Schranken mitgliedschaftlicher Stimmrechtsmacht, S.)

ders.: Die Anpassung von Personengesellschaftsverträgen an veränderte Umstände, Heidelberg 1979 (zit.: *Zöllner*, Die Anpassung von Personengesellschaftsverträgen, S.)

ders.: Zivilrechtswissenschaft und Zivilrecht im ausgehenden 20. Jahrhundert, AcP 188 (1988), S. 85 ff.

ders.: Inhaltsfreiheit bei Gesellschaftsverträgen, in: Lutter, Marcus (Hrsg.), Festschrift 100 Jahre GmbH-Gesetz, Köln 1992, S. 85 ff. (zit.: *Zöllner*, FS 100 Jahre GmbHG, S.)

ders.: Die Privatrechtsgesellschaft im Gesetzes- und Richterstaat, Köln 1996 (*Zöllner*, Die Privatrechtsgesellschaft, S.)

ders.: Beschluß, Beschlußergebnis und Beschlußergebnisfeststellung, in: Schneider, Uwe et al. (Hrsg.), Festschrift für Marcus Lutter zum 70. Geburtstag, Köln 2000, S. 821 ff. (zit.: *Zöllner*, FS Lutter, S.)

ders.: Zur Problematik der aktienrechtlichen Anfechtungsklage, AG 2000, S. 145 ff.

ders.: Gerechtigkeit bei der Kapitalerhöhung, AG 2002, S. 585 ff.

Zöllner, Wolfgang/Noack, Ulrich: Kölner Kommentar zum Aktiengesetz, Band II, Teilband 1 (§§ 76–94), 3. Auflage, Köln 2010; Band IV, 1. Teillieferung (§§ 182–191), 3. Auflage, Köln 2017 (zit.: *Bearbeiter*, in: Kölner Kommentar, § Rn.)

www.ingramcontent.com/pod-product-compliance
Ingram Content Group UK Ltd.
Pitfield, Milton Keynes, MK11 3LW, UK
UKHW021934290926
8980IPUK00016B/1627

9 783631 847442